非营利组织管理

（修订版）

古小华　吴乐珍　黄波　主编

·北京·

图书在版编目（CIP）数据

非营利组织管理/古小华,吴乐珍,黄波主编. ——修订本. ——北京:中国经济出版社,2020.12(2022.7重印)
ISBN 978-7-5136-6039-6

Ⅰ.①非… Ⅱ.①古… ②吴… ③黄… Ⅲ.①非营利组织-组织管理 Ⅳ.①C912.21

中国版本图书馆 CIP 数据核字(2020)第 023228 号

责任编辑　李若雯　王　帅
责任印制　马小宾

出版发行	中国经济出版社
印刷者	北京艾普海德印刷有限公司
经销者	各地新华书店
开　本	710mm×1000mm　1/16
印　张	16
字　数	340 千字
版　次	2020 年 12 月第 2 版
印　次	2022 年 7 月第 3 次
定　价	35.00 元

广告经营许可证　京西工商广字第 8179 号

中国经济出版社 网址 www.economyph.com 社址 北京市东城区安定门外大街 58 号 邮编 100011
本版图书如存在印装质量问题，请与本社销售中心联系调换(联系电话:010-57512564)

版权所有　盗版必究(举报电话:010-57512600)
国家版权局反盗版举报中心(举报电话:12390)　　服务热线:010-57512564

目 录

第一章 非营利组织概述

第一节 非营利组织的概念及特征 /3
一、非营利组织的概念及范畴 /3
二、非营利组织的特征 /6

第二节 非营利组织的类型 /9
一、国外非营利组织分类 /9
二、中国非营利组织分类 /12

第三节 非营利组织的作用及活动领域 /14
一、非营利组织的作用 /14
二、非营利组织的活动领域 /15

第四节 非营利组织发展的原因 /17
一、市场经济的发展 /17
二、政府体制改革 /18
三、公民社会的兴起 /18
四、历史渊源 /19

第五节 非营利组织与其他组织的互动 /20
一、非营利组织与政府之间的互动 /20
二、非营利组织与营利组织之间的互动 /23

第二章 非营利组织的理论基础

第一节 公民社会理论与治理理论 /29
一、公民社会理论 /29
二、治理与善治理论 /32

第二节 市场失灵理论/政府失灵理论/契约失灵与志愿失灵理论 /35
一、市场失灵理论 /35

二、政府失灵理论　　　　　　　　　　　　　　　　/36
　　三、契约失灵与志愿失灵理论　　　　　　　　　　　/38
　第三节　新制度经济学与自治组织理论　　　　　　　　/40
　　一、新制度经济学　　　　　　　　　　　　　　　　/40
　　二、自治组织理论　　　　　　　　　　　　　　　　/42

第三章　国(境)外的非营利组织

　第一节　国(境)外非营利组织的产生、发展与演变　　/48
　　一、第一次世界大战之前的非营利组织　　　　　　　/48
　　二、从一战到二战的非营利组织　　　　　　　　　　/50
　　三、第二次世界大战后的非营利组织　　　　　　　　/51
　　四、1972年之后的非营利组织　　　　　　　　　　　/52
　第二节　主要国家(地区)的非营利组织　　　　　　　　/54
　　一、西欧：英国、德国　　　　　　　　　　　　　　/54
　　二、中欧和东欧：俄罗斯、捷克　　　　　　　　　　/56
　　三、拉丁美洲：阿根廷、秘鲁　　　　　　　　　　　/58
　　四、亚洲：日本、中国香港和台湾　　　　　　　　　/59
　　五、其他发达国家：美国、澳大利亚　　　　　　　　/61
　第三节　国际非营利组织　　　　　　　　　　　　　　/62
　　一、国际非营利组织的产生及其重要性　　　　　　　/62
　　二、国际非营利组织的概念　　　　　　　　　　　　/63
　　三、国际非营利组织的特点与分类　　　　　　　　　/64
　　四、国际非营利组织存在的问题　　　　　　　　　　/65

第四章　中国的非营利组织

　第一节　中国非营利组织的起源与发展　　　　　　　　/71
　　一、中国非营利组织的起源　　　　　　　　　　　　/71
　　二、中国非营利组织的发展　　　　　　　　　　　　/72
　第二节　中国非营利组织的活动领域及其作用　　　　　/73
　　一、中国非营利组织的活动领域　　　　　　　　　　/73
　　二、中国非营利组织的作用　　　　　　　　　　　　/75

第三节　中国非营利组织的法律制度框架　/78
　　一、中国非营利组织的法律制度变迁　/78
　　二、中国非营利组织的登记管理制度　/79
　　三、中国非营利组织的税收管理制度　/81
　　四、中国非营利组织的监督管理制度　/85
第四节　中国非营利组织发展存在的主要问题与对策　/87
　　一、中国非营利组织发展存在的主要问题　/87
　　二、促进中国非营利组织发展的对策　/89

第五章　非营利组织的战略管理
第一节　战略与战略管理　/97
　　一、战略的含义　/97
　　二、战略管理的含义与特征　/97
第二节　非营利组织战略管理的特点与意义　/98
　　一、非营利组织战略管理的特点　/98
　　二、非营利组织战略管理的意义　/99
第三节　非营利组织战略管理的程序与内容　/101
　　一、战略规划阶段　/101
　　二、战略实施阶段　/108
　　三、战略评价阶段　/110
第四节　非营利组织战略管理案例分析　/112
　　一、扶贫社的使命与目标　/113
　　二、战略管理　/113
　　三、扶贫社的组织创新　/115
　　四、项目管理与项目增长的挑战　/117

第六章　非营利组织的财务管理
第一节　非营利组织财务管理概述　/123
　　一、非营利组织财务管理的目标　/123
　　二、非营利组织财务管理的内容　/124
　　三、非营利组织财务管理的特征　/125

第二节　非营利组织的收入与支出管理　/126
一、非营利组织的收入管理　/126
二、非营利组织的支出管理　/129

第三节　非营利组织的财务分析、预算与监督　/130
一、非营利组织的财务分析　/130
二、非营利组织的财务预算　/131
三、非营利组织的财务监督　/134

第七章　非营利组织的人力资源管理

第一节　非营利组织人力资源管理概述　/142
一、人力资源与非营利组织人力资源　/142
二、非营利组织人力资源管理的含义与特点　/144
三、非营利组织人力资源管理的基本原则　/146

第二节　非营利组织人力资源管理的内容　/148
一、非营利组织人力资源配置管理　/148
二、非营利组织人力资源培训管理　/150
三、非营利组织人力资源绩效考评　/152
四、非营利组织人力资源激励　/155
五、非营利组织人力资源薪酬管理　/160

第三节　非营利组织志愿者管理　/161
一、非营利组织志愿者管理的流程　/161
二、非营利组织志愿者管理的模式　/169
三、留住志愿者　/170

第八章　非营利组织的项目管理

第一节　非营利组织的项目管理及其原则　/174
一、项目与项目管理　/174
二、非营利组织的项目管理　/176
三、非营利组织项目管理的原则　/176

第二节　项目申请　/177
一、项目选择　/177
二、项目可行性分析　/178

三、形成项目建议书　　/180
　第三节　项目运作管理的程序　　/181
　　一、项目启动与计划　　/182
　　二、项目执行　　/183
　　三、项目控制　　/183
　第四节　项目评估　　/185
　　一、项目评估的原则　　/185
　　二、项目评估的内容　　/186
　　三、项目评估的基本程序　　/187
　　四、评估报告　　/187

第九章　非营利组织营销

　第一节　非营利组织营销的概念　　/193
　　一、非营利组织营销的定义　　/193
　　二、非营利组织营销的核心　　/193
　第二节　非营利组织营销的特征与意义　　/195
　　一、非营利组织营销的特征　　/195
　　二、非营利组织营销的意义　　/197
　第三节　非营利组织与营利组织营销的异同点　　/199
　　一、非营利组织与营利组织营销的相同点　　/199
　　二、非营利组织与营利组织营销的差异　　/200
　第四节　非营利组织营销策略　　/201
　　一、非营利组织营销的内外部环境分析　　/201
　　二、非营利组织营销策略的主要内容　　/204
　　三、非营利组织营销策略实施的过程　　/207
　第五节　非营利组织营销的理念优化与发展趋势　　/207
　　一、非营利组织营销的理念优化　　/207
　　二、非营利组织营销的发展趋势　　/209

第十章　非营利组织的评估

　第一节　评估的概念与类型　　/216
　　一、评估的定义　　/216

二、评估与监测、审计的区别 /217
三、评估的类型 /218

第二节　非营利组织的评估理论框架与评估指标
一、非营利组织的评估理论框架 /221
二、非营利组织评估的指标体系 /222

第三节　非营利组织评估的程序与方法
一、非营利组织评估的程序 /232
二、非营利组织评估的方法 /233

参考书目 /243
后　记 /245

第一章

非营利组织概述

学习目标

通过本章学习,学生应掌握以下五个方面的内容:一是关于非营利组织的概念及特征,要求了解非营利组织与其他相关概念之间的异同;掌握非营利组织的含义和特征。二是非营利组织的类型,要求了解国内外非营利组织的几种分类;掌握我国非营利组织的官方分类。三是非营利组织的作用及活动领域,要求理解非营利组织的作用;掌握非营利组织的活动领域。四是非营利组织发展的原因,要求了解非营利组织兴起的原因。五是非营利组织与其他组织的互动,要求掌握非营利组织与政府之间的互动;理解非营利组织与营利组织的互动。

案例导入

牛津乐施会（Oxfam）

1942年，以R.密尔福特为首的一批牛津学者发起建立了"牛津饥荒救济委员会"（Oxford Committee for Famine Relief, Oxfam），其目的在于向二战时期由于被纳粹德国占领而遭到封锁的希腊运送粮食。1963年，该委员会在加拿大成立了第一家海外分会，1965年起，改用电报地址Oxfam（乐施会）作为名称。

乐施会是一个跨越种族、性别、宗教和政治界限，与政府部门、社会各界及贫穷人群合作，一起努力解决贫穷问题，并让贫穷人群得到尊重和关怀的，具有较强国际影响力的救援组织联盟。它由14个独立运作的成员组成，包括英国、爱尔兰、加拿大、美国、魁北克（独立于加拿大分部）、新西兰、澳大利亚、荷兰、比利时、法国、德国、丹麦、中国香港、印度。"助人自助，对抗贫穷"是它的宗旨和目标。

乐施会没有任何宗教和政治背景及目的，也从不归属或服务于任何宗教和政治团体，并且从不接受外国政府的捐款，它的资金主要来自市民和商业机构的捐赠，其他资金来源也仅限于义卖、专项基金、网站、专项筹款活动等。而对于资金使用的监察审计，则主要是通过内部项目管理和外部独立审计机制，加上严格的行政成本比例及筹款成本比例等指引，确保扶贫款使用得当。

资料来源：乐施会百度百科词条。

思考题

牛津乐施会是一个什么样的组织？具有什么特点？

政府、企业与非营利组织通常称为支撑社会的三大类组织，而处于政府与企业之间的组织即为非营利组织。这三大类组织也称为社会的三个部门，第一部门为政府，第二部门为企业，第三部门即非营利组织。三大部门既相互联系又相互区别，形成一个"铁三角"的关系，共同致力于推进社会的发展和稳定。

那么，究竟什么是非营利组织呢？为什么人们如此关注非营利组织？非营利组织在现实生活中有哪些领域活动？它包括哪些不同类型的组织？非营利组织在社会发展中居于什么地位？如何理解这些组织？……本章将回答这些问题。

第一节 非营利组织的概念及特征

大量危机事件与公共问题的出现,使政府与市场在处理问题时显得力不从心,甚至出现失灵现象,而非营利组织的兴起让人们看到了公共问题治理的希望。非营利组织在解决社会各类公共问题、应付各种突发事件以及维护公民权益等方面起着非常重要的作用。美国非营利组织研究专家莱斯特·萨拉蒙(Lester Salamon)指出:"如果说代议制政府是18世纪的伟大社会发明、而官僚政治是19世纪的伟大发明,那么,有组织的私人自愿活动也即大量的公民社会组织代表了20世纪最伟大的社会创新。"[1]

一、非营利组织的概念及范畴

(一)非营利组织的概念界定

一般认为,现代意义上的非营利组织出现于二战前后,以1942年英国牛津乐施会(Oxfam)的创立为标志,而非营利组织的概念最早可见于1945年签署的联合国宪章。从大量的文献来看,非营利组织的含义纷繁多样,可谓仁者见仁,智者见智,但比较常见的界定主要有以下三种[2]:

第一种是法律上的界定。例如,美国的联邦税法第501(c)(3)条规定免税组织(即非营利组织)必须符合三个条件:①该机构的运作目标完全是为了从事慈善性、教育性、宗教性和科学性的事业,或者是为了达到该税法明文规定的其他目的;②该机构的净收入不能用于使私人受惠;③该机构所从事的主要活动不是为了影响立法,也不干预公开选举。

第二种是从组织资金来源上加以界定。例如,联合国国民经济核算体系标准认为,如果一个组织一半以上的收入来自以市场价格销售商品和服务的收入,就是营利组织;如果一个组织的资金主要依靠政府的资助,则是政府部门;如果一个组织一半以上的收入不是来自以市场价格出售的商品和服务,而是来自其成员缴纳的会费和支持者的捐赠,则是非营利组织。

第三种是从组织的"结构与运作"来界定。莱斯特·萨拉蒙提出的"五特征法",即将具有正式组织性(formal organization)、非政府性(non-governmental organization)、非利润分配性(non-profit-distributing)、自主管理性(self-governing)、志愿性(voluntary)等特征的

---

[1] 李水金. 中国非营利组织管理[M]. 北京:首都师范大学出版社,2015:1.
[2] 王绍光. 多元与统一——第三部门国际比较研究[M]. 杭州:浙江人民出版社,1999.

组织界定为非营利组织。①

就我国而言,由于非营利组织在我国公共事务管理、公共产品和公共服务提供中发挥作用的时间还比较短,符合我国实际情况的非营利组织概念的权威性界定尚未形成,国内的一些学者就将西方非营利组织的定义进行了中国化的阐述。他们大多更倾向于从推动和促进非营利组织发展的角度出发,没有将界定限制得过于严格。有学者认为,只要是依法注册的正式组织,从事非营利性活动,满足志愿性和公益性要求,具有不同程度的独立性和自治性,就可称为中国的非营利组织。② 例如,李维安将非营利组织界定为:"具备法人资格、以公共服务为使命,享有免税优待,不以营利为目的,组织盈余不分配给内部成员,并具有民间独立性质之组织。"③ 王名等提出的中国非营利组织需要满足的基本条件为:"不以营利为目的且具有正式的组织形式、属于非政府体系的社会组织,它们具有一定的自治性、志愿性、公益性或互益性,但并非面面俱到,需要客观而动态地加以观察和理解。"④

1998年,国务院将设于民政部的原社会团体管理局改为民间组织管理局,"民间组织"从此作为"非营利组织"的中国官方用语被正式使用。我国财政部也在《民间非营利组织会计制度》中从会计核算和管理的角度对非营利组织的涵盖范围和特征进行了规范,指出民间非营利组织包括按国家法律、行政法规登记的社会团体、基金会、民办非企业单位和寺院、宫观、清真寺、教堂等,并具有3个特征:①该组织不以营利为宗旨和目的;②资源提供者向该组织提供资源不取得经济回报;③资源提供者不享有该组织的所有权。⑤

综合国内外学者对非营利组织的定义,我们认为非营利组织(non-profit organization, NPO)是指组织的设立和经营不以营利为目的,且净盈余不得分配,由志愿人员组成,通过志愿行为向社会提供公益性服务,实行自我管理的、独立的、公共或民间性质的组织团体。与政府组织相比,非营利组织具有非强制性和服务性,且组织本身不具有行政权力。

(二)非营利组织的范畴

就非营利组织的表现形式而言,非营利组织形式多样、种类繁多,在不同的国家对它有不同的称谓或相关的术语,诸如"非政府组织""第三部门""志愿者组织""民间组织""公益组织""公民社会""慈善组织""中介组织""草根组织",等等。虽然这些称谓或术语都只强调非营利组织的某个方面,但很多人对此还是存在模糊的认识,因此,我们有必要说明非营利组织与上述其他用语之间的异同。

---

① SALAMON L. Defining the nonprofit sector: A cross-national analysis[M]. Manchester:Manchester University Press,1997.
② 康晓光. NGO 扶贫行为研究[M]. 北京:中国经济出版社,2001.
③ 李维安. 非营利组织管理学[M]. 北京:高等教育出版社,2005.
④ 王名,贾西津. 中国非营利组织:定义、发展与政策建议[EB/OL]. http://bbs.sachina.pku.edu.cn/archiver/tid-12054.html.
⑤ 王智慧. 非营利组织管理[M]. 北京:北京大学出版社,2012:3.

(1)"非政府组织"(non-government organization,NGO)。"非政府组织"在内涵和外延上与"非营利组织"一致。"非营利组织"侧重于与企业的区别,强调这些组织不是企业,不以营利为目的,是独立于市场体系之外的一种组织;"非政府组织"侧重于与政府的区别,强调它们既不是政府机构也不是其附属机构,是独立于政府体系之外的一种组织。相对于"非营利组织"来说,"非政府组织"在国际社会更为通用,其历史也更加悠久。

(2)"第三部门"(the third sector,TS)。"第三部门"和"非营利组织"在内涵和外延上基本是一致的。这一概念是相对政府和市场而言的,强调它们与政府、市场是平行的第三体系。

(3)"志愿者组织"(voluntary organization,VO)。"志愿者组织"和"非营利组织"在内涵和外延上基本是一致的,这一概念更强调这些组织的运作在很大程度上依靠志愿者在时间、精力和资金上的投入,强调非营利组织的志愿性特征。这一概念在北欧和英国比较流行。

(4)"民间组织"(civil organization)。"民间组织"主要是我国政府对非营利组织的称谓,我国民政部门内设立了民间组织管理机构。

(5)"公益组织"(philanthropic organization)。"公益组织"主要强调了组织的目的,即该组织的存在不是为了私利,而是为了公共利益。

(6)"公民社会"(civil society)。从社会关系的层面上来讲,"公民社会"就是"非营利组织",只是它的外延比"非营利组织"更为广泛,这一概念包括若干基本要素:一个公共权威之外的私人活动空间(市场、家庭、社团等);由私人活动逐渐产生公共领域;一个外在且独立于国家的社会,一个具有高度自主性的社会;等等。总之,它是一个积极肯定的概念,它突出了新型社会关系的主体,近年来也被理论界广泛使用。[1]

(7)"慈善组织"(charitable sector)。从组织资金来源上讲,"慈善组织"侧重于强调组织的资金来源于私人的慈善性捐助,而非政府的财政拨款。

(8)"中介组织"(intermediate organization)。"中介组织"强调这些组织处于政府、市场与社会之间,是联结政府、市场与社会的各种中间组织,既有营利中介组织也有非营利中介组织。一些中介组织被称为"非营利组织"指的就是"非营利中介组织",即"社会服务性中介组织"。[2]

(9)"草根组织"(grass roots organization,GRO)。"草根组织"特指非营利组织中那些扎根于城乡社区的基层民众组织,侧重于发展中国家的基层组织。[3]

总体来说,本书中"非营利组织"的概念,其含义与上述相关概念不存在本质的差别。

---

[1] 苗丽静. 非营利组织管理学[M]. 大连:东北财经大学出版社,2006:6.
[2] 李珍刚. 当代中国政府与非营利组织互动关系研究[M]. 北京:中国社会科学出版社,2004:12.
[3] 王名. 非营利组织管理概论[M]. 北京:中国人民大学出版社,2002:6.

二、非营利组织的特征

非营利组织不以营利为目标,因此,其具有与政府及企业不同的特征。从国际上来看,比较典型的论述来自美国非营利组织研究学者托马斯·沃夫(Thomas Wolf),美国约翰·霍普金斯大学非营利组织国际比较研究中心负责人、著名非营利组织实证研究教授萨拉蒙和恩尼尔(Anheier)的观点。

托马斯·沃夫认为,非营利组织具有以下6个方面的特征:①必须具有为社会公众服务的使命;②必须组织成一个非营利的或慈善的机构;③其经营必须排除任何个人获得私利;④享有免除政府税收的优惠待遇;⑤具有法律上的特殊地位,赞助该类组织的捐款应该列入抵税或减税的范围;⑥必须是正式合法的组织,在政府管理机构注册并接受相关法律法规的约束。[①]

萨拉蒙和恩尼尔在对12个国家的非营利组织进行比较研究的基础上,提出了具有正式组织性、民间性、非利润导向性、自主管理性、志愿性、公共性等6个特征的组织都称为非营利组织。[②]

美国法律经济学家亨利·汉斯曼(Henry Hansmann)将非营利组织的"非营利性"进一步提炼为非营利组织的"非分配性约束"(non distribution constraint)[③],即:非营利组织不能把获得的净收入分配给对该组织实施控制的个人,包括组织成员、管理人员、理事等;净收入必须保留,完全用于为组织的进一步发展提供资金。在某种意义上,"非分配性约束"就是非营利组织区别于营利组织的最重要特征。

国内研究非营利组织的学者也对非营利组织的特征进行了分析。王名将非政府组织的特征概括为非营利性、非政府性、志愿公益性或互益性;陈小安认为,非营利组织具有营利性和非营利性、公益性和非公益性交织混合的特点,非营利性主要是指宗旨的非营利性和手段的非营利性;马庆钰将非营利组织的特征概括为非营利性、自主性、志愿性和公益性4个方面。

综上所述,我们认为,国内外学者对非营利组织特征的阐述,具有以下几个共同点:

(一)正规性

正规性,即组织性,一般是指国家法律许可、注册登记的社团法人或财团法人。经过注册登记后,该机构就获取了合法的地位,对外交往以法人的身份展开活动。应当指出,非正式的临时性集会不能作为非营利组织,即使这些临时性集会在人们的生活中占有十分重要的地位。不过,社会中这样的组织往往大量存在,即它们不到政府有关部门去登

---

① WOLF T. Managing a nonprofit organization[M]. New York:Simon & Shuster,1990:6.
② SALAMON L. Defining the nonprofit sector:A cross-national analysis[M]. Manchester:Manchester University Press,1997.
③ HANSMANN H. The role of nonprofit enterprise[J]. Yale Law Journal,1980:835-901.

记注册,也不受政府的监管,但却在社会上开展不以营利为目的的活动。这种组织与非营利组织的重要区别在于,是否到政府部门登记注册以及由此延伸出来的合法性。我们通常把这种组织称为"非正式的非营利组织"。

非营利组织的正规性还体现在组织内部有明确的规章制度、组织结构、组织行为和组织成员。非营利组织和其他类型的组织一样,其内部也具有职能目标的分工、管理幅度的确立、规章制度的制定等组织的表现形式,是得到法律认可、具有法人资格的组织。那种没有组织结构、没有规章制度的临时民间组织,不能称为"非营利组织"。

(二)非营利性

非营利性是非营利组织的首要特征,这是它们区别于企业的根本属性。在市场经济条件下,企业千差万别,但都是以获取利润为目的的,不存在非营利的企业。但非营利组织则不同,它们不是企业,而是非营利的社会组织。

衡量一个组织是否具有非营利性的指标主要有3个:

(1)组织的宗旨是否以营利为目的。

企业的目的尽管表述各不相同,但都离不开营利这一本质特征,所以营利是企业的根本宗旨。作为非营利组织,其宗旨不是获取利润并在此基础上谋求组织自身的发展壮大,而是实现整个社会或者一定范围内的公共利益。

(2)组织的利润是否用于成员间的分配和分红。

非营利组织不以营利为目的,但并不等于不能进行经营性运作、不能赚取任何利润,非营利组织可以通过开展一定形式的经营性业务来产生一定的超出经营总成本的剩余收入。作为企业,这部分剩余收入会被作为利润在投资者之间进行分红,但是作为非营利组织,其经营收入只能用于符合组织目标的服务项目,而不能作为利润在成员之间进行分红。值得一提的是,非营利组织经营运作的收费水平必须低于市场价格。

(3)组织的资产是否可以转变为私人财产。

企业的资产归企业所有者所有,产权界定非常明确。非营利组织的资产严格地说并不属于组织所有,也不属于捐赠者,在一定意义上,非营利组织是作为受托人来行使公益资产的所有权的。因此,如果非营利组织解散或破产,其剩余资产不能像企业那样在成员之间分配,而只能交给其他公共部门(政府或其他非营利组织)。

(三)非政府性

这是非营利组织区别于政府的根本属性。非政府性,也称为民间性,是指非营利组织不是政府的附属机构,组织的决策和行为不受政府机构的控制,即体制上独立于政府,既不是政府的一部分,也不受制于政府。

非营利组织的这一特征具体表现在 3 个方面：

首先，从人员构成来说，非营利组织的工作人员必须是民间志愿者，而不是公务员，政府官员不能出任组织领导者，因此，非营利组织不是由政府组建的，也不从属于政府部门。

其次，从组织的行为方式来看，非营利组织的成员参与其活动是基于公民自愿和互利的需要，主要是从事社会服务的工作，不像政府那样拥有强制权力。

最后，从资金的来源上来说，非营利组织的经费来源主要是通过政府购买服务的投入、社会捐赠、会费收入和经营收入等，这与政府经费来源于国家财政有所不同。

当然，虽然非营利组织不是政府部门的一部分，也不由政府人员来控制，但并不意味着它们不能得到或不接受政府的有力支持，也不意味着政府人员不能参加非营利组织的管理机构。关键在于非营利组织在运行机制上是民营的，它是一个独立的、不受政府控制、按照自己的内部管理程序独立运作的机构。

（四）自治性

自治性，即自主治理，也就是说非营利组织按照内部的规章制度控制自己的行为，实施自我管理，不受其他类型组织的干预。非营利组织是独立自主管理的组织。在合法的前提下，非营利组织按照组织内部的规章制度实施自己管理自己的活动，有自己独立的决策权和执行权，不受政府的干预，即非营利组织的活动范围在成立之初由政府按规定认可后，其章程由成员自行制定和修改，组织的宗旨、业务范围、重大活动及管理机构的组成、解散等问题，由组织成员自己决定。除此之外，非营利组织也不受营利组织的干预，即营利组织可以对非营利组织进行捐赠，但一旦捐赠，这些捐赠就成为非营利组织的资源，非营利组织可依据自己的章程运用这些资源，不受营利组织的干预。

（五）志愿性

志愿性，即人们参加非营利组织都是自愿的，甚至有一些人参加非营利组织的活动是不求回报的。企业主要以资本的形式获取社会资源，政府主要通过税收集中社会资源，而非营利组织的主要社会资源则是源于具志愿精神的志愿者和社会捐赠。因此，非营利组织的内在驱动力不是利润动机，也不是权力原则，而是以志愿精神为背景的利他主义和互助主义。与企业组织是组织化的资本、政府是组织化的权力一样，非营利组织可以说是组织化的志愿精神。这是非营利组织最具特色的一个属性。

非营利组织的志愿性特征主要表现为：首先，自愿参与或退出。非营利组织是团体成员基于共同利益或信仰而自愿结成的组织，因而其成员的加入或退出是自愿的，组织的结成和解散也是基于自愿。其次，奉献工作。非营利组织所从事的行业大都是营利组织不涉足的领域，诸如慈善事业和环境保护等。共同的信仰或追求促使非营利组织成员对自己的工作兢兢业业、无怨无悔。志愿性是非营利组织区别于其他组织的一个重要特征。

组织成员都是自愿地参加组织的经营管理活动,但这并不意味着一个非营利组织的大部分收入或所有收入都来自志愿性捐款,也不意味着大多数的工作人员都是志愿者,而是只要有一定的志愿者即可。

(六)非政治性

从广义上看,政党和相关的政治组织也属于非营利组织的范畴,因为它们也符合非营利组织的特征。但是,在研究非营利组织时,不把政党和相关的政治组织作为研究对象,几乎是学术界的一个基本共识。学术界所指的非营利组织是指在政治上采取中立立场,既不与政党结盟,也不卷入推举公职人员的党派斗争。当然,这并不是说非营利组织在所有的政治问题上都完全采取超然的立场,也不是说它们在选举过程中会对所有政党候选人一视同仁。在政治问题上,非营利组织也有其立场,尤其是在很多社会问题政治化的今天,不可能指望环保、民权、反战等方面的组织在这些问题上采取将自己的立场置之度外的态度。在有些国家,政府允许非营利组织为获取免税资格所进行的有关司法改革的游说活动,也不禁止非营利组织支持或反对公众事务办公室候选人的竞选活动。许多国家和地区的法律不会因为提供免税待遇而限制非营利组织参与政治活动,除非这些组织对政治活动的参与威胁到国家和地区的安全。①

第二节 非营利组织的类型

与企业、政府组织相比,由于不同国家对非营利组织的理解和认识存在较大差异,因此,非营利组织的分类显得更为多样,也更为复杂。

一、国外非营利组织分类

1. 非营利组织国际分类体系

根据美国约翰·霍普金斯大学的萨拉蒙教授主持的非营利组织国际分类(ICNPO)的研究项目,该体系将非营利组织分为12大类24小类(见表1-1)。这是目前国际上比较流行的、使用比较普遍的一种分类方法。

---

① 托马斯·西尔克.亚洲公益事业及其法规[M].中国科学基金研究会,译.北京:科学出版社,2000:27.

表 1-1　美国约翰·霍普金斯大学非营利组织分类

序号	名称		序号	名称	
	大类	小类		大类	小类
1	文化与休闲	文化与艺术；休闲；服务性俱乐部	7	法律、宣传与政治	公民和倡导性组织；诉讼和法律服务组织；政治组织
2	教育与科学研究	中小学教育；高等教育；其他教育研究	8	慈善组织与志愿行为组织	
3	卫生	医院与康复；诊断；精神卫生与危机防范；其他保健服务	9	国际性活动	
4	社会服务	社会服务；紧急情况救助；社会救济	10	宗教活动和组织	
5	环境	环境保护；动物保护	11	商会；职业协会；工会	
6	发展与住房	经济、社会、社区发展；住房；就业与职业培训	12	其他	

2. 联合国的分类

联合国国际标准产业分类体系(ISIC)将非营利组织分为3个大类15个小类：教育类，包括小学教育、中学教育、大学教育、成人教育等；医疗和社会工作类，包括医疗保健、兽医、社会工作；其他社会与个人服务活动类，包括环境卫生、商会和专业组织、工会、娱乐机构、图书馆、博物馆及文化机构、运动与休闲等。

3. 世界银行的分类

世界银行(World Bank)根据资金投入和项目运作的便利性，将非营利组织分为两类——运作型非营利组织和倡导型非营利组织。

运作型非营利组织主要是设计和实现与发展相关的项目，又可分为"面向救助"非营利组织和"面向发展"非营利组织。倡导型非营利组织主要是针对特定问题、观点、兴趣进行政策倡议或开展倡议活动的非营利组织，其主要目的是捍卫和促进某一目标的实现。倡导型非营利组织主要是通过游说、散发印刷品和各种激进活动来唤醒人们的意识，扩大影响，让人们了解并接受它们。

4. 按照收入来源和管理方式进行分类

亨利·汉斯曼通过对组织收入的来源和管理方式的研究，将非营利组织进行了分类。

按照组织收入来源的不同，可以将非营利组织划分为赞助型和商业型。前者主要是指组织收入的大部分来自外界公众的捐赠或政府的财政拨款,如红十字会、敬老院等;后者是指组织通过销售的产品或服务为自己筹集大部分资金,如医院。

按照组织管理方式的不同,可将非营利组织划分为自理型和企业型。前者是通过自己的顾客来进行管理,没有聘请专门的人员,如乡村俱乐部、同学会等组织;后者是通过成立董事会,聘请总经理来管理,如各类基金会。

该标准是目前国外比较普遍采用的分类法之一。

5. 根据组织目标的不同进行分类

还有部分学者根据组织目标的不同,将非营利组织划分为14个类型(表1-2)[①]:社区服务型非营利组织、助他保健型非营利组织、助他教育型非营利组织、自我改善型非营利组织、沟通传播型非营利组织、科研学术型非营利组织、助他社会福利型非营利组织、社会底层自助型非营利组织、环境保护型非营利组织、消费者福利型非营利组织、国际事务型非营利组织、职业协会型非营利组织、休闲娱乐型非营利组织、资金筹集型非营利组织。

表1-2 非营利组织的目标分类法

序号	类型	具体组织形式	序号	类型	具体组织形式
1	社区服务型	法律援助组织、社区志愿巡逻队、青年俱乐部等	8	社会底层自助型	解决失业者、贫困人口等社会底层群体问题的组织
2	助他保健型	医院、社区精神保健、美国的癌症协会等	9	环境保护型	野生动物保护组织、防止沙漠化组织、灭虫组织等
3	助他教育型	免费学校、社区学校、校友会等	10	消费者福利型	消费者合作社、消费者主权组织等
4	自我改善型	童子军、交友会、名著探讨会	11	国际事务型	人道主义援助组织、和平组织和反战组织、促进国际贸易组织等
5	沟通传播型	图书馆、文献检索机构	12	职业协会型	商业协会、行业协会、工会、经理协会等
6	科研学术型	专业协会、学会组织、非营利研究中心等	13	休闲娱乐型	收藏家协会、乡村俱乐部、旅游俱乐部、民间艺术或音乐团体、学校联谊会等
7	助他社会福利型	解决生存问题的组织;解决婚姻或家庭问题的组织;解决犯罪问题的组织等	14	资金筹集型	基金会、天主教慈善组织、博物馆等

① 郭国庆. 国外非营利组织的界定与分类研究[J]. 市场与人口分析,1999(6):3-5.

二、中国非营利组织分类

基于我国国情,我国非营利组织在组织类型上具有一定的特殊性,因此,目前我国尚未有一个明确统一的分类方法,学者对非营利组织分类的研究主要有以下几种情况:

1. 根据服务对象的不同划分[①]

中国人民大学王名教授根据服务对象的不同,将我国非营利组织分为公益性非营利组织和互益性非营利组织。

(1)公益性非营利组织以整个社会为服务对象,从事公益或者慈善事业,所得收入或组织财产不得分配给组织成员,公益程度高,相应地在法律上享有较高的税收优惠政策,如各类教会、基金会等。

(2)互益性非营利组织以该组织成员为服务对象,以成员之间的友善和睦与相互扶助为目的,在一定程度上类似于企业的扩展或者联合,它们公益程度较低,从而在法律上享有有限的税收优惠政策,如行业协会、合作社等。

2. 根据组织的职能划分

中国人民大学郭国庆教授按照非营利组织的性质和职能,将我国非营利组织分为七类[②]:

(1)教育、研究组织,是指从幼儿园开始,到小学、中学、大学的教育机构和各种专门的科学研究院、研究所等科研机构。

(2)医疗保健组织,是指各种医院、医疗康复中心、保健中心等医疗保健机构。

(3)学术、文化组织,主要是指各种学术学会及各种文化馆、博物馆、图书馆等。

(4)群众、团体组织,主要是指共青团组织、工会组织、妇联组织以及同学会、同乡会、校友会等。

(5)慈善基金组织,是指各种以慈善救助活动为主的基金会、慈善会等,如中国慈善总会、宋庆龄基金会、中国青少年发展基金会、北大荒基金会等。

(6)协会、联合组织,主要是指各个不同行业和同行业者的协会、联合会,如中国工业经济协会、中国服装设计协会等。

(7)其他组织,是指绿色环境保护组织、保护植物组织等其他组织。

3. 根据产生的途径划分

王颖教授根据组织的形成过程、领导层的产生、主要领导的身份和经费来源,将我国非营利组织分为三类:

(1)官办型(自上而下型)非营利组织,具有浓厚的官方色彩,其资源主要来自党和政府的相关机构权力控制下的垄断领域。

[①] 王名. 非营利组织管理概论[M]. 北京:中国人民大学出版社,2002:10.
[②] 郭国庆. 现代非营利组织研究[M]. 北京:首都师范大学出版社,2001:16-17.

(2)民办型(自下而上型)非营利组织,由民间发起,在党政权力不及、政策失灵或者默许的边缘地带发挥作用,其主要资源来自市场、社会、海外等开放竞争的世界。

(3)官民合办型非营利组织,它主要出现在市场经济发展成熟、政府观念转变较快的地区,其主要特征是政府与民间的良性互动,如浙江温州的烟具协会就是典型的由官民合办的组织。

4. 按照法律地位划分

根据我国现行法规和组织的存在状况,可将非营利组织划为法定非营利组织、草根非营利组织和未定型非营利组织。[①]

(1)法定非营利组织,是指被政府认可,具有较严格的组织性和较明确法律地位的非营利组织。在我国民政部门登记注册的民间组织主要分为三种类型:社会团体、基金会和民办非企业单位,它们都具有很强的官方色彩。

(2)草根非营利组织,是指不具有被正式认可的民间组织的法人地位,但具有非营利组织核心特征的组织。主要包括三大类:一是作为某个单位的二级分支机构;二是在工商部门登记获得企业法人资格,但开展公益活动,并在各种非制度性的条件下获得税务部门的税收优惠认可;三是许多未登记的组织以及游离在法律规定的组织体系之外的自行活动的组织等。

(3)未定型非营利组织,是指转型中的、边缘性的以及其他类型的社会组织,包括转型中的事业单位、依据特定法律程序成立的村委会和居委会等社区自治组织、现代科技手段下出现的新型组织形式如网上社团等。

5. 按照是否登记注册来划分

一类是在民政部门登记注册的非营利组织,如社会团体、基金会、民办非企业单位等,可以称为"已登记非营利组织"。然而,在我国还存在大量的没有依法登记的非营利组织,它们由于找不到业务主管单位,无法到民政部门登记注册,于是采取多种变通的方式以便生存和活动,我们称之为"未登记非营利组织"。对于这类组织应该积极加以引导和规范,而不是进行取缔。

6. 官方分类

目前比较符合我国国情的分类标准是大体参照我国现行法律法规体系而进行的分类,也是本书较倾向的一种分类。具体分为以下三类:

(1)社团法人。我国目前的社团主要包括:社会团体,如各种学会、协会、促进会等;经济团体,如行业协会、商会、工会等;政治团体,如共青团、妇联、台联和侨联等。

(2)民办非企业单位。民办非企业单位是指企业事业单位、社会团体和其他社会力量以及公民个人利用非国有资产举办的,从事非营利性社会服务活动的社会组织。在我国主要指各种民办的医院、学校、剧团、养老院、研究所、图书馆、美术馆、宗教组织、其他

---

① 贾西津. 第三次改革——中国非营利部门战略研究[M]. 北京:清华大学出版社,2005:61-65.

社会服务和福利机构等。

（3）基金会。按照2004年国务院颁布的《基金会管理条例》，这里的基金会是指利用自然人、法人或者其他组织捐赠的财产，以从事公益事业为目的，按照条例规定成立的非营利性法人。

第三节　非营利组织的作用及活动领域

一、非营利组织的作用

非营利组织所具有的特性，决定了非营利组织是公共管理主体必要的组成部分，在现代社会中发挥着越来越重要的作用。

（一）非营利组织能较好地满足社会多元化的需求

现代社会中，公众的兴趣、价值观念、经济利益等高度多元化，社会也分化为众多阶级、阶层，以及各种各样的利益集团，政府很难对社会多元需求做出及时、恰当的反应，而这正是非营利组织的优势。非营利组织多种类、多样化的服务供给，发挥了公共服务的弥补功能，经常选择提供政府没有做、不想做或不愿意直接做的，但却十分符合社会大众需要的非私人化服务。非营利组织对社会多元化需求的及时回应，有效缓解了社会不同群体对政府不同要求的压力，使政府可以专心于决策和公共物品的提供。政府组织和非营利组织的有机配合，为促进和谐社会的建立提供了可能和保障。

（二）非营利组织能提高公共物品的供给效率

提高公共物品的供给效率与质量，是政府公共管理的基本目标之一。然而，由于政府组织往往存在受到各种制约、庞大的科层机构导致其对新的社会需求和发展机会反应不够灵敏以及提供公共服务成本过高等问题，许多国家不得不进行公共物品的供给向民间转移的改革。过去由政府直接提供的公共物品，改由受政府资助的非营利组织提供。实践表明，在公共产品供给的操作和实施层面，非营利组织往往比政府部门具有更高的效率和灵活性。

（三）非营利组织是社会的教育者和价值的维护者

非营利组织活动的方式多种多样：一方面，常常会通过出版刊物，举办活动，开展专业训练课程、研讨会，提供图书设施及提供咨询的方式，担负起传递各种信息的责任，借以提供新的观念，促使大众（包括决策者）注意和了解社会问题，改变社会大众或决策者对社会的刻板印象或漠视态度，补充正规学习教育体系的不足，并间接影响政府政策的制定;另一方面,非营利组织积极参与各项社会活动,主动关怀弱势群体,激励民众关心和参与公共事务,向社会大众提供人格教育与再社会化的机会,进而有助于民主社会理念及各种正面价值观的维护。

(四)非营利组织是社会革新的先驱者和倡导者

非营利组织是微观社会服务的主要承担者,能够敏锐地捕捉社会大众的需求,凭借组织的多样性和灵活性,把需求发展成为具有创新性的构想和策略,并付诸规划与执行,引领社会革新。也正因如此,非营利组织还能运用服务经验展开舆论活动和游说,促成社会态度的转变,引发政策对法规的制定或修正,扮演整个社会体系和政府组织的监督者与批评者角色。

二、非营利组织的活动领域[①]

非营利组织的活动遍及现代社会的各个主要方面,其活动在经济方面涉及生产、流通、消费等,在地域方面涉及城市、乡村等,在社群方面涉及各种专家人群、青年、妇女等,在社会活动方面涉及文化、健康等。非营利组织已成为现代社会不可或缺的一个组成部分。

从领域分布来看,非营利组织的活动较主要集中和活跃在以下几个行业:

(一)慈善救助

慈善救助是非营利组织最古老、最典型也最具有社会影响力的活动领域。早期的非营利组织无一不致力于慈善救助并因此形成了巨大的社会影响力。如成立于1863年的红十字会(Red Cross)、成立于1942年的乐施会(Oxfam),都是通过募集善款救助亟待帮助的伤员、孤儿、难民等弱势人群并开展活动,因此获得了广泛的认可。在我国历史上,也曾有如义庄、善堂、育婴堂、救济会等慈善组织。尤其是2008年汶川地震发生后,短短数月间,社会各界的慈善捐赠达到764亿元。近年来,由企业家和富裕阶层创办的非公募基金成为推进慈善事业发展的一支重要力量。

(二)环境保护

环境保护指的是环境、生态与资源的保护。环境保护是当今非营利组织非常集中和活跃的领域之一。著名的如世界自然保护基金(WWF)、地球之友(Friend of Earth)、自然之友(Friends of Nature)、北京地球村(Global Village of Beijing)等非营利组织。它们致力于自然生态保护、资源保护、动物保护、污染治理等。近年来,我国环境保护领域的非营利组织围绕重大公共工程的环境影响、移民搬迁等问题,积极配合国家环保部门,采取联合行动,通过互联网和媒体形成广泛的社会影响,促使相关决策部门及时调整政策。

[①] 王名.非营利组织管理概论[M].北京:中国人民大学出版社,2010:6-10.

(三)公益服务

公益服务指的是面向各种受益人群直接提供的具有公益性质的社会服务。较为集中的领域包括面向残障人、智障人、孤独症患者等群体的特殊教育,面向艾滋病患者及易感人群的艾滋病防治,面向老人的养老服务,以及城乡社区开展的与各级政府推行的各类公共政策相对应的各种公共服务等,例如,艾滋病防治领域出现的感染者自助组织。由于了解受益者的需求并能直接面对受益者,且活动方式灵活,这些非营利组织往往能够提供政府所难以提供的公共服务,在缓解相应的社会问题方面发挥了积极的作用。

(四)扶贫发展

扶贫发展领域是非营利组织介入比较早的一个领域,主要是指救助贫困与促进发展,例如,发达国家从事开发援助的基金会等资助机构。在我国,扶贫发展领域的非营利组织主要包括三类:一是具有政府背景的全国性扶贫支持组织,如中国扶贫基金会;二是具有国际背景的发展型支持组织,如世界宣明会;三是具有本土草根特色的基层发展型社区组织,如山西永济市蒲州镇农民协会。

(五)权益保护

这里的权益保护更多的是指对弱势群体的权益保护。那些由于自然、生理及社会等原因而不能像大多数人那样获得正常的生存与发展的机会,从而常常处于社会发展边缘地带的人群,妇女、儿童、各种身体及智力残疾患者等均属于弱势群体。保护弱势群体的权益并帮助他们努力在社会中生存和发展,是许多非营利组织积极致力的事业。

(六)社区发展

随着社区的建设和发展,社区发展日益成为非营利组织活跃的重要领域。社区层面的非营利组织主要致力于社区内部的社会事务,其中既有公益性很强的如社区养老、社区治安、社区教育等非营利组织,又有大量趣味性、自助性或自娱自乐的社区联谊组织。城市社区非营利组织的蓬勃兴起,不仅丰富了社区生活,而且对于缓解社会矛盾、构建和谐社会也有着积极的意义。

(七)行业协会

行业协会是活跃在市场经济活动中的非营利组织,是由企业或企业家基于一定的经济关联性和利益共同性而结成的、具有共同特征的社会团体。各种形式的行业协会在反映行业需求、推动行业自律、促进维护公平竞争和市场秩序、维护会员合法权益、促进会员与政府的联系等方面,发挥着不可替代的作用。我国的行业协会主要包括行业管理型协会、市场协调型协会、企业联谊型协会、国际贸易型协会等四类。

需要注意的是,以上七个领域仅仅是非营利组织相对集中的部分,不能涵盖非营利组织活动的全部领域。

第四节 非营利组织发展的原因

非营利组织的产生不是偶然的,它的兴起有着深刻的经济、政治和社会等方面背景。非营利组织的产生与发展是下列多重复杂因素相互作用的结果。

一、市场经济的发展

市场经济的存在和发展是非营利组织产生和发展的根本原因。这主要表现在以下3个方面:

1. 市场经济为非营利组织的产生及发展提供了经济制度基础

市场经济的本质是通过市场机制进行资源配置,以市场反映的价格信号调节生产,它鼓励优胜劣汰的竞争,这些都要求社会经济的主体在市场活动中摆脱政府家长式的干预,保证更多不受政治权力控制的自由活动空间,这就为公民社会和非营利组织的发育及发展创造了条件。

2. 市场经济为非营利组织提供了良好的公民意识基础

市场经济对进入市场进行交易的市场主体来说是平等的,任何人或企业既不享有任何行政宗法特权,也不依权力、地位形成某种等级。在进入市场、参与市场活动方面,每个市场主体都自由自主判断,自由进行选择,平等进行交易,并对自己的竞争行为及结果负责。一方面,自主参与平等的经济活动,必然塑造出有主体意识、平等意识、自由意识、竞争意识、法治意识的个人和团体,强化公民社会的自主性,为非营利组织提供良好的公民意识基础;另一方面,市场经济的发展提高了公民的生活水平和收入水平,使公民有时间和精力来从事一些感兴趣的活动,这为各种非营利组织的产生和发展奠定了经济基础、创造了经济条件。

3. 市场失灵诱发了非营利组织的产生与发展

公共物品有两个突出特征,即消费的非竞争性和使用的非排他性。公共物品的这两个特性使市场提供公共物品是无效的。为了避免效率损失,需要建立一些非市场组织,政府就是其中一种。政府通过向个人征税,强迫每个人都来分担公共物品的成本。但是,由于人们对公共物品的需求差别很大,政府只能采取折中的方式来满足大部分人的需求,这样一来,必然导致部分人的特殊需求难以得到满足,于是产生效率的损失,政府失灵由此产生。在政府失灵的情况下,克服市场失灵的另一种组织便是非营利组织。非营利组织通过汇集资源,提供一部分人所希望获得的公共物品或服务,但不保证大多数的国民都来分担这些成本。通过非营利组织的活动,不同的人得到了不同的公共物品或享受到了不同的服务,他们的需求得到了满足。所以,市场失灵为非营利组织的产生和发展提供了一定的空间,非营利组织也对市场失灵起到了拾遗补阙的作用。

二、政府体制改革

西方国家在不同的历史时期对政府职能的界定是不同的。在自由资本主义时期,西方国家政府普遍崇尚亚当·斯密的自由主义经济主张,管理职能十分有限,主要集中在国防、外交和维持社会治安等方面,政府充当"守夜人"的角色。20世纪30年代,对市场的过度自由放任导致了西方国家大规模的经济危机,以凯恩斯主义为代表的国家干预市场理论和福利国家政策大受欢迎,成为当时解决自由放任的市场经济问题的灵丹妙药,福利国家政策也成为当时发达国家市场经济发展的主导模式。这一时期,政府职能越来越大,被称为无所不管的"全能政府"。20世纪70年代,政府干预经济模式日益影响市场经济的发展,经济出现"滞胀"现象,人们对政府推动市场经济发展的能力开始出现越来越多的质疑和批评,对政府和市场的不信任感与日俱增。20世纪70年代末,西方国家开始了大规模的政府再造运动,进行政府职能转变。这次政府改革的核心就是将企业管理的理念和方法运用到政府部门,将市场作为资源配置的手段,精简机构,增加公共产品供给的灵活性,将公共产品的供给由政府向社会(营利组织和非营利组织)转移。一方面,政府对竞争性行业的许多规制职能交由非营利组织中的行业协会管理;另一方面,政府解除了对公共产品的垄断供给,对外向私营企业和非营利组织招标,由中标者来实现公共产品的供给。政府再造运动推动了西方国家由"全能政府"向"有限政府"的过渡,也为非营利组织的产生和发展提供了制度上和空间上的支持。

三、公民社会的兴起

公民社会是非营利组织存在和发展的基础。戈登·怀特认为,公民社会是指国家和家庭之间一个中介性的社团领域,这一领域由同国家相分离的组织所占据,这些组织在同国家的关系上享有自主权,并由社会成员自愿结合而形成,以保护或增进他们的利益或价值。公民社会的兴起是非营利组织产生和发展的催化剂。自国家出现后,政府凭借手中的政治权力及其公共权威对社会公共事业进行强制性的管理活动,以维护社会的正常秩序。然而,随着市场经济体制的建立和运行机制的逐步完善,政府不可能也没必要管理诸多纷繁复杂的事务,这样一来,政府与社会就形成了一对矛盾体。为了缓解政府与社会之间的复杂矛盾、平衡社会利益冲突、协调各方行为,需要在政府与社会之间建立一种"中介"机制,以便政府对社会进行有效管理,实现其行政活动的目的。非营利组织由此产生。

公民社会的成熟与否直接关系到非营利组织的健康发展。一个成熟的公民社会将与政府对发展非营利组织的支持程度、公民的参与意识和参与程度、公民自我权利保护意识、自治环境等社会因素有紧密的联系,特别是自治环境具有非常重要的作用。非营利组织的兴起和发展基本上是人们的自觉行动,是以人们的自治精神为基础的,自治原则能确保社会组织独立于政府而履行公共产品的社会供给职能。我国由于长期依靠行政手段对社会进行支配、管理和调控,社会自主性和自治性很低,导致非营利组织运动在社会高度自治的西方国家率先盛行。因此,非营利组织的产生与发展是社会组织程度的逐步提高和自律能力不断增强的客观反映,更是公民社会走向成熟的重要标志。

四、历史渊源

非营利组织的产生有其历史渊源,这一渊源主要是指历史上致力于自由结社、慈善事业和社会优先的传统。

1. 自由结社传统

国外非营利组织最早出现于古代各文明国家的奴隶制晚期,但真正的发展却是在反封建斗争中才开始的,早期非营利组织的产生及发展与资产阶级政权的建立、资本主义生产方式的确立及发展有着很大的关系。

在公元前7世纪至公元前6世纪,欧洲古代文化的发源地希腊进入奴隶社会,经济、文化比较发达。这一时期所出现的民间组织有一个共同的特点,即它们中的大多数是从事同一行业的手工业者和从事学术研究的联合体。随着封建社会的逐渐形成和城市经济的日益繁荣,以行会和行业组织为代表的民间非营利组织有了较大的发展。这些组织集经济性、政治性、社会性于一身。作为经济组织,它们为了巩固手工业者和商人的地位而存在;作为政治组织,它们在城市管理中具有重要的位置;作为社会组织,它们强调社会成员之间的团结互助,建立互助基金,开展救济工作和慈善事业。15—16世纪,为了摆脱封建统治,新兴的资产阶级巧妙地利用结社的形式,通过成立各种社团、俱乐部、沙龙等,开展大规模的启蒙、教育、宣传等活动,甚至组织政治斗争和议会党团活动,积极推进了资产阶级革命的进行,也把民间组织的发展推向了一个新的阶段。1948年,旧金山国际会议通过的包括自由结社在内的《世界人权宣言》得到国际社会的重视,并成为联合国宪章的支柱之一。此后,自由结社的原则被世界各国普遍接受,这极大地推动了非营利组织的发展。实践证明,一旦这些组织建立起来,它们便会继续下去,并且经常帮助政府实现其使命。

2. 慈善事业传统

在民族国家出现之前的社会中,由于生产力水平低下,人们过着共同劳动、相依为命的群体生活,当时扶老携幼、互助共济就成为最初的保障。民族国家产生初期,对于统治者而言,防御外强入侵与开疆拓土可能是最重要的事业,然而缺乏足够的财力,这时兴起了慈善事业。

在后来兴起的慈善事业中影响较大的有官办慈善事业、宗教慈善事业和民间慈善事业,尤其是后两者。宗教慈善事业一般将行善作为基本准则,并在此基础上积极开展各种救灾济贫、施医助药等活动,通过成立的医疗、教育组织将这一准则扩大到全世界。尽管现在国家逐渐介入济贫事业,但宗教慈善事业一直没有间断,迄今仍在很多国家或地区发挥传统的救世济贫作用。民间慈善事业是由民间人士自发举办的各种慈善活动,是集民间之善财来办民间之善事,正如中国宋代范仲淹的"义田"、朱熹的"社仓"、刘宰的"粥局",清代熊希龄举办的慈幼局等被史学家关注的慈善典型。① 目前,在世界各国的非营利组织中,慈善组织和医疗、教育机构都占了很大的比重,这足以说明慈善事业对现代非营利组织的影响非常之大。

3. 社会优先传统

美国和其他一些西方国家,社会的形成先于国家的形成,即先于政府机构形成的社区帮助人们处理共同存在的问题。最初人们需要自行解决这些问题,后来发现与其他社区联合起来,成立志愿组织来做这些事情对他们更有益处,于是就产生了志愿防火组织、学校、收养机构等。即使在政府成立之后,人们也愿意继续利用这些组织,因此,这些组织得以保留下来并影响至今。

除以上因素外,市场失灵、政府失灵等理论的完善也为非营利组织的产生及发展提供了理论上的支撑,国际上兴起的一些非营利组织还受到全球经济一体化等因素的影响。

第五节 非营利组织与其他组织的互动

在现代社会,政府部门、市场部门和公民社会是三个基本的构成部门,它们共同形成现代社会生活的三大体系。国外一些学者认为,国家(政府)在推动社会发展方面的主要职责是制定政策和实施监控,市场(营利部门)的主要职责是提供产品和服务,公民社会(非营利组织)的主要职责是发挥不同于政府的社会事务管理功能以及履行异于一般商业经营的社会服务义务;作为一种代表着公—私领域二元建构基础上的社会中介机制,公民社会(非营利组织)是建立公民秩序和维护社会公正的重要力量。因此,这三大体系之间应该是一种密切合作、有所分工、相互协调的伙伴关系。

在此,非营利组织与其他组织的互动主要是指与政府和营利组织之间的互动。

一、非营利组织与政府之间的互动

非营利组织与政府之间的良性互动是社会民主化程度提高的标志之一,是社会发展的必然趋势。目前,构建非营利组织和政府之间良性互动的关键在于培养两者之间的信任关系,界定两者的职能和权责,整合两者的治理空间,协调两者的利益关系。

1. 从非营利组织的视角来看②

市场经济的发展和政府体制的改革造成管理真空与权力真空,为了让政府能把更多

---

① 吴东民,董西明. 非营利组织管理[M]. 北京:中国人民大学出版社,2003:16.
② 黄子键,申永丰. 良性互动是政府与非营利组织合作的必然趋势[J]. 理论前沿,2006(10):26-28.

的精力用于掌舵和协调整个社会的宏观发展,非营利组织承担了从政府那里剥离或转移出的部分公共事务管理职能,其兴起在一定程度上帮助政府解决了其面临的困境。此外,非营利组织能够及时掌握社会各方面变化的动态和趋势,使政府可以根据公民的需求来提供令其满意的服务。非营利组织的发展能够促进政府和公民之间的沟通和协调。鉴于此,非营利组织的发展状况对政府治理具有重要的支撑和制约作用。

非营利组织的发展在很大程度上依赖于政府的支持和信任,政府的财政支持是其筹资的重要渠道,政府的信任是其权力合法性建设的重要部分。为了赢得政府的支持和信赖,非营利组织必须加强自身建设,努力从培养自身奉献精神、保持自身相对独立性、提高自身公信力等方面着手,主动、谨慎地处理好与政府的合作关系。在目标上,非营利组织要明确定位,摆正位置,做好政府的助手和参谋,主动分忧。非营利组织可以在一定程度上批评和监督政府,但两者应当是友好合作的关系,而不是相互对抗和相互取代的关系。非营利组织应谨慎参与政治活动,在活动中要遵守非政治性原则。非营利组织应致力于那些政府没有能力或没有意愿顾及的领域,如环保等,不要过多地参与一些有争议性的政治议题,如人权、政治体制改革等。

2. 从政府的视角来看

一方面,非营利组织是政府的重要补充和支持者,在经济、社会发展中占有非常重要的地位;另一方面,政府作为公共权力的载体,对非营利组织的认知和规制直接影响到非营利组织的发展。政府对非营利组织的影响主要是通过法制法规、监督、引导、财政支持、委托公共事务等形式表现出来的。

(1) 制定有关非营利组织管理的法律法规。

随着经济、社会的发展,非营利组织的数量越来越多,并日益显示出其生命力,它不仅影响了社会、经济领域,而且影响到政治领域,具有不可替代的作用。正因为如此,作为上层建筑的法制法规,就不能不对非营利组织的重要影响和作用做出回应,而具有正式性的非营利组织也要寻求其存在的合法性,这种合法性往往要由政府给出。实践证明,非营利组织的快速发展不仅得益于政府的改革,也得益于政府对非营利组织的有效管理,即依据制定的有关非营利组织管理的法制法规来处理与非营利组织相关的事务,而不干预非营利组织的内部运作。

政府颁布相关的法律构成非营利组织的基本运营环境,既是决定非营利组织的行为方式,又是判断其行为正当性的基本标准。虽然由于经济、文化制度等不同,各国与非营利组织相关的法律法规也有较大的差异,但一般来说,各国都在登记制度、税收制度、组织的收支、商业活动范围等方面对非营利组织进行规制。

(2) 对非营利组织活动进行监管。

在社会结构中,由于非营利组织是一个非常复杂的体系,政府对非营利组织的管理也可称得上是一个复杂的系统工程。尽管各国政府都通过制定有关非营利组织的法律法规为政府的管理和非营利组织的活动提供了依据,但"徒法不足以自行",政府还必须通过外部监管保证相关法律法规的执行。在外部监管方面，政府要依法对非营利组织进行资格审定认定，包括法人资格审查和免税资格审查。在许多国家，尤其是发达国家，政府针对非营利组织设有专门的机构，指导和协调非营利组织的活动，处理政府与非营利组织的关系。这些政府专门机构，负责建立针对非营利组织的透明的政府管理框架，制定适当的政策约束非营利组织的活动，帮助非营利组织制定行为准则。不仅如此，政府还要对非营利组织的运行进行监控，即对非营利组织进行年度检查和业务活动管理。年度检查主要是检查非营利组织执行法律法规、开展业务活动、财务管理、机构及负责人变动等方面情况。业务活动管理主要表现在要求非营利组织预报全年活动计划、审查非营利组织的重大业务活动、进行日常活动的监督、对业务活动进行绩效评估等方面。

从形式上来看，政府对非营利组织的监管行为并不表现为直接参与非营利组织的内部管理，而是表现为由非营利组织向政府有关部门提供各种相应的报告，政府部门对此进行审查，进而判断非营利组织的合法性。这些监督措施一般包括提交年度报告、提供预算和经济计划、进行财务审计、对机构进行评估等。

(3) 对非营利组织活动进行合理引导。

政府与非营利组织的目标不存在根本性的冲突，都是为公众提供公共或准公共物品与服务，因而政府机构应积极通过各种途径来引导、支持和利用非营利组织提供公共物品和服务以满足公众的需求。通常，政府机构引导利用非营利组织的途径主要有以下两种：

①政府在某些领域通过制订宏观发展计划、重点规划等来引导非营利组织的活动。就社会福利领域来说，一些国家的政府并不直接向居民提供福利，而是通过制定社会福利政策和福利发展规划，并确定资助的总额和方向，以此来吸引非营利组织参与其中。非营利组织通过平等竞争获得政府的资助，同时它们必须履行相应的义务，提供政府规定的服务。

②政府对非营利组织给予财政上的支持。在社会公共事务管理中，政府给予非营利组织相应的财政支持，这是一些国家政府经常使用的手段。这种做法属于"政府出钱，非营利组织办事"的模式。非营利组织（尤其是教育、科研、医疗卫生、社会服务等领域的非营利组织）的收入中，来自政府的资助占有很大比重。

政府对非营利组织在财政上的支持通常有三种形式：一是直接资助，引导和支持非营利组织从事社会公共服务；二是政府以优惠的税收政策引导非营利组织从事或参与社会公共事务管理活动；三是通过项目招标引导非营利组织参与社会公共事务管理活动。

综上所述，在政府与非营利组织的互动关系中，政府改革是非营利组织发展的重要条件，为非营利组织提供了广阔的发展空间，比较完善的制度安排为政府和非营利组织间良性互动关系的确立提供了重要保障。

二、非营利组织与营利组织之间的互动

(一)两者之间的关系

要理解非营利组织与营利组织(企业)之间的关系,首先需要了解赢利、盈利、营利的区别:赢利,指"赚取的利润"或指"利润";盈利,指利润,或者指较多的利润;营利,指以利润为目的。

从非营利组织的概念中可知,非营利有三项标准:一是组织的宗旨不以营利为目的;二是组织的利润不能用于成员间的分配和分红;三是组织的资产不能以任何形式转变为私人财产。

我们必须承认,非营利组织与营利组织的界限有时候是相当模糊的,例如,有许多非营利组织的健康医疗机构开始建立起"盈利的部门",但透过现象看本质,二者还是有着明显的区别[1]:

①存在理由不同。非营利组织是以公共服务为使命,营利组织是为了盈利。

②盈利目的不同。营利组织创造财务上的利润是一种目的,非营利组织创造财务上的利润是一种手段。

③利润分配不同。非营利组织的利润不能用来分配给成员,而营利组织可对利润进行分红。

④享受政府待遇的地位不同。非营利组织大都可以享受免税服务,而营利组织必须交税。

⑤成立方式不同。非营利组织成立较为简单,但是营利组织必须经过严格的成立程序。

(二)两者之间的互动

在市场经济体制下,企业的信誉只有市场才是最好的评价者,政府过多地介入市场、参与各种评选活动不利于市场的完善与发展,因此,企业的资信状况一般由非营利性协会或中介服务组织来提供。

行业协会是典型的非营利组织,代表着行业和企业的合法权益与呼声,是高度发展并能有效协调社会和国家、社会团体之间及其内部成员之间关系的社会性团体组织、中介服务性组织,是市场经济体制成熟的一个重要特征,在治理经济活动、协调各方利益中发挥着重要的作用。

公众和企业对非营利性协会或中介组织所发布的信息的认可程度来自它们的权威性,而这种权威性是市场选择与运作的结果。因此,企业应加强对非营利组织的资助,来推进非营利组织的发展,当然,这种资助具有公益性或互益性效用。

---

[1] 李水金. 中国非营利组织管理[M]. 北京:首都师范大学出版社,2015:4-5.

本章小结

在现代市场经济下存在形形色色的组织,一般人们把它们分为两大部门——市场部门和政府部门。但是,仍有一些组织不能归入这两个部门,它们通常被称为"非营利组织",即组织的设立和经营不以营利为目的,且净盈余不得分配,由志愿人员组成,实行自我管理的、独立的、公共或民间性质的组织团体。国际上对非营利组织的称谓多种多样,对其分类也是标准繁多、日益细化,但无论如何,非营利组织一般都具有非营利性、非政府性、民间性、志愿性等特征。受市场经济发展、公民社会兴起、政府体制改革及历史传统沿袭等诸多因素影响,非营利组织的产生具有一定的必然性。非营利组织在公共服务和公共管理中扮演着十分重要的角色,因此,能否处理好非营利组织和其他组织之间的互动,尤其是与政府的互动,将直接影响到非营利组织能否健康发展。

复习思考题

1. 什么是非营利组织?它有哪些特点?
2. 非营利组织兴起和发展的原因有哪些?
3. 非营利组织相对集中的活动领域主要有哪些?
4. 简述非营利组织的作用。
5. 政府对非营利组织发展的影响主要体现在哪些方面?
6. 非营利组织和营利组织的区别主要体现在哪些方面?

课后案例

构建和谐家园——武穴农村公益事业促进会调查

2004年11月26日,武穴市大法寺镇步塘村村口红旗招展,锣鼓喧天,群众聚集在这里庆祝实现了水泥路面垸垸通。正在宣传栏上张贴"捐资修路光荣榜"的村公益事业促进会会长吴松波高兴地说:"好戏还在后头哪!过几天,我们就筹建村民文化活动中心。"

像步塘村一样,2004年武穴有150个村成立了农村公益事业促进会,占总村数的50%,全市11个乡镇全部成立了农村公益事业促进会。

龙坪镇是农村公益事业促进会的发源地。2004年4月,龙坪镇五里村胡胜垸几位老党员倡议召开村民大会,选出20名代表成立村公益事业建设议事会,自愿出资,专款专用。不到1个月,垸里农民和在村外创业的老板就筹资37.5万元,硬化了2500米垸场小路,修砌了600米池塘护岸,并将全垸分散养殖的生猪集中到新建的两个养殖小区,使垸里面貌焕然一新。胡胜垸的成功实践引起武穴市委、市政府高度关注。他们及时总结和宣传"胡胜现象",大力推广其经验。武穴市各地纷纷效法成立农村公益事业促进会,初步形成了"政府引导、农民自愿、老板捐赠、民主管理"的运行机制,使全市农村公益事业建设逐步走上规范化、制度化的发展轨道。

武穴市按照《中华人民共和国村民委员会组织法》的要求，依托各村老党员、老干部，通过村民推选成立公益事业议事会，并推荐人品好、实力强、税收贡献大、有号召力的民营企业家出任促进会会长、副会长。各乡镇严格按照不违反农村政策、不增加农民负担的原则，把与老百姓生产生活息息相关、群众最想办的事情列成清单，提出方案，提交公益事业促进会审定并实施。

促进会充分尊重群众意愿，让群众当家作主办好自己的事。它们按照自觉自愿、不硬性摊派、不搞"一刀切"的原则接受群众捐款，受到村民普遍欢迎。梅川镇从政村一位五保老人听说垸里要修路，主动捐款10元钱表示心意。花桥镇郭德元垸修路，一贫困户捐款100元，村民代表坚决不收，他就在工地上做了一个星期的义务工。

近年来，武穴市优化环境，强化服务，民营企业迅速发展壮大。这些民营业主有着强烈的回报社会的愿望。龙坪镇以楚威日塑有限公司董事长陈先华为代表的30多名民营业主发出"龙坪是我家，建设靠大家"的倡议，各民营业主积极响应，一天就捐款18万元。陈先华说："我们的发展靠的是党、政府和龙坪人民的支持，为修桥补路、改善环境、重塑龙坪形象出点钱是应尽的义务。"

促进会实行民主管理。一是民主产生工作机构，镇里的促进会和村组议事会均经民主推选产生。二是民主理财，建立健全了财务管理和审批制度，设立了专项资金账户，所有建设项目均经集体讨论决定，专项支出实行严格的评估、监理和验收。促进会、议事会成员参与公益事业建设都是义务劳动，不得领取一分钱报酬。"促进会的兴起，使武穴城乡生产生活环境得到大改观，农民精神文化生活得以大丰富，农村干群关系实现大融合，农村经济发展得到大促进。"谈及此，武穴市委书记陈楚珍喜不自禁。

据不完全统计，到2004年11月底，武穴农村公益事业促进会自筹资金2.5亿元，共建成村垸水泥路350千米、绿化带3.5万平方米、提水泵站70座、沼气池2800口、水冲式公厕123座、养猪小区98处，新建村、垸文化活动室253个，组建各类农村文艺团体230个，新建篮球、足球、羽毛球场89处，评出"十星级文明户"12.5万户。

资料来源：许琳．构建和谐家园——武穴农村公益事业促进会调查[N]．湖北日报，2004-12-08。

讨论题

1. 你怎么评价武穴市"农村公益事业促进会"？
2. 你认为武穴经验存在哪些潜在的威胁？

第二章

非营利组织的理论基础

学习目标

要理解非营利组织的兴起和发展,必须要了解非营利组织的理论基础。本章主要阐述与非营利组织相关的理论流派及内容。通过学习本章的内容,学生应掌握的内容有三个方面:一是关于公民社会理论与治理理论,通过该理论的学习要了解非营利组织与公民社会以及善治的关系。二是关于政府失灵/市场失灵/契约失灵与志愿失灵理论,要求重点理解在这三种理论背景下非营利组织存在的必要性。三是关于新制度经济学与自治组织理论,要求重点理解非营利组织的运行基础和可能存在的困境。

案例导入

> **英国的"政府与志愿及社区部门关系协定"(COMPACT)**
>
> 20世纪90年代以来,治理问题在全球受到关注;与"善治"的研究相对应,"伙伴关系"亦常被提及。在英格兰和威尔士,"政府与志愿及社区部门关系协定"(COMPACT)最早将第三部门与政府的关系以国家政策的形式加以确立和推行。COMPACT由工党于1998年执政期间作为国家政策提出。
>
> COMPACT共包括5个方面的规则:资金与政府采购规则、咨询和政策评估规则、志愿规则、黑人与少数民族志愿和社区部门规则、社区规则。在每个方面的规则里,都设立了一些基本原则,并明确为了实现这些原则,政府和志愿部门应该做出的承诺,可见它是一种双向的、互为承诺的原则。
>
> 从实施效果来看,有专家对地方COMPACT的5年实施进行了追踪研究。结果显示,在本来有政府和民间合作基础的地方,COMPACT的推行起到了明显的增强效果的作用,而在本来没有合作基础的地方,即使签署了COMPACT,也并没有真正启动这一合作模式。
>
> 资料来源:贾西津."伙伴关系"——英国政府与社会关系的启示[J]. 社团理论研究,2006(6):31-34。
>
> **思考题**
> 英国政府为什么要发展与民间的伙伴关系?

20世纪70年代以来,在北美和欧洲,学术界对于非营利组织的研究日益增多,研究的内容也越来越广泛,非营利组织的研究逐渐成为一个新兴的跨学科研究领域。随着20世纪70年代福利国家危机的到来,研究者开始较为集中地探讨国家力量退出以后西方福利制度的重构问题,非营利部门往往作为福利国家中政府行动的替代性工具受到极大重视。纵观20世纪70年代以来这些研究成果,非营利组织研究领域中形成了几种较受公认的理论。

第一节 公民社会理论与治理理论

一、公民社会理论

（一）公民社会的内涵

公民社会的英文是"civil society"，"civil society"还有另外两个译名，即"市民社会"和"民间社会"。我国学者俞可平教授对这三个译名进行了分析，按照他的说法，"市民社会"是时下最流行的译名，也是"civil society"的经典译名，它来源于马克思主义经典著作的中文译名，但这一术语在实际使用中带有一定的贬义，人们常常将它等同于资本主义社会。我国台湾地区的学者通常喜欢采用"民间社会"的译法，它是一个中性的称谓，但不少人认为它过于边缘化，没有什么特色。"公民社会"则是一个相对褒义的定义，它强调公民对社会政治生活的参与和对国家权力的监督与制约，因此这一译名也受到越来越多学者的认同。

关于公民社会的定义，学术界一直众说纷纭，莫衷一是，归纳起来主要有两大类观点：第一类观点是建立在国家和社会的二分法基础上的，认为公民社会是独立于国家又受到法律保护的社会生活领域及与之相关联的一系列社会价值或准则。第二类观点是建立在国家—经济—公民社会三分法基础上的。公民社会是指介于国家和家庭或个人之间的一个社会相互作用的领域及与之相关的价值和原则。进入20世纪90年代以后，以国家、经济、公民社会为基础的公民社会定义逐渐为大多数学者所接受，其中，戈登·怀特的定义最具代表性，他认为："公民社会是国家和家庭之间的一个中介性的社团领域，这一领域由同国家相分离的组织所占据，这些组织在与国家的关系上享有自主权，并由社会成员自愿结合而形成，以保护或增进他们的利益或价值。"[①] 他主张将企业或经济机构同公民社会分开对待，认为前者作为经济系统构成公民社会的基础。综合以上定义，本书认为公民社会是指介于国家和家庭或个人之间的一个社会相互作用的领域及与之相关的价值和原则。

（二）公民社会的构成要素

公民社会理论主要致力于公民社会的结构性特征、文化特征以及公民社会和国家之间的关系的研究。何增科在其主编的《公民社会与第三部门》一书中对公民社会的结构性要素进行了归纳，将其归纳为私人领域、志愿性社团、公共领域和社会运动四个要素，

---

① 戈登·怀特. 公民社会、民主化和发展：廓清分析的范围[M]//何增科. 公民社会与第三部门. 北京：社会科学文献出版社，2000.

这种观点具有较强的代表性,得到了国内大多数学者的认同。

1. 私人领域

私人领域既可以指私人自主从事商品生产和交换的经济活动的领域,其中市场机制和私人产权是构成这种私人领域的两大要素,也可以指个人领域(个人的家庭生活或私人生活领域),即构成个人自我发展和道德选择的领域,个人在这一领域应享有充分的隐私权。

2. 志愿性社团

在志愿性社团里,成员的加入或退出是自愿的,并且不以营利为目的,它的团体成员基于共同的利益或信仰,自愿结成一种非政府、非营利的社会组织。志愿性社团为公民提供参与公共事务的机会和手段,提高了他们参政和解决公共事务的能力。因此,许多当代公民社会理论研究者将志愿性社团看作公民社会的核心因素,有人甚至在二者之间画等号。

3. 公共领域

哈贝马斯是公共领域思想的集大成者,他认为公共领域是介于私人领域和公共权力之间的一个领域,是一种非官方的公共领域,它是各种公众聚会场所的总称,公众在这一领域对公共权威及其政策和其他关心的问题进行评判。自由的、理性的、批判性的讨论构成这一领域的基本特征。①

4. 社会运动

西方右翼学者一般把社会运动或者新社会运动看成公民社会中一个非常重要的结构性因素。

(三)公民社会的特征

公民社会不仅包括上述结构性因素,还包括与之互为表里和相互支持的基本价值或原则,后者构成公民社会的文化特征。西方公民社会的价值或原则主要有个人主义、多元主义、公开性、开放性、参与性和法治原则。

1. 个人主义

个人主义的假设一直是西方公民社会理论的基石,它假定个人是社会生活的基本单位,公民社会和国家都是为了保护和增进个人权利和利益而存在的。这一点与我国以及一些受儒家文化影响的亚洲国家不同。儒家文化更强调集体主义,认为个人的利益要服从集体和社会的需要。我国非营利组织的发展建立在集体主义文化的基础上,而不是建立在西方式个人主义的文化上。

2. 多元主义

它要求个人生活方式、社团组织、思想具有多样性,维系这种多元主义的是提倡宽容

---

① 尤尔根·哈贝马斯. 公共领域的结构转型——论资产阶级社会的类型[M]. 曹卫东,译. 上海:学林出版社 1999:59-89.

和妥协的文化。

3. 公开性和开放性

公民社会强调政务活动的公开化和公共领域的开放性,认为这是公众在公共领域进行讨论和政治参与的前提条件。

4. 公民的政治参与

公民社会非常强调公民的政治参与,反对政府对公共事务的垄断,要求政府和公民一起对公共事务进行治理。公民通过公共交往所形成的公共意见对政府的公共决策产生影响,这既是公民政治参与的重要方式,也是制约国家权力的新途径。通过公民的政治参与,依靠社会的力量,"以权利限制权力"是一种更好的限制国家权力的途径,这也是西方大量政治社团兴起的重要原因。

5. 遵循法治原则

公民社会理论者强调用法律来保障公民社会与国家的分离。在三分法的情况下,还要保障它与经济系统的分离。倡导法治原则的目的在于划定国家行动的界限,反对国家有意干涉公民社会内部事务,从而保证公民社会成为一个真正自由的领域。

(四)对公民社会理论的评析

西方公民社会理论与西方国家的政治、历史和文化传统紧密相连,有着深刻的资本主义历史文化传统和制度背景。西方国家正是借助公民社会这一理论,利用中国社会转型时期公共服务和公民需求之间的不对称,来夸大社会组织的重要性,我们必须要正确认清公民社会思潮蕴含的错误理论主张,进而揭示西方政治意识形态的本质。

第一,追求个人权利自由的绝对至上。公民社会理论将"权利本位"奉为圭臬,始终秉持自由至上的权利观,指认个人既是最高意志的载体,又是政体至高无上的组成部分,实现公民权利和自由是人类社会"最高的善"。"公民社会"思潮过于强调国家对公民个人权利与自由的保护,倡导国家对公民消极权利和积极权利的维护,但忽视公民个人权利和义务对等与统一的权利行使原则,忽视国家对公民权利的限制。

第二,主张市场机制运行的非政府调控化。公民社会理论主张公民社会是市场经济发展的产物,公民社会为市场经济的发展提供社会基础和强大动力。强调让公民社会替代政府,将政府权力限制在公共领域,从而扩大市场经济规模,形成政府、市场和社会"三元架构"的格局。"公民社会"思潮过度限制政府权力而不注重加强政府职能建设的主张,只会致使政府职能的萎缩、国家能力的弱化和国家权威的消解。

第三,推崇完全独立自治的社会治理模式。公民社会论者主张把国家视为"必要的恶",把社会无条件地视为"善",强调"社会先于国家""社会优于政府",主张政府要还权于社会,从而实现国家权力社会化。这样,公民社会的力量被过度粉饰和夸大。在这样的情形下,"公民社会"思潮极力倡导的完全独立的社会治理模式只能是难以企及的乌托邦。

第四,夸大意识形态领域多元异质的合理性。公民社会论者基于对多元主义价值理念的倡导,主张建立一种多样化、个性化的思想文化体系。按照公民社会论者的理论解释框架,"公民社会"作为一种相对于国家而独立存在且富有多元性、差异性特征的社会形态,自然能够凸显公民个人权利与自由,并确保每位公民拥有多样化的生活方式、理想信念和价值信仰,以此满足个人多样化、个性化的精神需求。

客观地讲,在国家、政府和公民个人之间,需要各式各样的社会组织和中介机构来承担协调职能,因为一方面,国家和政府不是万能的,不可能包办一切;另一方面,公民个人的利益和行为是分散的,需要加以组织化引导。现阶段,我国已经进入社会组织快速发展的战略时期,既要加强社会组织的民间性、公共性和非营利性的建设,同时也要加强党对社会组织的领导,保证社会组织的发展方向。

二、治理与善治理论

(一)治理的内涵

1989年,世界银行在概括当时非洲的情形时,首次使用了"治理危机"(crisis in governance),此后"治理"一词便被广泛用于政治发展研究中,特别是被用来描述后殖民地和发展中国家的政治状况。20世纪90年代以来,西方学者特别是政治学家和政治社会学家对治理做出了许多新的界定。治理理论的主要创始人之一罗森瑙在其代表作《没有政府统治的治理》和《21世纪的治理》等文章中将治理定义为一系列活动领域的管理机制,它们虽未得到正式授权,却能有效发挥作用。与统治不同,治理指的是一种由共同的目标支持的活动,这些管理活动的主体未必是政府,也无须依靠国家的强制力量来实现。库伊曼和范·弗利埃特指出:"治理的概念是,它所要创造的结构或秩序不能由外部强加使之发挥作用,是要依靠多种进行统治的以及互相发生影响的行为者的互动。"[1] 罗茨认为,治理意味着"统治的含义有了变化,意味着一种新的统治过程,意味着有序统治的条件已经不同于前,或是以新的方法来统治社会"[2]。关于治理的各种定义中,联合国全球治理委员会的定义最具有代表性和权威性,本书采用1995年联合国全球治理委员会在《我们的全球伙伴关系》中对治理的界定:"治理是各种公共或者私人的个人和机构管理其共同事务的众多方式的总和。它是一个持续的过程,通过这个过程,相互冲突的或不同的利益得到协调并且联合起来共同采取行动。"[3] 治理一般具有四个特征:

(1)治理不是一整套的规章制度,也不是一种活动,而是一个过程;
(2)治理过程的基础不是控制,而是协调;

---

[1] KOOIMAN J, VLIET M V. Governance and public management [M]//KOOIMAN. Managing Public Organization. Sage Publisher Co. c. ,1995.

[2] 俞可平. 治理与善治[M]. 北京:社会科学文献出版社,2000:2.

[3] 俞可平. 治理与善治[M]. 北京:社会科学文献出版社,2000:5-6.

(3)治理既与公共部门相关,也与私人部门相关;

(4)治理是持续的互动,而不是一种正式的制度。

从上述各种关于治理的定义中我们可以看到,治理的基本含义是指在一个既定的范围内运用权威维持秩序,满足公众的需要。治理的目的是指在各种不同的制度关系中运用权力去引导、控制和规范公民的各种活动,以最大限度地增进公共利益。从政治学角度看,治理是指政治管理的过程,它包括政治权威的规范基础、处理政治事务的方式和对公共资源的管理。它特别关注在一个限定的领域维持社会秩序所需要的政治权威的作用和对行政权力的运用。

(二)治理与统治的区别

英语中的"治理"(governance)一词源于拉丁文和古希腊语,原意是控制、引导和操纵。长期以来,它与"统治"(government)一词交叉使用,并且主要用于与国家的公共事务相关的管理活动和政治活动中。但是,20世纪90年代以来,西方政治学家和经济学家赋予"治理"以新的含义,不仅令其涵盖的范围远远超出了传统的经典意义,而且使其含义也与"统治"相去甚远。它不再局限于政治学领域,而被广泛地运用于社会经济领域。"治理"与"统治"从词面上看似乎差别并不大,但其实际含义却有很大的不同。不少学者认为,区分"治理"与"统治"两个概念甚至是正确理解治理的前提条件。

治理作为一种政治管理过程,也像政府统治一样需要权威和权力,最终目的也是维持正常的社会秩序,这是二者的共同之处。二者的本质区别体现为以下三点。

首先,权威的性质和基础不同。治理虽然需要权威,但这个权威并非一定来自政府机关,也可以是来自其他组织的权威,而统治的权威则必定是也只能是政府。

其次,二者的主体不同。统治的主体一定是社会的公共机构,而治理的主体既可以是公共机构,也可以是私人机构,还可以是公共机构和私人机构的合作。治理是政治国家与公民社会的合作、政府与非政府的合作、公共机构与私人机构的合作、强制与自愿的合作。

最后,管理过程中权力运行的向度不一样。政府统治的权力运行方向总是自上而下的,它运用政府的政治权威,通过发号施令、制定政策和实施政策,对社会公共事务实行单一向度的管理。与此不同,治理则是一个上下互动的管理过程,它主要通过合作、协商、伙伴关系、确立认同和共同的目标等方式实施对公共事务的管理。治理的实质在于建立在市场原则、公共利益和认同之上的合作。它所拥有的管理机制依靠的主要不是政府权威,而是合作网络的权威,其权力向度是多元的、相互的,而不是单一的和自上而下的。

(三)善治

治理在一定程度上能够克服政府和市场的缺陷,但治理也存在失效问题,为克服治理失败,人们又提出了"有效治理"或者"善治"理论。关于"善治"的定义,本书采用俞可平教授的观点,即善治就是"使公共利益最大化的社会管理过程,善治的本质特征就在于它是政府与公民对公共生活的合作管理,是政治国家与公民社会的一种新型关系,是两者的最佳状态"①。

善治的基本要素有6个:

(1)合法性。合法性是指社会秩序和权威被自觉认同和服从的性质与状态,合法性越大,善治的程度越高。

(2)透明性。善治要求政治信息的公开。一个社会政治信息的透明度越高,这个社会的善治的程度就越高。

(3)法治。法律是公共管理的最高准则,任何政府官员和公民都必须依法行事,在法律面前人人平等。法治是善治的基本要求,没有健全的法制,没有对法律的充分尊重,没有建立在法律上的社会程序,就不会有善治的出现。

(4)责任性。责任性是指人们应当对自己的行为负责,公众尤其是政府公务人员和管理机构的责任越大,善治实现的可能性就越大。

(5)回应。公共管理人员和管理机构必须对公民的要求做出及时和负责的反应,不得无故拖延。回应速度越快,善治的程度越高。

(6)有效。有效主要是指管理的效率,一方面是指管理机构的设置科学,管理程序科学;另一方面是指要最大限度地降低管理成本。善治与无效或者低效的管理活动格格不入,善治程度越高,管理的有效性就越高。

通过上述分析我们可以看出,善治和公民社会的发展有密切的关系,"善治实际上是国家权力向社会的回归,善治的过程就是一个还政于民的过程。善治表现了国家与社会或者政府与公民之间的良好合作。同时,善治有赖于公民自愿的合作和对权威的自觉认同,没有公民的配合和积极参与,就不会出现善治。所以,善治的基础应该是公民社会。公民社会是实现善治的基础,没有一个良好的公民社会,很难出现真正的善治"。

(四)非营利组织与善治之间的关系

非营利组织的活动既可以促进经济的发展,又可以对政府的有效运作起到积极作用。在非营利组织活跃的社会中,国家和市场都会更有效地运作;非营利组织的不断发展反映和表达了公民的意愿,培养了民间交流和自主管理的方法和技能,增强了社会成员自我管理的能力。总之,非营利组织的发展及其在教育、政治参与等社会各方面所发挥的巨大作用增强了公民和政府在社会公共事务上的合作管理,促进了善治的形成。

---

① 俞可平. 治理与善治引论[J]. 马克思主义与现实,1999(5):37−41.

第二节　市场失灵理论/政府失灵理论/契约失灵与志愿失灵理论

市场失灵理论/政府失灵理论/契约失灵与志愿失灵理论主要是运用经济学的方法来阐释非营利组织问题。该理论由美国经济学家伯顿·韦斯布罗德于1974年提出,其核心内容是用"需求—供给"这一传统经济学的分析范式来分析当时西方国家所面临的政府危机,进而解释了非营利部门存在的必要性。

一、市场失灵理论

市场失灵是指市场机制在不少场合下会导致资源不适当配置,即导致无效率的一种状况。市场失灵的原因主要有公共物品、市场的外部性及贫富分化三个方面。

(一)公共物品的特征

市场在提供公共物品方面存在明显的局限和不足,这主要是由公共物品和市场的特点所决定的。公共物品是指这样一种物品:每个人都消费这种物品却不会导致他人对该物品消费的减少。公共物品具有以下几个明显的特点。

1. 效用的不可分割性

公共物品是向整个社会或者某个区域整体提供的,而不能将其分割成若干部分,分别归个人或者集团,如安全、秩序等。公共物品根据受益范围的大小,可以分为全社会性或者部分区域性两种,而部分区域性公共物品的覆盖范围和面积也有大小之分。只要是公共物品,它总是面向全社会或者某个区域的所有成员来提供效用的。

2. 公共物品的消费具有非排他性

以国防安全为例:国防安全作为一种公共物品,全体国民都能享受得到,我们无法采取措施去排除某些人对国防安全的享用权,而且从成本效益来看,我们也没有必要或者不值得采取措施去排除某些人的享用权。

3. 生产公共物品的收益也具有非排他性

谁投资不见得谁就受益,个人收益与社会收益存在较大差异。以灯塔为例:与投资相比,投资者从中得到的收益可能是微不足道的。灯塔所提供的服务是面向整个区域所有成员的,无法将其分割出来归为某个个人或集团,消费者的增加并不引起生产成本的增加,多一个消费者引起的边际成本为零。

4. 非营利性

提供公共物品的目的往往不是追求利润的最大化,而是提高公共福利和社会效益。

鉴于以上公共物品的特征,在市场情况下就会出现两个问题:一是公共物品供给不足。由于成本较高,私人或营利组织不愿承担。二是"搭便车"现象。因为花钱购买该公共物品的人根本无力阻止不花钱购买的人享受与其同样的权利,因此,人们都不愿意花钱购买公共物品,而期望别人出钱购买,自己享受同样的权利,这就是经济学上的"搭便车"现象。如果一个社会中"搭便车"的人太多,最终也会导致公共物品供给不足,无人再提供公共物品。因此,在某种程度上,公共物品就是市场无法有效供给或市场根本就不能提供的物品。

公共物品可以分为三类:第一类是市场在原则上无法有效提供的物品,如基础科学研究、公共卫生、司法、国防等。第二类是为市场有效运转提供条件的公共产品,如保护财产所有权、控制垄断、建立和维护社会制度等。第三类是市场根本无法提供的物品,如宗教信仰、价值观念、人权保障、社会公共安全和宏观经济稳定等。

(二)市场的外部性现象

按照帕累托最优状态的要求,所有生产者和消费者之间的经济活动关系都是通过市场发生联系的,在市场以外不存在成本与收益的相关性。但在事实上,社会中大量存在无须影响价格就能直接影响他人经济利益的相互作用关系,这种影响经济学被称为"外部经济效应",或称"外部效应"。外部效应是指厂商或个人在正常交易市场以外向其他厂商或个人提供的便利或施加的成本。这种便利或成本往往是相关者行为的自愿/非自愿结果。外部效应可导致市场在配置社会资源时产生偏差。当存在外部效应时,各个市场主体的边际效益和边际成本之和就不再等于社会边际效益和边际成本。需要注意的是,市场的外部效应有正负之分:外部正效应是指企业带给社会的生产成本小于企业耗费的成本,或者说它的外部效应给他人或社会带来一种"搭便车"的利益,获利者不需要支付成本,如技术进步;反之,外部负效应指某一企业带给社会的生产成本大于企业耗费的成本,环境污染就是典型。

(三)贫富分化问题

在市场经济中,有些人因为拥有稀缺的资源或技能而得到高收入,变得很富有,但另一些人却因资源匮乏而难以维持生计。市场经济社会带来结果的不公平和贫富分化问题。

由于市场具有上述失灵问题,因此,我们不但需要市场这种资源配置机制,还需要市场之外的资源配置机制——政府和非营利组织。

二、政府失灵理论

市场失灵证明了政府干预的必要性,因此提供公共物品的任务应由政府来承担。但是,政府本身在提供公共物品的过程中也存在一些问题和局限,主要体现在以下3个方面:

(一)政府难以满足每一个公民对公共物品的需求

美国经济学家伯顿·韦斯布罗德认为,任何投票者都有对物品的需求(包括公共物品和私人物品),政府、市场和非营利部门都是满足个人需求的手段,这三者在满足个人的需求方面存在相互替代性。正是政府和市场在提供公共物品方面的局限性,导致了对非营利部门的功能需求,这是非营利部门存在的主要原因。个人的需求数量是异质性的。在任何政治单位中,个人在收入、财富、宗教、种族背景、教育水平等方面都有所不同,这直接导致了个人对税收制度等各种公共物品需求的差异性。政府提供的任何商品的数量和质量都是由政治决策过程决定的,对于公共物品的提供也不例外。政府提供公共物品的决策是一种政治性的决策,倾向于反映代表社会大多数的"中间选民"的意愿。这样,政府在提供公共物品问题上就会受到诸多条件的限制。

政府提供的服务和公共物品总是普遍的、统一的,有特别偏好的公众的需求无法得到满足,这就为非营利组织的存在留出了空间。同时,政府的能力有限,只能在小范围内进行新项目的试验,为了达到服务全体公众的目的,需要非营利组织进行补充。约翰·穆勒在《论自由》中指出,政府的服务趋向于在所有的地方都一样,而个人和社团的服务具有多样化的特征。在不存在投票交易的简单多数模型中,投票结果往往反映了中位选民的需求,而留下了大量不满意的选民群体。尽管在公共选择中也可能采用加权投票的方法,但韦斯布罗德认为,投票方式的变化只会较小地改变不满意人群的数量,只要反映中位选民需求的政治决策过程还存在,就仍然不能满足异质性较强的消费者需求,这就为其他组织机制的介入提供了前提条件。

(二)政府在提供公共物品方面存在浪费和低效率问题

政府行为既受到一系列法律的约束,也受到各种社会势力的牵制,而且作为一个庞大的科层机构,政府也难以摆脱官僚主义积弊的拖累,因而政府往往对新的社会需求和发展机会反应迟钝,显得非常保守。这往往导致政府在提供公共物品的过程中出现浪费和高成本、低效率甚至贪污腐败问题。然而,非营利组织则较少受这些因素制约,可以对各种需求和机会做出迅速反应。因此,在思想、文化、科学、技术、组织方式、制度安排等各个领域,非营利组织都承担了创新职能,积极领导社会发展的潮流。

大量对政府提供的公共物品不满意的消费者有几种不同形式的替代性选择:

(1)移民;

(2)形成较低层次的政府;

(3)求助于私人市场;

(4)求助于非营利组织。

对于选择(1),人们的迁移是有成本的,而且人们在选择居住地点时往往更多地考虑其他因素,而不是当地政府的税收政策。对于选择(2),人们有可能组成只包括他们自己的政治单位,形成较低层次的政府来提供公共物品。例如,公园和图书馆就可以同时由联邦、州、县和地方政府提供。韦斯布罗德认为,尽管有了选择(2),但不满意的消费者仍然存在。对于选择(3),韦斯布罗德认为,从纯粹技术的层面来看,没有技术约束可以防止私人市场生产公共物品,由私人和政府提供物品的区别在于消费者的偏好和相对的价格。从消费者偏好来看,公共物品的一个弊端在于,每个消费者对物品的形式、质量、利用、调配都有着更少的个人控制,因此,作为力图实现个人效用最大化的消费者,通常会选择购买有更多的个人控制和较少外部收益的私人替代品,而较少去购买公共物品。这意味着消费者处于政府和私人市场的非最优位置,他们对政府提供的公共物品过度满意或不满意,同时在私人市场上做出了社会无效率(social inefficiency)的选择。

(三)政府行为的失范

最后,也是最重要的是,政府有可能违背自己的宗旨而损害公众利益。政府对社会经济管理经常缺乏明确的利益主体和责任主体。政府与人民之间的法理或法律上的契约关系在现实中往往不完整、不对等。因此,政府行为可能会失序或失控,并导致政府违约行为惩罚的空置。而且政府由具体的官员组成,作为自然人的政府官员并不像他们自己所宣称的那样是"大公无私的人民公仆",他们也是"理性的经济人",同样也会为个人私利所左右,也会假公济私、滥用职权。而且现代史上出现的一个引人注目的普遍趋势就是政府的自主性日趋强化,政府逐渐变成一个具有独立利益的行动主体,摆脱了社会的控制,肆无忌惮地谋求自己的利益,而把公共利益抛诸脑后。

三、契约失灵与志愿失灵理论

韦斯布罗德在指出政府和市场缺陷的过程中论述了非营利组织提供公共物品的必要性,然而,难道非营利组织就没有局限性?实际上,非营利组织也并非天使,在提供公共物品的过程中,同样也存在很多问题和局限性。研究这个问题比较典型的理论是契约失灵和志愿失灵。

契约失灵是指由信息不对称导致仅仅依据生产者和消费者之间的契约,难以防止生产者坑害消费者的机会主义行为的出现。契约失灵理论是由美国学者汉斯曼于1980年在《非营利企业的作用》中提出的,它也是从经济学的角度研究非营利组织问题。它与市场失灵、政府失灵理论的不同之处在于,政府失灵、市场失灵理论主要研究的是为什么有些公共产品要由非营利组织提供,而契约失灵理论研究的是为什么有些私人产品也要由非营利组织提供。

在现实生活中,无论是生产者还是消费者,都不可能拥有完全的市场信息。同时,生产者和消费者所拥有的经济信息往往互相不对称。总体来说,生产者所拥有的信息远远多于消费者,信息不对称使消费者往往缺少足够的信息来评估产品和服务的质量。这使他们达不成最优的契约,即使达成契约,也很难真正实现。在这种情况下,由营利组织构成的市场竞争可能是无效率的,生产者完全有能力通过提供劣质商品来获得额外的收益,甚至出现所谓逆向选择问题,即劣质商品把优质商品驱逐出市场的现象。这种契约失灵现象的结果是消费者的利益蒙受较大损失。例如,医院提供医疗产品和服务,消费者常常不具备专业知识,由此而产生的信息不对称,使消费者可能会付出更多的代价取得这些产品和服务,这也是现在医疗费用越来越昂贵的一个原因。这是一种很典型的契约失灵。

契约失灵无法靠市场自行解决,消费者在购买产品时往往会选择依靠市场之外的一些组织来保护自己的利益。政府和非营利组织就是市场之外的组织机构,它们都不以营利为目的,它们在提供产品和服务时不会借信息不对称的优势获取利润。政府和非营利组织受非分配性原则约束,不能将所得利益分配给对组织实施控制和管理的成员。非分配性约束原则使政府和非营利组织在提供存在信息不对称的商品和服务时故意提高价格或降低质量的可能性大大降低。因此,政府和非营利组织能抑制一些市场主体的机会主义行为,维护消费者的利益。

市场失灵、政府失灵和契约失灵理论从经济学的角度为非营利组织的产生和发展提供了相当有说服力的理论解释。但无论是市场失灵、政府失灵,还是契约失灵理论,都有一个基本假设,即非营利组织是独立于市场与政府之外的,是政府和市场失灵后的辅助性衍生物。这些理论认为,政府和市场由于其内在的局限性,无法满足人们多样性的需求,无法适应多元化的社会,而这两者之短正是非营利组织之长,非营利组织可以弥补市场与政府失灵,为社会提供市场和政府不能提供的服务。

但是事实上,正如市场失灵、政府失灵和契约失灵存在一样,非营利组织也有其内在的局限性,在以筹款志愿为基础而建立的非营利组织中,问题也是层出叠见。萨拉蒙提出了著名的"志愿失灵"理论,这一理论指出了非营利组织的几大缺陷:

(1)慈善不足。非营利组织活动所需要的开支与所能筹集到的资源之间存在巨大的缺口。就获取资源的方式而言,政府的特征是"强制",营利组织的特征是"自愿"和"互利",而非营利组织的特征是"自愿"和"公益"。非营利组织用来"生产"公共物品的资源有三个来源——社会捐赠、政府资助和收费。通常志愿捐款只占非营利组织开支的很小一部分。服务性收费是一个很敏感的问题,收费过高将很容易导致公民反感,从而受到抵制,而且这不符合非营利组织的初衷,一般来说,非营利组织不会将其作为主要资金来源。因此,无论是过去还是现在,政府补贴一直是非营利组织的主要资金来源,在其预算开支中占主要地位,并且处于上升趋势。但由于新公共管理运动和政府重塑运动,政府越来越没有能力也没有意愿过多地支持非营利组织。

(2)非营利组织往往存在家长作风,实际掌握经济资源的人对如何使用资源有较大的发言权,他们所做的决定往往既不征求多数人的意见,也不必对公众负责和接受监督。

(3)非营利组织的业余性。非营利组织强调的是志愿性,义工服务常常由有爱心的志愿人士提供,这不可避免地影响了组织绩效和服务产品质量。同时,由于非营利组织不能提供有吸引力的工资待遇,因此很难吸引专业人员加盟,这也会影响非营利组织功效的发挥。

(4)非营利组织对象的局限性。正如前面所提到的,作为政府失灵的一种补充,非营利组织活动的对象往往只是某些特定的社会群体,如特定的种族、特定的宗教、特定区域的居民、特定的性别和年龄。由于不同非营利组织的筹集资金、组织动员能力不同,不同群体受到的服务也会不同。以慈善活动为例,如果每个群体都要建立自己的慈善机构,那么很多机构提供的服务将很难产生规模效应,或者成本很高、效率很低。

除以上问题外,作为制度环境的产物,非营利组织存在被环境同化的可能,这是因为任何一种组织的存在都是以反应迅速和高效管理为目标的,非营利组织也不例外。政府组织与市场组织是两种成功的组织形式,它们的结构和运转方式也是被非营利组织模仿和选择的,所以,非营利组织的官僚化倾向和组织目标的转移在所难免,这也是志愿失灵的一种表现。

承认非营利组织的志愿失灵,并没有削弱非营利组织存在的必要性。萨拉蒙认为,非营利组织的短处正好是政府的长处,而政府的短处正好是非营利组织的长处;它们之间是相互依赖的。非营利组织应该作为最初提供公共服务的制度安排,只有在非营利组织提供服务不足的情况下,政府才需要进一步发挥作用。

第三节 新制度经济学与自治组织理论

一、新制度经济学

20世纪80年代兴起的新制度经济学理论为我们今天观察非营利组织现象提供了一个很好的经济分析视角。新制度经济学的主要代表人物是美国著名经济学家道格拉斯·诺斯和R.科斯。新制度经济学理论从考察制度的形成与演变出发,认为制度在增长与发展中起着非常重要的作用,一个有利的制度环境和适当的制度变迁,可以有效地推动经济发展。在新制度经济学家看来,完全的市场是不存在的,现实经济生活中存在信息成本、不确定性和交易成本,而这又与制度密切相关,制度是经济发展的决定力量。

(一)交易成本分析

前面所讲的市场失灵、政府失灵理论主要是从供给—需求、消费偏好等传统经济学概念出发,而新制度经济学则用交易成本概念来重新解释和阐述市场失灵与政府失灵问题。传统的经济学理论认为信息是完全的,而新制度经济学理论认为信息是不完全的,认为交易会发生成本,交易成本是获得准确的市场信息所需要付出的费用,以及谈判和经常性契约的费用。交易成本的存在是由于在信息不完全的情况下,获得信息就需要付出费用,而且参与交易的各方所拥有的信息不对称。交易成本主要包括交易前了解市场行情和状况的成本、谈判协商与达成合同的成本以及实施与监督合同的成本等。

交易成本与制度和组织密切相关。所谓制度,是指人们承认、接受和愿意遵守的一套合法的规范和行为。它由三部分构成:①得到社会认可的非正式约束,主要包括价值观念、伦理道德、风俗习性和意识形态等要素;②国家规定的正式约束,主要是指人们有意识创造的一系列政策法则,包括政治规则、经济规则和契约等;③实施机制,主要是指保证社会规则特别是正式约束能够得到贯彻落实的具体机制,离开了实施机制,任何制度都形同虚设。新制度经济学认为,组织与制度的差异是造成各种组织之间有效程度不同的重要因素,好的组织和制度有助于减少各种交易成本。因此,通过组织和制度的创新可以促进社会的政治和经济发展。

新制度经济学认为,市场失灵问题和制度密切相关,市场制度因个人理性与社会理性的矛盾导致某些方面的产品供给需付出的信息和交易成本过高,而解决这一问题需要制度创新。新制度经济学运用交易成本的理论去比较各种可替代的非市场组织和制度,探讨在哪些条件下应用哪些组织和制度可以以较低的交易成本实现预期的目标。非市场的交易可在两种情况下发生:①在没有市场的场合,以及在市场中交易成本过高的场合;②在没有政府的场合,以及在政府活动中交易成本过高的场合。

非市场与非政府的组织可以通过非市场交易的方式来实现市场交易所达到的结果。与市场交易一样,非市场交易也有其特定的目标,也会发生交易成本,交易中的各方也都力求降低交易成本。在非市场交易中所涉及的因素主要有当事人的社会经济态度、所交易物品的特征、交易的环境以及交易所要实现的目标。

非营利组织正是实现互助合作的一种非市场、非政府的组织形式,实践证明,它们的活动在实现特定交易目标和减少交易成本方面是有成效的。非营利组织所体现出来的互相信任、团队精神、平等、参与等都可以减少交易成本,提高产品供给效率,促进经济发展。

(二)路径依赖与非营利组织制度创新路径分析

新制度经济学认为,制度变迁是路径依赖的,是受制于惰性力量的。所谓的路径依赖是指"制度演进中存在一种自我强化的机制,这种机制使制度的演进一旦走上某一条路径,就会在以后的发展中自我强化。沿着既定的路径,经济或者政治制度的变迁可能进入良性循环轨道,迅速优化,也可能顺着原来的错误路径往下滑。要想摆脱这种状态十分困难,往往要依靠外部力量或者外生变量的作用"。路径依赖影响到各种文化因素、社会规范和规则以及人们的行为模式。

非营利组织是一种组织和制度方面的创新,其形成与发展会遇到很多困难。在某类社会中,由于路径依赖的原因,不良制度长期存在,而新的社会组织很难运作,因为由旧的制度造成的沉淀成本使向比较优越的新制度的过渡从社会角度看无利可图。在这种情况下,如果没有合作,破坏旧规范的成本对个人来说可能太高,从而使个人倾向于接受对社会来说为不良的制度和组织。

克服路径依赖给非营利组织创新带来的困难有两种途径:第一种途径是通过国家。国家是促进非营利组织创新非常重要的力量,因为国家具有说明和实施正式规则的功能,并具有使用强制手段推行其决策的能力。第二种途径是理性个人通过合作和联合,开拓非营利组织的发展道路,因此对一般内部通行志愿合作行为的非营利组织而言,要增强确定规则和实施这些规则的能力,应着重解决好决策机制的建设,可通过实行一系列规则建立一套良好的决策均衡机制,尽可能减少决策成本和实施成本。

二、自治组织理论

自治组织理论主要从微观的组织分析角度探讨非营利组织的形成可能和有效运作基础,该理论的主要代表人物为美国著名行政学家、政治经济学家埃莉诺·奥斯特罗姆。1990年,埃莉诺·奥斯特罗姆在《公共事务的治理之道:集体行动制度的演进》一书中,从研究小规模公共池塘资源问题处罚入手,在大量实证案例分析的基础上,提出了自治组织和治理公共事务的制度理论。

自治组织理论的中心内容就是研究"一群相互依赖的委托人如何才能把自己组织起来,进行自主治理,从而能够在所有人都面对'搭便车'、规避责任或其他机会主义行为形态的情况下,取得持久的共同收益"[①]。在公共物品的供给上,市场规则和政府过程都会出现失灵,但是自治组织却能够有效运作。自治组织理论主要从微观的角度探讨自治组织如何发生作用。自治组织理论采用了理性人的假设,在这里把它完整地称为"自适应的策略理性人"。该假设认为影响个人策略选择的内部变量有四个——预期收益、预期成本、内在规范和贴现率。人们选择的策略会对外部世界产生结果,并影响未来对行动收益和成本的预期。个人所具有的内在规范的类型受到特定环境中其他人的共有规范的影响。同样,内部贴现率也受到个人在外部任何特定环境中所拥有的机会的影响。

自治组织理论认为任何面临集体行动的人都需要解决以下三个问题。

第一个是制度供给问题,即由谁来设计自治组织的制度,或者哪些人有足够的动力建立组织。不确定条件下的重复博弈理论的研究结果表明,在一个有限重复的囚徒困境博弈中,局中人确切收益的不确定性能够产生合作均衡和其他许多均衡。在这样的条件下,一个局中人会向另外一个局中人显示合作的意图,目的在于使双方形成一系列互利有效的对局。在社团的产生过程中,发起人就是第一个向其他人显示合作意图的人。

---

① 埃莉诺·奥斯特罗姆. 公共事务的治理之道:集体行动制度的演进[M]. 余逊达,陈旭东,译. 上海:上海译文出版社,2012:214.

第二个是可信承诺问题。如果组织成员违反内部规范获得的收益远大于得到的惩罚,那么成员之间承诺的可信度就较低,有时需要外部强制才能解决可信承诺问题。奥斯特罗姆认为,在一个自治组织的初始阶段,一个人在对遵循大多数人同意遵循所提出的规则的情况下其自身未来预期收益流量进行计算后,可能会为了与其他人和睦相处而同意遵循这套准则,但此后他违反规则所唾手可得的利益,常常可能是较高的。

第三个就是相互监督问题。如果一个自治组织的群体必须在没有外部强制的情况下解决可信承诺问题,他们必须激励自己(或者他们的代理人)去监督人们的活动、实施制裁,以保持对规则的遵循,这也就是自治组织面临的第三个难题。

奥斯特罗姆认为实现自主治理有八项具体原则:①分享资源单位的个人或家庭之边界界定清晰;②使用、供给与当地具体情况相适应;③集体选择安排;④有效监督;⑤违反规则的分级制裁;⑥低成本的冲突协调机制;⑦对组织权的认可;⑧分权制组织。这些原则既包含对制度供给问题的解决,也包含对可信承诺与相互监督问题的解决。

非营利组织的一个特征就是自主治理,尽管现实中这种自治的程度高低不一,但是奥斯特罗姆的自治组织理论给我们提供了一个很好的思路。

本章小结

本章主要给大家介绍了与非营利组织建设和发展相关的几种理论:公民社会理论与善治理论,市场失灵理论/政府失灵理论/契约失灵与志愿失灵理论,新制度经济学与自治组织理论。这些都是20世纪70年代以来非营利组织研究领域中形成的较受公认的理论。公民社会理论与善治理论主要讨论非营利组织在增加社会资本、构建公民社会和实现善治过程中具有的重要作用;市场失灵理论/政府失灵理论/契约失灵与志愿失灵理论明确告诉我们,非营利组织在解决市场失灵、政府失灵和契约失灵中具有独特的优势;新制度经济学主要从宏观制度分析的角度对非营利组织进行阐释;自治组织理论主要从微观组织分析的角度探讨非营利组织的形成和有效运作基础。

复习思考题

1. 什么是公共物品?公共物品具有哪些特征?
2. 政府失灵的主要表现有哪些?
3. 市场失灵的主要表现有哪些?
4. 非营利组织的缺陷与不足表现在哪些方面?
5. 什么是路径依赖?如何克服非营利组织制度创设过程中的路径依赖?
6. 简述自治组织理论的核心内容。

课后案例

中国最大的非营利组织成为"防艾"生力军

拥有9400多万名会员、100万个网络组织的中国计划生育协会提出:2005年要在全国500个县市实施"预防艾滋病行动方案",使会员预防艾滋病知识的知晓率在城市达到90%,在农村达到75%。实现这一目标将对中国艾滋病的预防发挥重要作用,但作为非政府组织,是否能全面完成这一任务?从它们过去一年所做的工作中或许能得出答案。

"安全套"风波

坐落在南京下关区的"名商宝丽金夜总会"是一家与港商合资开办的大型豪华娱乐场所。2004年7月,南京下关区计划生育协会把这家夜总会作为"预防艾滋病行动方案——百分之百免费发放安全套"的试点,把2000多套安全套和预防艾滋病知识宣传手册放在夜总会的吧台等醒目之处,让客人可以免费领取。不料,这一做法给夜总会带来前所未有的压力:有人把安全套与"色情"联系起来,视为"伤风败俗"。夜总会因此而生意不佳,营业额下滑近三成。当地媒体也以"俱乐部患上'安全套综合征'""夜总会免费发套遇尴尬"为标题报道了此事。

江苏省计生协、南京市计生协、区计生协顶住压力,据理坚持,很快扭转了局面。不只名商夜总会,全区39家娱乐场所都成为项目成员,积极发放各种防艾宣传资料和安全套。

"写家信"活动

"爸爸,您在工作时一定要注意刀具的消毒和自身的防护,并请您千万记住以下预防艾滋病的十个问题……"这是江苏省扬州市朴席镇中心学校初中二年级学生张春艳写给父亲的信中的重要内容。朴席镇是中国有名的"三把刀"镇,全镇3.7万人口中,常年在外从事修脚、理发、餐饮(修脚刀、剃头刀、厨刀)的人员有近1万人,他们遍及全国各地,有的还远赴我国香港、澳门地区,及日本与东南亚地区。由于他们的职业大多与娱乐业有关,自身属于艾滋病的易感人群,扬州市计划生育协会便组织全镇外出经商、打工人员的家属子女开展"写家信"活动,在问候亲人的同时向他们传播预防艾滋病的知识。全镇11个村295个计划生育协会会员小组的3000多名会员通过层层培训,都成了"防艾"宣教骨干,通过在校学生向家长寄出了几千封家信,为在外亲人"灌输""防艾"知识。他们的努力得到的回报是:全镇在外地的近1万名外出务工者至今未发现一例艾滋病病毒感染者。

社区宣传栏

走进杭州上城区小营巷社区,人们会被一条60多米长的大型宣传长廊上很多醒目的标题所吸引,从"什么是艾滋病""艾滋病是如何传染的"到"艾滋病毒感染者的家人应该怎么办"等图文并茂的预防艾滋病知识丰富而全面。而小营巷社区计划生育指导服务站里,不仅摆放着指导优生优育和预防艾滋病知识的小册子,还为居民提供免费的安全套。值得一提的是,为了使"防艾"知识更加生动形象,他们还开辟了视听室和咨询处,为居民观看健康教育影碟提供方便。

教学实验课

浙江温岭长屿中学初三10班的教室里,30名学生被分成5组,每人手中都拿着一只装有白色液体的化学烧杯。老师指出,烧杯中只有一只装的是氢氧化钠溶液,其余的全是清水。然后让每个同学任意选择两个伙伴互相交换杯中液体。结果让所有同学大吃一惊:交换后居然有11个烧杯里因混有氢氧化钠溶液,酚酞测试变成红色,说明有"多名同学"被"传染"了。实验使学生明白:性伴侣越多,感染的概率越高;性接触是艾滋病病毒传播的重要途径,而且具有一定的隐蔽性。

作为浙江省农村示范性中学,长屿中学被联合国教科文组织"环境、人口与发展项目"确定为实验学校。他们的"防艾"教育模式已经从封闭走向开放,从呆板走向生动,教学的实际效果大大增强。

从这些事实不难看出,虽然是民间组织,但中国计划生育协会能够越来越多地承担起社会事务。这是由于艾滋病高危人群的有些行为如卖淫、吸毒是非法的,政府部门与这类人群进行沟通的难度较大,而非政府机构有着自身的优势,比较容易接近这些特殊人群,可以做很多政府难以做或者不便做的事。此外,非政府组织群众性强,运作灵活,不需要层层审批,因而效率较高,确实可以成为防治艾滋病的生力军。

其实,中国计划生育协会早在1996年就已经将艾滋病防治正式纳入工作范围,并陆续开展了多项国际合作的艾滋病干预活动。中国计划生育协会秘书长李保忠透露:协会与联合国人口基金会合作,在北京、上海的部分大学、中学进行了预防艾滋病同伴教育项目;与世界卫生技术组织合作,在全国12个大城市以及2个农村县进行了以艾滋病预防为主要内容的生产技能培训。

2000年,中国计划生育协会与美国福特基金会开展了中国农村首次大规模的艾滋病预防宣传,仅在湖南省就举办了3000期基层网络组织培训班,培训会员400万人次,使艾滋病的预防知识在全省570万会员中的普及率超过90%。此外,还在河南开封市杞县开展了为25万个家庭普及艾滋病预防知识的项目,制作了《乡村计划生育协会预防艾滋病参与式指南》和《农村群众预防艾滋病知识读本》,通过7000个会员小组,分发到全县的25万个家庭。

目前，中国计划生育协会已着手培训参与艾滋病防治项目的工作人员，开展关爱艾滋病病人和艾滋病孤儿活动，同时组织以基层为重点的全国性预防艾滋病知识竞赛，以达到协助政府动员组织群众、形成群防群控艾滋病生力军的局面，全面营造有利于防治艾滋病的社会氛围。

资料来源：曾利明. 中国最大的非政府组织已成为防治艾滋病的生力军——记中国计划生育协会开展的预防艾滋病教育项目[EB/OL].（2005-01-04）. http://www.chinanews.com/news/2005/2005-01-04/26/524055.shtml。

讨论题

预防疾病、发展公共卫生事业本是政府的一项重要职能，为什么作为非营利组织的中国计划生育协会却成为防治艾滋病的生力军？

第三章

国(境)外的非营利组织

学习目标

本章通过学习,学生应掌握的内容有三个方面:一是关于国(境)外非营利组织的产生、发展与演变,要求了解非营利组织的产生以及各个历史阶段的发展与演变情况;理解宗教慈善色彩浓厚的操作类非营利组织和充满道义诉求的倡议类非营利组织。二是关于主要国家(地区)的非营利组织,要求了解英国等国家(地区)非营利组织的现状;理解慈善组织、主管官厅负责制、第三部门。三是关于国际非营利组织,要求了解国际非营利组织的产生,了解红十字国际委员会、无国界医生、国际禁止地雷运动、福音2000、地球之友等国际非营利组织;了解咨商地位、国际非营利组织存在的问题;掌握国际非营利组织的概念、特点和分类。

案例导入

西方社会的非营利组织

在西方社会,非营利组织数量庞大、种类繁多,在社会的各个领域和不同层面发挥着至关重要的作用,其产生与西方社会的民主化进程、经济增长、宗教传统等紧密相关。我们耳熟能详的哈佛大学、福特基金会、英国皇家学会等单位,都是西方社会非营利组织这座巨型冰山的一角。非营利组织、政府和企业一起构成了现代社会的三种基本组织形式。

早在 1601 年,英国就通过了《慈善用途法》,随之相继诞生了一些慈善机构。美国在独立战争前就开始有非营利的社会组织,创设了哈佛大学、普林斯顿大学等著名的非营利组织。国外的非营利组织数量庞大、活动领域广泛,其活动涵盖了文化、教育、卫生保健、社会服务、环境、发展、慈善、宗教等方方面面,在解决就业方面发挥着不同寻常的作用,并成为各领域一支举足轻重的重要经济力量。

20 世纪 90 年代以后,西方各国的非营利组织开始大规模帮助发展中国家发展事业,筹集输送了大量的援助资金,在经济上提供了有力支持。

思考题

1. 西方社会的非营利组织作为一种基本组织形态,其蓬勃发展对于现代社会发展具有哪些积极意义?
2. 西方社会非营利组织的发展经验,对于我国社会组织的管理服务有哪些启示?

第一节 国(境)外非营利组织的产生、发展与演变

非营利组织是社会组织的基本形式之一,最早出现于 17 世纪,其历史与近代资本主义一样久远。美国早在 17 世纪就开始出现非营利的社会组织,如哈佛大学、普林斯顿大学等。20 世纪 60 年代以来,英国、美国等国家发生范围广泛的"结社革命"(即第三部门运动),出现了大量涉及环境保护、医疗卫生、宗教慈善及教育等诸多领域的非营利组织。20 世纪 80 年代,非营利组织发展迅猛,致力于各种全球性问题和社会问题的解决,成为全球化时代国际治理的主要社会力量和社会发展改革的生力军。

一、第一次世界大战之前的非营利组织

伴随着近代资本主义的产生和发展,在各主要资本主义国家里,先后出现了一些带有政治色彩的社会团体和主要开展慈善救济等社会公益活动的非营利组织。英国在 17 世纪末颁布了《慈善法》和《济贫法》,1824 年废止了禁止结社条例,1832 年颁布了《新济

贫法》等。在这些法案的影响和带动下,英国先后出现了许多开展慈善救济活动的民间非营利组织,以及一大批由产业工人自发成立的工人协会。1836—1848 年的宪章运动是利用工人协会发动和组织的人类历史上第一次工人运动,其间成立的如"伦敦工人协会"和"全国宪章派协会"都是规模较大的非营利组织。宪章运动之后出现了一大批"工联主义"的工人协会,其数量在 1860 年初的英国发展到 1600 个,遍及英国的 405 个城市。①

第一次世界大战之前非营利组织主要可以分为宗教慈善色彩浓厚的操作类非营利组织和充满道义诉求的倡议类非营利组织。②

现存最古老的宗教类的国际非营利组织是 1734 年设在瑞士的摩拉维善会堂(Moravian Mission)。此外,1855 年在伦敦成立的世界基督教青年会(The World Alliance of Young Men's Christian Associations)和 1865 年成立的国际救世军(The Salvation Army)都属于宗教性质的操作类非营利组织;而最早的非宗教性质的操作类非营利组织则是 1863 年由亨利·杜南特在经历索佛利诺战役之后组建的红十字国际委员会(International Committee of the Red Cross,ICRC)。

案例

红十字国际委员会

红十字国际委员会成立于 1863 年,其组织宗旨为:根据《日内瓦公约》以及《国际红十字与红新月运动章程》所赋予的使命和权力,在国际性或非国际性的武装冲突和内乱中,以中立者的身份,开展保护和救助战争与冲突受害者的人道主义活动。目前,红十字会已成为国际三大组织之一。

红十字国际委员会总部设在瑞士日内瓦,网址为:http://www.icrc.org,公开出版物有《年报》(Annual Report)、《国际红十字评论》(International Review of Red Cross)。

红十字国际委员会的组织机构有:①代表大会,作为最高权力机构,制定工作原则和总政策并监督委员会的全部活动。代表大会由国际委员会委员组成,委员以自行遴选的方式在瑞士公民中选举产生,每 4 年选举 1 次。②执行理事会,负责指导日常事务和监督行政管理工作,成员由代表大会选举产生。

红十字国际委员会的主要活动有:传播国际人道法,为战乱情况下的受害者提供医疗服务和救济,开展国际寻人工作帮助失散亲人团聚,探视战俘和被拘押的平民,协助战俘交换。

2018 年 12 月,红十字国际委员会作为非营利机构行业代表,在 2018 年《世界品牌 500 强》中排名第 155。

资料来源:中国外交部官方网站。

---

① 潘润涵,等. 简明世界近代史[M]. 北京:北京大学出版社,2001:202-208.
② 徐莹. 当代国际政治中的非政府组织[M]. 北京:当代世界出版社,2006:32-37.

这些最早出现的非营利组织有着深刻的宗教和道德根源,为后面的国际非营利组织立下了崇尚道义力量的基调。这一时期出现的倡议类国际非营利组织,如泛英反奴组织(The British and Foreign Anti-Slavery Society)、反鸦片贸易的英欧协会(Anglo-Oriental Society for the Suppression of the Opium Trade)、妇女国际非政府组织(WINGOs)以及诸多世界环境保护组织等,不仅看到了自身社会的问题,还在社会中倡导建立跨国道义共同体的愿望,集中关注并试图通过全球活动纠正乃至消除人权、环保和妇女等问题。

概括而言,早期的非营利组织带有浓厚的民主、自治、慈善和道义诉求色彩,开始登上人类历史的舞台。

二、从一战到二战的非营利组织

在这段时间里,还出现了三种新型的非营利组织:私人慈善组织、紧急救助组织和专门性组织。

这个时期的私人慈善组织虽然还带着比较浓厚的宗教色彩,但随着组织的发展,正慢慢褪去这种宗教的束缚。例如,关注高等教育领域的卡内基基金会(http://www.carnegieendowment.org),关注发展医疗、公共卫生和农业的洛克菲勒基金会(http://www.rockfound.org/)。

两次世界大战期间,国际非营利组织的发展受到战争的严重影响,但是第一次世界大战和第二次世界大战的结束却成为众多紧急救助性的国际非营利组织产生的重要契机。1914年成立的美国战地服务团(American Field Service)就是其中一个。1919年在英国成立的救助儿童会(Save the Children International Union)也是一个在战争中应运而生的著名的非营利组织。战争带来的灾难和饥荒使得致力于促进世界和平和战后重建的国际非营利组织大量涌现。如1942年,在英国牛津郡成立了专门救助穷人的慈善机构——乐施会(Oxfam UK)。乐施会是具有国际影响力的发展和救援类非政府组织联盟,原名Oxford Committee for Famine Relief,组成目的是在二战时期运送粮食到被同盟国封锁的德国纳粹党占领的希腊。1963年,乐施会在加拿大成立了第一家海外分会,1965年起改用电报地址Oxfam作为名称。这一组织后来发展成为世界最大的国际非营利组织网络,由英国、爱尔兰、加拿大、美国、魁北克(独立于加拿大分部)、新西兰、澳大利亚、荷兰、比利时、法国、德国、丹麦、中国香港、印度14个地区独立运作的乐施会成员组成。

随着国际交往的增加,各国公众在各个领域产生了越来越多的共同利益,为促进这些利益的增长,便跨越国界结成联盟,成立了一系列的专门性非营利组织。如1928年在美国组建的水污染控制联合会(The Water Pollution Control Federation)和1929年在美国成立的人口咨询局(The Population Reference Bureau)等。

原有的倡议类非营利组织在这个时期也得到相应的发展,如妇女权力倡议类的组织就包括在1915年日内瓦成立的和平和自由妇女国际联盟,环境保护倡议类组织则出现了1922年建立的鸟类保护国际委员会。而原有的非营利组织,如人权国际非营利组织,继续发挥作用,在一定程度上促进联合国大会1948年通过了第一个有关人权的国际公约《世界人权宣言》。

三、第二次世界大战后的非营利组织

随着冷战的爆发和持续,二战后到20世纪70年代这段时间,国际非营利组织的发展进入一个能力受抑制的时期。但由于二战后世界范围内经济社会的重建和国际经济格局的变化,非营利组织仍然呈现出良好的发展势头。

1945年,联合国诞生,《联合国宪章》第71条规定:经社理事会作为负责协调经济和社会活动的联合国机构,在提出建议和开展活动时,须与有关非政府组织进行磋商。1952年更是在其288号决议里进一步将"有关非政府组织"定义为"所有不是根据政府间协议建立的国际组织"。就这样,非营利组织开始登上国际政治的舞台。

随着环境问题起来越受到重视,20世纪五六十年代出现了许多关注环境的非营利组织。如1948年在日内瓦成立的国际自然保护联盟(IUCN)、1959年在瑞典成立的抑制噪声国际联合会(The International Association Against Noise),以及1961年成立的世界自然保护基金、1969年成立的地球之友、1970年成立的绿色和平组织。

同时,除原有的国际红十字会等之外,还出现了如1971年在巴黎成立的无国界医生(Doctor without Borders)等致力于和平事业的非营利组织。

案例

无国界医生

无国界医生成立于1971年,是一个独立的国际医疗人道救援组织,致力为受武装冲突、流行病、疫病和天灾影响,以及被排拒于医疗体系以外的人群提供紧急医疗援助。无国界医生的行动建基于医疗道德,以及独立和不偏不倚的原则。无国界医生只会基于人们的需要提供援助,不受种族、宗教、性别或政治因素左右。

无国界医生(国际)设于瑞士日内瓦,网址为https://msf.org.cn。无国界医生已经发展成为全球运动,设有24个协会,在全球超过60个国家和地区开展救援项目。数以万计从事医疗、后勤和管理的专业人士投身组织的救援工作,他们绝大部分来自医疗援助项目所在的国家。

无国界医生现有23个协会,全部是独立的法人,并由每个协会选出其董事会成员和主席。大部分协会均设有行政办事处,负责为组织的前线工作筹款和招募人员。协会与5个行动中心联系,行动中心分别位于巴黎、布鲁塞尔、阿姆斯特丹、巴塞罗那和日内瓦,它们负责管理无国界医生的人道救援项目。组织内还有其他单位为救援项目提供支援。无国界医生的办事处、单位、行动中心和协会紧密衔接,并在不同层面一起工作。

资料来源:无国界医生官方网站。

人权问题继续得到关注,1961年5月28日英国律师Peter Benenson在伦敦创立著名的人权非营利组织大赦国际(Amnesty International)。该组织是保护人犯人权的国际性民间组织,致力于争取思想犯的获释、政治犯的公平审判,以及死刑、刑讯逼供的废止等。截至1996年底,大赦国际组织在全球150个国家和地区拥有110万名以上的会员和在80多个国家的4349个地区性组织会员及54个国家会员。大赦国际在纪念《世界人权宣言》30周年时获联合国人权奖,1977年获诺贝尔和平奖。之后又出现一批人权观察、美洲观察的国际人权非营利组织。

四、1972年之后的非营利组织

1972年,在瑞典首都斯德哥尔摩的联合国人类环境大会上,召开了历史上第一次非政府组织的国际会议——"环境NGO论坛"。这次会议具有划时代的意义,标志着非营利组织开始积极介入国际重大事务的决策,成为一支国际政治舞台的重要力量。1977年,联合国安理会首次允许牛津饥荒救济委员会、美国普救合作组织、无国界医生等非营利组织参加会议,讨论非洲大湖地区的危机问题。

20世纪80年代以来,非营利组织在各个国家迅速发展。美国教授莱斯特·萨拉蒙在对世界上41个国家进行分析之后发现,在世界几乎所有的国家里,都存在一个由非营利组织组成的庞大的部门。这个部门的平均规模大约是:占各国GDP的4.6%,占非农就业人口的5%,占服务就业人口的10%,相当于公共部门就业人口的27%。[1]

1990年冷战结束后,国际社会出现一个重大变化:国际非营利组织迅猛发展。这种发展不仅表现为国际非营利组织的数量增多,更表现为其对世界政治、经济、安全等领域的影响增强。1997年"国际禁止地雷运动"与1999年"无国界医生"组织分别荣获这两个年度的诺贝尔和平奖,2001年国际恐怖主义组织策划的"9·11"事件更令世界震惊。莱斯特·萨拉蒙于1994年在《外交事务》杂志上撰文称:"我们置身于一场全球性的结社革命中,历史将证明这场革命对20世纪后期的重要性丝毫不亚于民族国家的兴起对于19世纪后期世界的重要性,其主要标志是世界各地涌现出了一大批民间非政府组织。"[2]

冷战结束后,国际上非营利组织获得了快速发展,国际非营利组织的数量激增,其规模与活动范围不断扩大。冷战时代,国际非营利组织数量最多时为1.4万余个,[3]到2001年增长为近1.6万个,[4] 2003年国际社团联盟统计国际非政府组织的数量达到

---

[1] 莱斯特·萨拉蒙. 非营利部门的兴起[M]//何增科. 公民社会与第三部门. 北京:社会科学文献出版社,2000:243,263.

[2] SALAMON L. The rise of the nonprofit sector [J]. Foreign Affairs,1994,73(4):109.

[3] UIA. Yearbook of international organization[R]. Brussels:Union of International Associations,1997/1998(1):1763.

[4] UIA. Yearbook of international organization[R]. Brussels:Union of International Associations,2002/2003(5):3.

3万个。① 根据国际协会联盟(UIA)的统计,2011年全球共有57721个各类国际非营利组织,而且数量仍在以每年5%左右的速度增长。②

实际上,现在国际关系领域已经很难找到没有国际非政府组织涉足的领域。③ 这是过去只有国家才能居主导地位的国际问题领域,非营利组织的活动意义和影响地位已不可低估。在国际合作领域,国际非营利组织的活动对于国际机制的形成起着重大推动作用,如环保、禁雷、人权保护、不歧视妇女运动等领域。非营利组织使一系列议题在国际社会中凸显出来,并推动国际社会就这些议题形成国际合作机制。

同时,国际非营利组织在联合国活动中的地位有所上升。1948年,41个国际非营利组织被授予与联合国经济社会理事会磋商的资格,1968年这一数字增长到377个,2002年达到2500个。1990年以来,红十字国际委员会、红十字会与红新月会国际联合会(International Federation of Red Cross and Red Crescent Societies)由于在国际冲突和执行国际法领域的贡献,获得联合国大会观察员资格。此前,仅巴勒斯坦解放组织这一唯一的国际非营利组织在1978年被联合国授予大会永久观察员资格。1998年,巴勒斯坦解放组织被授予在联合国大会上享有除投票权以外的所有成员国资格的权力,这是国际非营利组织在联合国获得的又一殊荣。1999年12月在蒙特利尔召开的世界市民社会大会上,联合国秘书长安南说:"联合国深刻地认识到,如果联合国的全球议程想要得到很好的解决,与市民社会的合作并不只是一种选择,而是势所必然。"其中"市民社会"是指"国际社会中日益兴起的非政府组织的活动"。④ 2002年联合国在南非召开的世界可持续发展全球会议上,有3500多个非政府组织获得了与会的资格。

在学术界,国际非营利组织也日益受到国内外学者的关注。如美国学者杰西亚·马修斯就在《外交》1997年冬季号上撰文指出,"随着政府权力的衰弱……国家已不再是解决问题的天然单位……政府权力向非政府组织的转移不可避免",国际非营利组织的发展最终会导致对以国家为核心的国际关系体系的放弃,从而推翻现有的国际关系秩序。⑤ 冷战结束后,(国际)非营利组织的研究已经成为西方国际问题研究领域的主流话语,关注领域涉及:国际非营利组织对国家功能的补充;对发展、人权、环保、和平等议题的贡献(这一领域多为个案研究);这一组织的功能与结构;在理论层面则较多地探讨新自由主义与非营利组织的关系;非营利组织对民主政治的推动;等等。

---

① ROBERTS S M, JONES J P, FROHLING O. NGOs and the globalization of managerialism: A research framework [J]. World Development, 2005, 33(11):1846.
② 杨丽,等. 国际性社会组织发展研究报告. 中国社会组织公共服务平台[EB/OL]. (2015-12-12). http://www.chinanpo.gov.cn/700105/92411/nextindex.html.
③ 王杰,张海滨,张志洲. 全球治理中的国际非政府组织[M]. 北京:北京大学出版社,2004:75.
④ 胡学雷. 全球市民社会与国家:一种功能分析[J]. 欧洲,2002(1):38,41.
⑤ MATHEWS J T. Power shift[J]. Foreign affairs, 1997:53,65,66.

第二节　主要国家(地区)的非营利组织

根据约翰·霍普金斯大学非政府组织研究中心对24个国家非营利组织的研究，1980—1990年，非营利组织在被研究的国家中已经大量地带动了就业。在所有24个被研究的样本中，非营利组织部门的就业已经占到全部就业总量的5.1%，另外还有1004万名志愿者，两者相加占就业总量的7.1%；仅在20世纪90年代，注册的非营利组织就从10292个增加到13206个，增长了1/3，其成员也在同期从15.5万人增加到26.3万人。[1] 萨拉蒙教授对41个国家的研究分析也发现，几乎所有国家都存在庞大的非营利组织，平均规模占各国GDP的4.6%，占非农业就业人口的5%，占服务业就业人口的10%，相当于公共部门就业人口的27%，志愿者数量占非营利组织就业人数的1/3。[2] 在美国和欧洲的许多国家，非营利组织的生产总值占GDP的比重已经超过5%，就业人口占总就业的比重达10%。[3] 印度和孟加拉国的非营利组织也比较发达。现代科学技术的高速发展，使国际交流和自由贸易活动更加快捷方便。但同时，全球发展也带来了一系列经济发展与社会问题，尤其是教育、扶贫、环保、气候、妇女儿童保护及人道救援等方面，单靠政府或政府间国际组织往往力不从心，这为国际非政府组织提供了广阔的发展空间。国际非营利组织主要通过和平与安全、发展援助、环境与气候、人权以及国际法等领域发挥越来越重要的作用与影响。

限于篇幅，本节不能对所有国家的非营利组织一一进行介绍，只能按照地域分布，从西欧、中欧和东欧、拉丁美洲、亚洲及其他发达国家中各抽取两个具有典型性的非营利组织进行介绍(其中亚洲部分介绍了日本和我国香港、台湾地区的情况)，期望达到窥一斑而知全豹的效果。

一、西欧：英国、德国

1. 英国的非营利组织

1601年，英国颁发了世界上第一部规范民间公益性事业的法律《慈善用途法》[4]（也称《伊丽莎白一世法》,The Statute of Elizabeth Ⅰ）。在英国，对民间组织一般不用"非营

---

[1] HELMUL A. Managing non-profit organizations:Towards a new approach[J]. Lse Research Online Documents on Economics,2000,28(1):541-562.
[2] 罗辉. 非营利组织管理[M]. 北京:北京大学出版社,2018:39-40.
[3] 王名,王超. 非营利组织管理[M]. 北京:中国人民大学出版社,2016:13.
[4] 该法全称为 An act to redress the misemployment of lands, goods and stocks of money heretofore given to certain charitable uses,《慈善用途法》实际上是简称。

利组织"或"非政府组织"这样的称谓,使用最多的是"慈善组织",因此,非营利组织往往被称为"志愿部门"或"慈善组织"。非营利组织的主要活动集中在教育研究、文化娱乐和社会服务等领域。经过长期的发展,英国的慈善组织高度发达并与政府建立了良好的合作关系。

通常我们把民间组织分为"公益性组织"和"互益性组织"。公益性组织比较好理解,主要面向广大民众等普通群体。而互益性组织面向会员、面向一定的社会群体,如行业协会是典型的互益性组织,以行业为边界,主要为同行业的企业家们提供互益性的公共服务。如上所述,英国强调"慈善组织"的公益性,把慈善组织与互益性组织区分开来,故而有慈善组织和非营利企业两个概念。英国所称的非营利企业是指行业协会和一些非营利的但与市场结合比较密切的民间组织,是互益性组织。另外一种就是慈善组织。截至2018年3月31日,在英国慈善委员会登记册上有超过168000个慈善机构。2017—2018年,这些组织共实现了760亿英镑的慈善收入(2016—2017年为747亿英镑)和超过735亿英镑(2016—2017年为710亿英镑)的慈善支出。① 英国的总人口仅有6600多万人,却有超过有16.8万家慈善组织,可见其慈善活动的发达程度。英国非营利组织雇用的人数是英国50个行业中从业人员最多的之一,占英国劳动人口比例较高,其增长率也远高于私营部门和公营部门。英国的非营利组织一直比较兴盛,在整个国民经济中举足轻重,其支出在国内生产总值的占比仅次于美国,相对规模居世界第2位。

英国非营利组织的重要特点就是在资金来源上对政府资助的依赖较大,很多历史悠久的民间组织,长期以来主要依靠政府提供的公共资金开展公共服务。如英国慈善委员会在2017—2018年度就获得了2240万英镑的收入,主要由英国财政部提供资金。政府给民间组织提供资金,使整个社会得到实惠。英国政府每年向民间组织提供约33亿英镑的资金,民间组织每年通过募捐活动能够募到同等规模的善款资金。另外,慈善组织在开展活动过程中通过市场运作的方式又可获得30多亿英镑的资金。这样,政府的33亿英镑财政投入,实际上获得了将近100亿英镑的公共服务,大大提高了财政资金的使用效率。

2. 德国的非营利组织

在欧洲,德国的非营利组织比较发达。现有资料显示,2011年德国有注册协会580298家,私人基金会18000多家,另外还有9000多家注册合作社。② 据此推算,德国非营利组织的数量为60万~70万家。其中,注册协会数量最多,占非营利组织总数的80%以上。此外还有超过10万家未注册的非营利组织。德国的非营利组织规模不大,组织规模在10人以下的约占60%,超过250人的大型组织约占1%。德国的非营利组织是德国社会的重要组成部分,它不仅满足了人们各方面的需要,还形成了重要的经济力量,对

---

① The Charity Commission: Charity commission annual report and accounts 2017 to 2018, p4.
② 罗辉. 非营利组织管理[M]. 北京:北京大学出版社,2018:46.

经济和社会发展做出了重大贡献。现有资料表明，早在1995年，德国非营利组织（不包括宗教团体）的经济规模就达到944亿美元（折合约700亿欧元），占国家GDP的3.9%，并且提供了相当于144万个全职工作岗位，占全国非农业就业的5%左右，占服务行业就业的12%。2004年，德国非营利组织的支出达到1250亿欧元，相当于当年国家GDP的5.5%。其中，仅6家全国性志愿福利组织的营业额就已经达到550亿欧元。① 如果加上非营利组织中志愿者的贡献，德国非营利组织创造的经济价值会更高。

德国的非营利组织不仅范围广泛而且类型很多，可分为公益性和互益性两大类。公益性组织涵盖了医疗、环保、教育、体育、文化等领域，是德国社会福利服务事业的重要支柱。互益性组织以行业协会和商会最为突出，这类组织在经济协调和宏观管理等方面发挥了不可替代的作用。

德国公益性组织的主体是社会福利服务，主要类型是社会服务、卫生保健和教育事业。在德国各种类型的非营利组织中，社会福利服务组织的就业份额是最大的，占德国所有非营利组织就业人数的4/5，其中教育领域占整个德国非营利组织就业人数的近12%。究其原因，很大程度上源于政府对社会福利服务采取直接补贴和社会保险的社会公共政策。

从资金来源看，政府财政支持是德国非营利组织赖以生存和发展的支柱，呈现出"准政府"性质，其运作与政府机构已经没有很明显的区别了。第二次世界大战之后，德国政府在社会福利领域采取"第三方补贴"的原则，通过支持非营利组织发展来增加整体社会福利。德国的社会福利服务组织是高度专业化的组织，但市民性不强。除社会福利服务组织外，德国还有许多会员制的非营利组织，其运作主要依赖于会费收入和志愿者的投入，具有很强的市民性。

二、中欧和东欧：俄罗斯、捷克

1. 俄罗斯的非营利组织

截至2014年10月1日，在俄罗斯司法部门登记注册的非营利组织就有22.5万个，平均每万人拥有16个非营利组织。其中，各类社团达10万个，宗教组织为2.7万个，境外非政府组织分支机构为182个，政党为72个。② 这些非营利组织从联邦到地方不同的层面提供有关服务与活动。非营利部门存在的法律形式有消费合作社、社区与宗教协会、基金会、创设组织、草根组织、农民协会、国家社团等。其中最具影响力的是创设组织，占总数的43.6%，其次是社区与宗教组织，占27.7%，消费合作社占11.4%，其他类型占17.3%。③ 这些非营利组织已经占到全部法律注册机构实体的16.18%。

---

① 张网成，黄浩明. 德国非营利组织：现状、特点与发展趋势[J]. 德国研究，2012(2):5.
② 康晓强，廖鸿. 俄罗斯、匈牙利如何管理非营利组织[J]. 中国党政干部论坛，2015(8):83-86.
③ 石欧亚. 俄罗斯非政府组织[J]. 国际资料信息，2007(8):1-6.

俄罗斯非营利组织主要类别有：①企业慈善机构。这类机构通常是主要由大型商业集团或银行提供活动资金的非营利组织，其活动目的带有纯慈善性。如俄罗斯通讯公司、卢克石油公司、尤科斯石油公司和一些银行成立的慈善机构等。②私人基金会。俄罗斯这类外国基金会数目众多，如福特基金会、索罗斯基金旗下的"开放社会"研究所、亨利·杰克逊基金会、卡耐基基金会等。③中介组织。这些机构包括俄境内专门从事慈善活动的国内外非营利组织，如"捍卫民主"民族基金会、世界学会、欧亚基金会、国际研究与交流理事会、慈善援助基金会等。④社区组织。近年来俄罗斯一些地区出现了由当地民众自发组织的社区组织，其活动宗旨是解决地区存在的社会经济问题和促进地区发展，如西伯利亚和远东城市协会、远东和后贝加尔地区区间合作协会等。

俄罗斯通过政府购买社会组织服务等方式对非营利组织进行培育并促进其发展。2012年，俄罗斯总统普京签署《非营利组织法》修正案，从类别划分、登记注册、监督审查及处罚条例等方面进一步细化了境内非营利组织的管理措施。① 同年3月30日，俄罗斯联邦总统官方网站公布了"2013年保障国家支持非营利组织完成社会意义项目和参与发展社会制度"的总统令，向具有重大社会意义、参与社会建设的非营利组织资助30亿俄罗斯卢布。其中23亿俄罗斯卢布由公民社会研究所等6个社团承办去遴选资助项目，另外7亿俄罗斯卢布由国家经济发展部通过竞标分配确定受资助的项目。

2. 捷克的非营利组织

捷克的非营利组织发展程度在中欧、东欧地区相对较高，其整体经济规模十分可观，但仍落后于西欧国家。1989年之后，捷克的公民社会与非营利部门的发展形势空前高涨。据捷克统计局数据，包括各类慈善组织在内的非营利组织在捷克有9万多家。

捷克政府通过加强立法对非营利组织进行规范管理，主要有《公民社团法》《志愿服务法》《公益法人法》等专门的基本法律及配套政策，用以促进这类组织的发展和规范其活动。捷克政府内务部门负责对非营利组织进行审查、注册登记和管理。捷克政府还成立了非政府非营利组织委员会，加强对慈善组织等非政府非营利组织的管理。捷克政府主要通过向非营利组织发放财政补贴的方式来鼓励和支持其发展。2009年共有3500家组织得到政府的财政补贴，平均每家得到的财政补贴约30万克朗。

除社会和政治因素之外，捷克的非营利部门的经济力量处于中等水平，并且持续增长。1995年，即使不计算宗教部分，捷克非营利部门的年运营支出也达到8亿美元，相当于整个国家GDP的1.6%。这个数字对于只有6年自由发展历史的部门来说，是一个很大的数目。

---

① 迟野.俄罗斯新法严管涉外非营利组织[N].中国青年报，2012－07－25(11).

三、拉丁美洲：阿根廷、秘鲁

1. 阿根廷的非营利组织

阿根廷的非营利组织最早可以追溯到殖民时期，当时天主教教堂及其附属机构创建了该国第一个慈善医院和孤儿院。许多传统非营利组织一直持续到19世纪。随着政治、经济、文化及社会环境的需要，致力于公共物品或成员利益的新型组织开始出现。阿根廷在20世纪90年代开始高度关注志愿活动和慈善活动领域，国内、地区和跨国的非营利组织网络发展壮大，尤其是基层组织、以物易物俱乐部等组织活跃。

据2000年美洲发展银行的报告，阿根廷共有10.5万个非营利组织（每10万居民拥有2.9个组织），这一数据比拉美大部分国家都要高（巴西为0.7，智利为2.8），但低于法国（12.1）、英国（5.1）、美国（4.3）和西班牙（3.8）。这些组织主要集中在教育（37.3%）、体育和娱乐（32%）、社会救助和社会组织（29.8%）、文化（26%）、弱势群体（21.5%）、医疗卫生（19.5%）等领域。阿根廷的非营利组织拥有180万名志愿者和专业人士，占劳动力总人数的10.3%。其中，每10个参与者中有7.5人是无薪的，受薪人员一共有40万人。2000年社会组织调动的财力相当于国内生产总值的2.6%。①

2. 秘鲁的非营利组织

秘鲁的非营利组织具有悠久的历史，至少可以追溯到西班牙殖民者入侵之前公民之间的团结互助组织，现在被称为"安第斯互惠组织"。经秘鲁研究小组确定，1995年，秘鲁全国有接近11.0621万家非营利组织，其中不包括宗教信仰组织、合作社、联合会和政党组织。其中，6.4905万家为社区组织，2.9491万家为文体组织，1.4346万家为教育机构。

20世纪90年代以后，秘鲁等拉美国家先后制定和颁布专门适用于非政府组织管理的法律法规，如秘鲁的《建立国际合作局法》和巴西的《第三部门法》等。秘鲁政府通过相关立法，对非政府组织的成立资格、组织目标、活动领域、融资渠道、权利义务、内部制度等做出了具体的法律规定，为政府引导和监管非营利组织提供了法律依据，为非政府组织的活动提供了法律保障，更加明确了政府和非政府组织的关系。

秘鲁《民法典》将非政府组织分为民间协会、基金会和委员会三大类。民间协会追求非营利性目标，可以自由开展任何合法的公益或互利活动；基金会致力于实现宗教救助、文化、福利或其他社会目标；委员会一般在特定情况下设立，存续期较短。② 2002年，秘鲁成立隶属外交部的国际合作局来主管非政府组织，要求凡接受国外技术合作的发展型非政府组织都必须向其报告捐赠情况。

---

① 玛丽亚·克里斯蒂娜·莱伊加达斯. 阿根廷志愿者组织的模式转变[J]. 经济社会体制比较,2014(5): 118-129.

② 范蕾. 浅析拉美国家非政府组织管理体制[J]. 拉丁美洲研究,2016(1):15-35.

秘鲁非营利组织的规模和拉丁美洲其他国家相当,但相比发达国家较小。1995年秘鲁非营利组织的运营支出达到12亿美元,占GDP的2.0%。比较来说,秘鲁非营利部门的工作人员比多数营利性私人产业的工人还多,有12.6988万名支薪职员。

四、亚洲:日本、中国香港和台湾

1. 日本的非营利组织

1868年明治维新时期,日本国内开始了又一次自上而下地向国外先进文明学习的过程,全面吸收西方国家的各项制度,为非营利组织的发展创造了条件,其中标志性的事件是1896年颁布《民法典》。在这部沿用至今的《民法典》中,专章提到了公益法人的设立、管理、解散、处罚等事项,为非营利组织的出现创造了一个合法的环境。1946年日本《宪法》明确提出结社权,使结社行为成为受宪法保护的自由行为,这与后续出台的《医疗服务法》《宗教团体法》《社会福利服务法》等共同确立了日本非营利组织法律管理体系,有力地促进了非营利组织的发展。

日本的非营利组织的就业非常可观,共有210万名支薪职员,其就业数大概是最大的私人公司就业数的28倍,是五家最大的公司就业总数的7倍。但考虑到经济发展水平,日本却是发达国家中非营利部门最不发达的国家之一。如立法限制和政府机构的官僚性等原因,都导致了日本非营利组织的潜力没得到充分发挥。

日本在1998年之前长期采取限制非营利组织发展的"主管官厅负责制",即非营利组织登记注册必须获得主管官厅的许可。1998年,日本出台《特定非营利活动促进法》,明确"赋予从事特定非营利活动之团体以法人资格,促进公民的自由性社会贡献活动的全面发展,且致力于公共利益的增进",同时大大降低了"公益法人"的门槛,明确只要符合条件的市民团体即可被认定为非营利组织法人,鼓励非营利组织进行法人登记。[①] 日本内阁府统计,截至2018年2月,认证的非营利组织法人有51613家。[②]

日本非营利组织广泛参与社会领域的治理,尤其在养老护理、社区营造及环境保护领域表现活跃。近年来,日本非营利组织作为社会治理的一支重要力量,通过与政府、企业的相互支持、承担与合作,在社会发展和社会治理进程中发挥了积极作用。在参与法律和制度建设、满足社会需求、维护和增进公共利益、协调和理顺社会利益关系、化解社会矛盾、激发社会活力、促进社会良性运行等方面,有效地弥补了政府服务和市场的不足。

2. 中国香港和台湾的非营利组织

非营利组织在香港地区又称民间组织、非政府机构,这些组织(机构)独立于政府和市场而存在,因此也称作"第三部门"。香港非营利组织深受西方基督教文明、宗教慈善和自由结社等西方文化因素,以及中华传统文化基因的双重影响,其表现形式和存在形

---

① 胡澎.非营利组织在日本社会发展中的作用[C]//南开日本研究:2012年卷.北京:世界知识出版社,2012.
② 日本内阁府NPO网站,https://www.npo-homepage.go.jp/about/toukei-info/ninshou-seni。

态各不相同，渗透香港经济、政治、文化、宗教、社会及居民生活各个方面，成为支撑香港经济和社会事业发展的重要力量。

20世纪70年代后，香港的政府部门开始对社会服务机构承担资金资助的主要责任。90年代后，政府部门对社会服务机构的经费投入迅猛增长。根据香港社会福利联合会的资料，目前参与社会服务的非政府机构约为345个，共提供了90%的社会福利服务，每年接受服务人数超过200万人次；雇用3.07万人，占全体社会福利工作人员的85%。2018—2019年度，香港社会福利署的开支预算总额为842亿元，其中602亿元为经济援助金，168亿元为提供给非营利组织的经常资助金。香港社会福利署网站上公布的提供津助服务及设有网站的非营利组织就包括九龙城浸信会等153家。[1]

香港非营利组织的社会参与欲望强烈、活动能力较强，大部分组织是具有公益性质的社会福利事业团体。如针对离婚和夫妻两地分居者增多，社区中心设计"单亲家庭互助组"，安排单亲父或母聚会交流，帮助他们重拾积极的生活态度。针对中下收入家庭父母上班后孩子日托问题，制订了"儿童成长计划"。一些民间组织还与医院相联系，提供"母婴健康"服务、卫生教育服务。香港民间组织开展业务的专业性非常强，工作手段细致，效果明显。民间组织一般拥有数量众多的职业社会工作者，这些职业社会工作者具有较高的社会工作理论和实践经验，在开展活动时具有较强的专业水平；同时，民间组织对义工的专业技能同样要求很高，大部分义工均具备一定专业技能。

香港非营利组织在内地开展公益慈善活动已超过30年历史，在扶贫、救灾、教育、社会服务等领域提供了大量资金、人力和智力支持。根据境外非政府组织办事服务平台的公开信息，截至2017年6月1日，已有25家香港非政府组织在内地登记，占全部90家境外非政府组织代表机构总数的28%。[2] 其中，扶贫项目是香港非营利组织在内地开展活动最主要的领域之一，香港非营利组织在中国内地的扶贫项目投入资金量巨大，以宣明会为例，1982—2016年对内地公益事业支出总额约4.08亿美元。[3]

20世纪80年代中期之前台湾地区的非营利组织一直受到严格的限制，直到1987年"解严"之后，各种形式的非营利组织才开始迅速出现并成长起来。数据显示，1988年台湾地区刚"解严"时期，共有学术文化、医疗卫生、宗教、体育、社会服务、慈善、国际、经济服务、宗亲、同乡、校友、妇女会及其他社会团体822个，截至2002年，则大幅提高至3279个。其中社会服务及慈善团体总数，由1992年的227个增加至2002年6月的979个，10年间增长了4倍多，成长速度较快。台湾地区的非营利组织不仅在数量上实现了跳跃式增长，还取得了合法地位，具有组织正当性和活动自主性。

---

[1] 香港社会福利署[EB/OL]. (2019-04-08). https://www.swd.gov.hk.
[2] 吴艾思. 香港非政府组织在内地登记和临时备案情况简析[EB/OL]. (2017-06-15). http://www.chinadevelopmentbrief.org.cn/news-19653.html.
[3] 中国公益研究院. 境外NGO管理法将实施 香港NGO如何定位？[EB/OL]. (2016-10-24). http://www.sohu.com/a/116994086_115864.

目前,台湾地区登记在册的非营利组织共有 63575 家,其中登记于各级行政部门的社会团体约 34171 家,所占比重最大;其次是寺庙和教堂等宗教组织,约 15118 家;工会、农会、渔会等约 10286 家职业团体也是台湾非营利组织的一个重要组成部分;另外,台湾地区还有财团法人基金会约 4000 家。① 台湾地区的非营利组织致力于推动国际人道救援活动,共有 30 多个团体在 50 多个国家进行急难救助,如 2004 年南亚海啸救灾和 2005 年巴基斯坦克什米尔地区赈灾等。

五、其他发达国家:美国、澳大利亚

1. 美国的非营利组织

在美国,人们通常把社会上所有的单位、部门划分为三类:第一类是政府或政府系统的部门,第二类是公司、企业等营利部门,第三类是非营利组织。

美国的非营利组织主要包括各类学术研究机构、教育培训机构、医疗保健机构、专业协会、教会、工会、商会、体育组织、文化娱乐组织、青年组织、老年公民组织、志愿组织、民间基金会、公益性团体、慈善机构等。美国相当数量的非营利组织集中在健康护理等医疗卫生保健领域和高等教育领域。美国非营利组织在全球事务上影响巨大,其动员的国际援助资金总额甚至超过美国政府。2012 年《全球慈善和汇兑指数》报告显示,2010 年美国非营利组织的海外援助总量高达 390 亿美元,超过美国政府 303.5 亿美元的发展援助。

美国的非营利组织一般归类到免税组织,是指在税务登记中满足特定条款的组织,如有条款界定为"宗教、教育、慈善、科学或文学组织、公共安全试验、国家或国际业余竞赛培养、儿童及动物虐待预防组织"。据美国联邦国税局(IRS)商业管理机构记录,2013 年以税费减免条件注册的非营利组织超过 149 万家。美国的非营利组织已经发展成为产值超过万亿美元的重要产业,所创造的价值约占 GDP 的 6%,就业人数约占全国就业人数总数的 7%。②

美国非营利组织的活动主要集中在医疗卫生、教育科研、社会服务和文艺团体四大领域。从运营支出结构来看,医疗卫生占比超过 50%,教育领域占比在 25% 以上,社会服务占比为 10%。美国的非营利机构数量庞大,经济实力雄厚,社会影响广泛,从业人员众多。作为社会组织的主要部分,非营利组织已经与政府、企业渐成三足鼎立之势。

2. 澳大利亚的非营利组织

非营利组织在澳大利亚是继政府、企业之后的"第三部门",200 多年前的欧洲殖民地时代就在人们的生产、生活中扮演着重要角色。非营利组织最初在英国殖民者的智囊团中流行,但未引起普遍的重视。经过两个多世纪的发展,澳大利亚的非营利组织不以

---

① 陈瑞娟. 台湾非政府组织发展的经验、问题和启示[J]. 广东省社会主义学院学报,2015(1):50-56.
② 罗辉. 非营利组织管理[M]. 北京:北京大学出版社,2018:40-41.

营利为目的,主要开展各种志愿性的公益或互益活动和非会员制组织活动。2010年,澳大利亚总理陆克文代表联邦政府正式签署"全国性协议",标志着政府与非营利组织之间建立了一种新的战略合作伙伴关系。此后,政府与非营利组织在协议框架内建立多方面、多领域、多角度的全面合作关系。多数非营利组织与政府关系良好,两者之间形成了合作与互补的关系。

澳大利亚非营利组织创建和管理的法律体系完善,在联邦、州/地区及地方层面都有专门的法律来进行如资金筹集、信托监督等规制。尽管澳大利亚各司法辖区的立法略有不同,但对于社团设立的要求是一致的,即只能因合法目的而成立,不能为其会员谋取金钱利益。澳大利亚非营利组织在人民生活的各个方面形成了许多重要的组织,其活动领域大多数集中在教育、科技、社会服务和医疗保险等方面。

澳大利亚最常见的具有法律地位的非营利组织形式有社团法人、慈善信托和担保有限公司三种。此外,还有许多其他类型的非营利组织,包括合作社、宗教组织(包括根据国会司法建立的组织)及根据英国皇家宪章或者国会特别法案成立的组织,还有以其他形式成立的组织等。这些组织都具有法律地位,拥有法人资格,政府每年还向这些组织提供拨款,总数约有44万个。①

澳大利亚的非营利组织坚持独立办会、服务社会的宗旨,个人会员是澳大利亚非营利组织的主体,这些非营利组织可以盈利,盈利用于公益事业,同时承担着一定的社会职能,严格自律的同时接受政府对非营利组织的严格管理和监督。

第三节 国际非营利组织

一、国际非营利组织的产生及其重要性

据统计,全球国际非营利组织的数量从1909年到1988年总共增长了44.75%,而从1990年到1997年短短的8年间却增长了22.4%。② 截至2000年,有1/4以上的国际非营利组织是在1990—2000年创立的。截至2004年,获得联合国经社理事会咨商地位的国际非营利组织总数比1992年增长了3倍多。也就是说,截至2004年,65%以上的具有

---

① 石国亮,等. 澳大利亚社会组织发展与管理研究[EB/OL]. http://www.chinanpo.gov.cn/700100/92597/newswjindex.html.

② UIA,"International Organizations by Year and by Type, 1909—1996" Table 2, Yearbook of International Organizations 1996, http://www.uia.ore/uiastats/stybvl96.htm.

咨商地位的非营利组织是在 1992 年以后获得联合国经社理事会认可的。① 更为重要的是,国际非营利组织本身在规模和活动方面都在近 20 年有了突破性的提升。例如,1979年,绿色和平组织只是一个仅有几千名成员、在 5 个国家开展活动的国际非营利组织,其预算很少,经常捉襟见肘。但是,到了 1990 年,该组织的成员超过了 675 万名,年度预算则超过了 1 亿美元。② 当前,国际非营利组织已参加到了环境、人权、妇女、反战反核与和平、贫困与发展、人道救助乃至联合国维和行动、早期预警和裁军等几乎所有国际事务领域。

值得注意的是,近年来国际非营利组织在国际事务中的作用和影响日益增强。1997年,主要由国际非营利组织——国际禁止地雷运动构想和起草的《禁止使用、储存、生产和转让杀伤人员地雷及销毁此种武器的公约》,最终由 138 个国家签署,其中 40 多个国家已经批准了该公约,从而使其变成了国际法。该组织因此获得了 1999 年度诺贝尔和平奖。1994 年,国际非营利组织福音 2000(Jubilee 2000)号召发达国家以及世界银行减免第三世界国家的债务。对于债权国来说,这不合常理,并且无论是从政治层面还是从经济层面几乎都是不可能实现的。但是,在福音 2000 等国际非营利组织的大力推动下,世界银行和国际货币基金组织于 1998 年接受了这项计划,并于 2000 年减免了玻利维亚、莫桑比克、毛里塔尼亚、乌干达和坦桑尼亚等国的部分债务。此后,西方发达国家纷纷提出减免第三世界国家的债务。我国政府也在进入 21 世纪后,先后减免了 31 个非洲重债贫困国家 105 亿元人民币债务。20 世纪 80 年代末,国际非营利组织地球之友通过游说和开展唤醒公众意识的行动,促使 40 多个国家赞同严格控制导致臭氧减少的化学物(特别是制冷剂)的使用。取得这个成就不同寻常,因为当时制冷剂在替代更危险的化学物和刺激工业发展上被视为一个经济奇迹,而严格控制制冷剂的使用无疑会对各国的经济产生相当大的负面影响。

上述国际非营利组织在数量、规模、活动的范围等方面都取得惊人的发展,成就显著,对当代国际政治经济乃至国际格局发展演变都产生了巨大影响。近年来,国外的非营利组织对国际决策过程的影响力越来越大,其中美国和西欧的非营利组织非常活跃,发展中国家非营利组织的影响相对较弱。

二、国际非营利组织的概念

根据国际协会联合会(Union of International Associations,UIA)的定义,国际非政府组织是指"有着国际目标、至少在三个国家从事活动的组织。这样的组织至少有来自三个国家的个人或集体参与,其特征包括:有投票权;有永久总部和维持持续行动的储备和补

---

① 参见联合国经社理事会非政府组织委员会公布的数据:The Committee of Non-governmental Organizations,"NGOs in consultative status with the Council by Category", March 2004, http://www.un.org/esa/coordination/ngo.

② FINGER M,PRINCEN T. Environmental NGOs in world politics[M]. London:Routledge,1996:2.

给;有相当的预算,这些预算至少来自三个国家的公民、基金会和政府的捐赠"①。

以上只是从一般意义上判断国际非营利组织的标准或其基本定义,一个组织要成为国际非营利组织,还必须向联合国经社理事会提出正式申请。完成注册的民间组织也可以申请经济及社会理事会的咨商地位。具有经济及社会理事会咨商地位的民间组织可以参与联合国举办的相关国际会议及其筹备阶段会议。目前,联合国经济和社会事务部与1.2万多个民间社会组织建立了合作关系。根据民间组织综合系统数据库,这些注册的民间组织中大部分都是非政府组织,包括协会、基金、联合会以及近1000个土著人民组织。②

三、国际非营利组织的特点与分类

联合国经社理事会(UN Economic and Social Council,ECOSOC)就是根据上述定义和所界定的条件,来确定任何非营利组织是否能获得联合国的咨商地位。所谓联合国咨商地位,是指具备出席和参加联合国下属机构会议的条件。符合这些条件且目前已为我们耳熟能详的典型国际非营利组织有世界自然基金会、无国界医生组织、国际禁止地雷运动、绿色和平组织、大赦国际等。20世纪80年代以来,类似的国际非营利组织飞速发展,引起了西方学者的"全球结社革命"。③

1968年,联合国经社理事会通过了第1296项决议,规定:具备一定条件、经申请并取得联合国认可的非政府组织,有资格参加联合国经社理事会或其他相关国际会议,可提交提案、发言或提交相应文件,从而获得相应的咨商地位而成为国际非政府组织。联合国成立之初,国际上的非营利组织就要求参与联合国的活动。1948年,联合国经社理事会给予41个非营利组织咨商地位。1968年,联合国经社理事会明确规定,在有关国际公益性事务中发挥作用的NGO可获得联合国体系的咨商地位,获得这种地位的NGO即国际非政府组织;并在1968年给予377个NGO国际非政府组织地位。根据联合国经社理事会数据和NGO处的统计数据,截至2014年9月,享有联合国咨商地位的NGO共4361个,其中享有一般咨商地位的有NGO 144个,专门咨商地位的有3283个,入册咨商地位的有979个。其中,中国在联合国经社理事会享有咨商地位的NGO共50个(含香港、澳门、台湾),占全部咨商地位的1.1%。

《联合国宪章》第71条规定:经社理事会可以同非营利组织做出"适当的咨商安排"。近30多年来,经社理事会同非营利组织的咨商安排是按照1968年5月23日第1296 (XLIV)号决议的规定行事的。1996年,经过彻底审查,经社理事会通过第1996/31号决

---

① UIA. Types of international organization in the yearbook[R/OL]. http://www.uia.org/uiadocs/orgtyped.htm.
② 联合国网站[EB/OL]. (2019-04-10). https://www.un.org/zh/civilsociety/.
③ 莱斯特·萨拉蒙,等. 全球公民社会——非营利部门视界[M]. 贾西津,魏玉,等译. 北京:社会科学文献出版社,2002:4.

议,确定了非营利组织的三类地位。①

1. 全面咨商地位(General Status)的国际非营利组织

全面咨商地位一般授予庞大的国际非营利组织,其工作领域涵盖经社理事会议程上的大多数问题。这类组织的数量在1998年时只有41个,其中有国际红十字会(ICRC)、联合国协会(WFUNA)和国际商工联盟(ICO)等。

2. 专门咨商地位(Special Status)的国际非营利组织

专门咨商地位授予在经社理事会活动的一些领域中具有专门能力的非营利组织。1998年,这类组织有354个,其中包括大赦国际、基督教青年会(YMCA)等。

3. 注册地位(Roster Status)的国际非营利组织

注册地位一般是给那些在其专门领域内有能力对联合国的工作做出贡献,并且在应请求时可以提供咨商的非营利组织。列入名册的非营利组织也可以包括在专门机构或其他联合国机构内具有咨商地位的组织。1998年,这类组织有533个,其中有中国的全国残疾人联合会、亚洲太平洋青年联盟等。

联合国秘书长授权对具有咨商地位的非政府组织提供便利,包括:迅速有效地酌情颁发经社理事会及其附属机关的各种文件;提供联合国的新闻文件服务;安排各有关团体或组织就特别关注的事项进行非正式讨论;在大会处理经济、社会和有关领域各问题的公开会议中适当安排各组织的席位,并协助取得各处文件。

经社理事会的咨商地位是联合国与非政府组织之间的正式关系的核心。虽然联合国大会没有制定这种安排,但已有一些惯常的做法,请非政府组织在一定程度上非正式参与大会各主要委员会和附属机关的工作。近年来,非政府组织积极参加联合国大会的特别会议。一般情况下,具有经社理事会咨商地位的非政府组织都可以直接参加这些会议。没有这一地位的非政府组织需经有关会议的成员国认可。

具有全面咨商地位和专门咨商地位的组织可以指派授权代表以观察员身份列席理事会及其附属机构的公开会议。列入名册的非营利组织也可派代表出席与其主管领域内的事项有关的各种会议。具有全面咨商地位和专门咨商地位的组织可提出书面简要说明,并作为联合国文件印发,分发理事会或附属机构各成员。列入名册的组织也可应邀提出书面说明。第1996/31号决议规定具有全面咨商地位和专门咨商地位的组织在理事会某些会议期间做出口头陈述。在经社理事会内具有咨商地位的非营利组织必须每4年提出一次活动报告。

四、国际非营利组织存在的问题

首先,西方国际非营利组织对中亚、非洲地区受援国的社会稳定带来消极影响。在中亚等地区,西方国家在当地的国际非营利组织员工的薪酬一般达月薪数百美

---

① 经社理事会咨商地位介绍[EB/OL].(2019-04-10),https://www.un.org/zh/civilsociety/.

元,甚至超过了当地政府部长级官员的薪酬。当地许多优秀青年都渴望到西方非营利组织部门中工作。这些国际非营利组织吸引了大量精英人士,甚至培育出一个新的社会阶层。① 他们更多地受到西方价值观念的影响,对本国的社会传统与政府权威存在较多抵触情绪。

如 2005 年 5 月,乌兹别克斯坦的安集延市发生国际非营利组织支持下的叛乱。一支武装游击力量在西方非营利组织支持下,打着"和平抗议者"的旗号,对政府发难,遭到乌兹别克斯坦武装力量的镇压。西方国家及其非营利组织指责乌兹别克斯坦滥用武力,美国与欧洲国家对乌兹别克斯坦进行了制裁。但叛乱力量并未得到当地民众支持,一些叛乱者躲进美国大使馆。事发后,乌兹别克斯坦指责美国的"NGO 是第五纵队",关闭了一些来自美国的国际非营利组织,其中包括欧亚基金会、自由家庭、国际研究与交流董事会、美国律师协会等组织。②

其次,国际非营利组织内部的营私欺骗行为加剧了腐败的产生。

20 世纪 90 年代初,美国哈佛国际发展研究院开始在俄罗斯执行一个帮助俄实现经济转轨的计划。从 2000 年开始,国际发展研究院的一些教授被指控洗钱、欺诈、挪用政府捐赠的援俄款。2002 年,哈佛大学校长确认涉案金额达 3100 万美元。③ 莫斯科国立大学教授亚历山大·李维新这样谈论俄罗斯人对国际非营利组织的看法:"它们都是贼,打着不以营利为目的的幌子偷我们的钱。"④ 在非洲,国际非营利组织利用捐助给非洲的援助款搞腐败的事例也屡见不鲜,尼日利亚反腐败委员会估计,1960—1999 年,非营利组织在尼日利亚以实施援助项目为名,与开发商和西方银行勾结,从尼日利亚向欧美的金融机构转走 5210 亿美元资金。⑤ 如果没有国际援助,非洲的腐败——也许还有西方的腐败,不会无孔不入。

最后,国际非营利组织在执行援助计划时举措失当,对当地民众的利益造成损害。

一些受援国在接受国际非营利组织援助时被迫接受随援助而来的大量"监督官员"。例如,坦桑尼亚每年约向国际社会提出 2400 个请求捐款援助的计划,每年与捐款同时到位的还有约 1000 名官员组成的"捐款使团"。⑥ "捐款使团"的到来增加了该国本已庞大不堪的官僚阶层。20 世纪 90 年代后期的一项研究显示,一些国际非营利组织致力于波斯尼亚的战后重建,为推动自己的重建计划大做广告,吸引了不少经费捐赠者。由于大部分重建经费流入国际非营利组织的重建计划,当地政府的重建计划因吸收不到足够经费而受到阻滞。再如在苏丹和索马里,国际非营利组织为了能进入需要接受援助的地区

---

① JARVIK L. NGOs:A new class in International relations[J]. Orbis,2007:219-222.
② JARVIK L. NGOs:A new class in international relations[J]. Orbis,2007:225.
③ JARVIK L. NGOs:A new class in international relations[J]. Orbis,2007:230.
④ JARVIK L. NGOs:A new class in international relations[J]. Orbis,2007:226
⑤ ROTIMI S. What are the NGOs doing? [J]. New African, 2005.
⑥ JARVIK L. NGOs:A new class in international relations[J]. Orbis,2007:230.

而向当地的战争力量行贿,这些钱只会推动战争继续进行。在埃塞俄比亚、卢旺达,国际非营利组织为援助平民修建的公路、营帐却被战争者们使用。[①]

国际非营利组织在冷战后时代的确取得了很大发展,但不能无限夸大,认为它们已从国际政治的边缘地位进入中心位置,也不能认为国际非营利组织的兴起完全有益于国际社会,我们必须对国际非营利组织有一个清醒的认识。既要认识到国际非营利组织的有限性及功能的两面性,也要认识到它是全球化的产物,是一种新生的国际事物,体现的是开放平等思想和对话合作的全球化时代特征。国际非营利组织的发展,开辟了一个独特的政治领域,使全球化时代的政治更凸显出人类的整体性与利益的共同性。

本章小结

非营利组织发展迄今已有近400年历史,国际上现有的非营利组织数目众多。

本章首先从纵向历史的角度分析了非营利组织的产生与发展历程,介绍了一战之前、从一战到二战、二战之后和1972年之后四个历史阶段的非营利组织的情况和特点。

然后采用横向对比的方式,介绍主要国家(地区)非营利组织的发展现状。当前,本章介绍的这些主要国家(地区)的非营利组织都存在共同特点:①这些国家(地区)都存在着大规模的非政府组织,平均规模约占各国GDP的5.4%,非营利组织日益成为一支重要的经济力量,发挥着越来越大的作用。②各个国家(地区)之间的发展规模和发展领域均存在较大的差异。③这些国家(地区)的非营利组织呈现出以福利服务占主导的特点。④非营利组织已经成为国家(地区)重要的就业渠道,就业人口平均占非农就业人口的5%,占服务业就业人口的10%,占政府公共部门就业人口的27%。⑤非营利组织的多数收入主要来自服务收费、政府资助、慈善所得等。

最后,对国际非营利组织的产生及重要性、概念、特点和分类,以及存在的问题进行介绍。

复习思考题

1. 简述非营利组织产生、发展和演变的过程。
2. 对比德国和日本的非营利组织的异同点。
3. 美国的非营利组织具有哪些特点?
4. 具有联合国咨商地位的非营利组织的权利和责任有哪些?
5. 简述国际非营利组织的咨商地位。
6. 如何看待国际非营利组织在全球化时代中的作用?

---

① SIMMONS P J. Learning to live with NGOs[J]. Foreign Policy,1998,196(112):439.

第四章

中国的非营利组织

学习目标

通过本章学习,学生应该掌握四个方面的内容:一是关于中国非营利组织的起源与发展,要求了解中国非营利组织的起源,以及20世纪以来中国非营利组织的发展情况。二是关于中国非营利组织的活动领域及其作用,要求掌握中国非营利组织的三大活动领域,理解非营利组织的作用。三是关于中国非营利组织的法律制度框架,要求了解中国非营利组织的法律制度变迁和税收管理制度,理解中国非营利组织的登记管理制度和监督管理制度。四是关于中国非营利组织发展中存在的主要问题及对策建议,要求理解中国非营利组织发展中存在的主要问题,掌握促进中国非营利组织发展的对策建议。

案例导入

社会组织参与扶贫

2011年2月,国务院发展研究中心中国发展研究基金会一项关于中国贫困地区学生营养状况的调查报告显示,中西部贫困地区儿童营养摄入严重不足,受调查的学生中12%发育迟缓,72%上课期间有饥饿感;学校男女寄宿生体重分别比全国农村学生平均水平低10千克和7千克,平均身高低11厘米和9厘米。

同年4月,邓飞联合500位记者、国内数十家媒体和中国社会福利基金会发起了免费午餐基金公募计划(以下简称"免费午餐"),倡议为贫困学童提供热腾腾的免费午餐。一方面,项目与县级政府联合,筹资补贴给那些不能完全开展热食午餐的学校;另一方面,项目对缺少成熟帮扶政策的学龄前儿童开展免费午餐项目。

截至目前,该项目累计募集善款超过3.6亿元,在26个省(区、市)累计开餐学校数量为931所,累计受惠人数超过25万人。同时,该项目也直接影响了政府政策,成为社会组织推动政府行动的典型案例:2011年11月,国务院启动实施了农村义务教育学生营养改善计划,大规模地改变了中国乡村儿童营养状况。

不过,让贫困地区的孩子们吃饱饭只是第一步。事实上,这些地区的孩子们在生活中还面临很多问题。由于父母外出打工、祖父母辈无力照顾以及家庭贫困等原因,很多孩子生病后无法及时就医。而在农村地区,因病致贫、因病返贫的现象也十分突出。基于此,邓飞团队发起了中国乡村儿童大病医保公益基金,旨在通过购买商业保险的方式为孩子们解决看病难的问题。

"大病医保"公益基金让众多农村儿童在新型农村合作医疗和国家大病医保基础上,又多了一份医疗保障。截至目前,乡村儿童大病医保公益基金已经覆盖全国10个县,保障儿童1251542名,投保总金额达46970171.70元,赔付总金额达27821616.22元,赔付总人数为7520人。

此后,邓飞团队又开发了一系列公益项目,从单一公益项目发展为乡村公益集群:"暖流计划",帮助贫困山区学童募集基本的生活、学习物资;"会飞的盒子",为贫困地区上学路途遥远的中小学生提供可移动、智能的模块化宿舍;"拾穗行动",提倡一个家庭一年捐助2600元对接一名单亲失依孩子,持续扶助其改善生活状况;"e农计划",立足销售乡村优质农产品与开发旅游资源,提升农民收入,进而帮助中国乡村自我造血与可持续发展……

"我们在一些贫困县做的工作主要包括以下几个方面:增加儿童福利,建立本地友好关系;帮助农产品出村,把农产品卖给城市的捐款人和志愿者;培训当地年轻人做公益或者投入农业领域。我们尝试用系统的手段去实现扶贫脱贫目标,用中医思维来解决贫困这一系统问题,通过多方联动、多中心、自组织去唤醒人们自身的力量,进而实现系统改善。"邓飞谈道。

他表示,在扶贫事业中政府在用力,如制定扶贫政策、派出公务员进入乡村支持农民脱贫;企业在大力投入资金和人力;社会组织虽然没有公权力,也没有资本资金,但有自己的优势。"近年来社会组织因为高铁和移动互联网等工具及技术的普及发展迅猛,资源极大增加,且社会组织能够跨界合作、机动灵活,能够发动多方资源。我们通过行动创造价值,从而获得政府和社会的信任与支持,有活力地成长。而且社会组织的行动基于兴趣、情怀和价值观,所以也更具内驱动力。"

资料来源:皮磊. 社会组织如何参与扶贫[N]. 公益时报,2018-02-06。

思考题

社会组织在扶贫工作中有何优势?

第一节　中国非营利组织的起源与发展

一、中国非营利组织的起源

中国文化中历来有慈善、助人和互助的传统。在中国历史上,民间结社和民间公益活动的历史源流及其原型悠久绵延。在中国古代,从先秦时代起就有"会党""社会"之说,民间结社在春秋战国时期颇为盛行。后汉出现政治结社——朋党,以及著名的黄巾(会党)起义。宋代在民间出现各种互助性、慈善性的"合会""义仓""义社""善会"等。元朝末年以白莲教为中心发动的红巾起义最后将朱元璋推上了皇帝的宝座。自明朝以后绵延不断的各种秘密宗教、社会组织"罗教""大成教""天地会""哥老会",直至近代的"洪帮""青帮"等,尽管充满争斗与黑暗,但随处可见的"仗义""行善"精神,无不构成中国历史上有别于封建政府一统天下的民间社会。[①] 各类民间团体都在特定的社会背景下,以其特有的方式影响了中国历史的进程。从这个意义上讲,它们可以被看作中国社会非营利组织最早的起源,为我国近代以来非营利组织的发展奠定了一定的组织和思想基础。

---

① 王名. 非营利组织管理概论[M]. 北京:中国人民大学出版社,2003:410.

二、中国非营利组织的发展

我国非营利组织的发展大致经历了三个阶段：

（一）第一个阶段：20世纪初到1949年新中国成立

清朝末年，随着洋务运动的兴起和资本主义萌芽的出现，由所在地区不同籍贯和不同行业的商人自愿组成的新式社会团体诞生，此类具有开放性、自愿性的新式社会团体被称为商会。不同于传统的"行会"，商会实行选举制度以及具有现代意义的议事制度，有时甚至还由于为商请命，与各级官府发生矛盾和冲突，已经具备一定的现代性、自治性和独立性。此后，中国又陆续出现了各种各样的社会团体，如互助与慈善组织、学术性组织、政治性组织、文艺性组织以及一些带有反政府倾向的帮派等，这些组织都是一些民间团体和个人自发组织起来的。因此，该阶段非营利组织的产生方式及特点是自下而上的。但由于近代中国始终未能实现经济体制与政治体制的变革，无法为社会力量的强大提供真正的制度性保障，事实上，这个阶段非营利组织的发展一直处于被扼制的状态。

（二）第二个阶段：1949—1978年

党和政府在新中国成立后，对非营利组织进行有针对性的清理整顿，取缔和转化了一批非营利组织。在这个阶段，非营利组织受到政府比较严密的管控，政府管理的色彩较为浓厚。1950年9月我国制定了《社会团体登记暂行办法》，这个时期的社会团体如工商联、青联、妇联、科协等基本上属于各级党政机关的附属部门，拥有政府编制，其领导和工作人员具有行政级别，活动经费全部来自政府划拨，事实上属于国家政治结构的一部分，缺乏完全的独立性。在这一阶段，高度集中的计划经济体制使国家获得了对社会资源的全面控制，从而对旧中国的改造得以顺利完成，但同时，也造成了社会自主性的缺失。这个阶段的人民团体的产生及存在主要有四大功能：①人民群众参政议政的渠道；②群众运动的重要组织者和领导者；③我国社会主义政权重要且可靠的社会基础、支持力量和维护者；④革命和建设的重要力量。因此，改革开放前的中国非营利组织实质上是政府向社会的延伸，完全是由于党和政府发挥政治职能的需要而产生的。据统计，从20世纪50年代一直到70年代，我国社团和群众团体的数量非常少，20世纪50年代全国性社团只有44个；20世纪60年代全国性社团不到100个，地方性社团也只有6000个左右。① 1966—1976年"文化大革命"期间，全国各类社团陷入瘫痪状态。

（三）第三个阶段：1978年至今

传统的计划经济体制并不能有效地解决所有社会问题，随着社会经济进一步发展，其弊端也逐步显现出来，国家权力的高度控制使社会缺乏活力和创造力，经济发展停滞

---

① 张霞,张智河,李恒光. 非营利组织管理[M]. 济南:山东人民出版社,2005:510.

不前,在这种背景下,改革的呼声日益高涨。1978年开始的改革开放顺应了这一历史要求,从多方面对原有体制进行改革,其中一项重要内容就是将原来由政府承担的部分职责转移给社会,政府与社会之间的关系开始重组,这为非营利组织的崛起提供了合法性及广阔的活动空间。由于改革开放的宽松环境和机遇,我国的非营利组织得到了长足的发展,无论是数量还是质量都得到了迅速增加和提升,它们在动员社会资源、提供公共服务、促进经济发展等方面,发挥着政府与市场难以取代的作用。非营利组织在这个阶段的发展又可以细化为两个阶段:1978—1989年为第一阶段,改革开放初期,高度集权体制开始松动,政府与社会的关系面临重组和改变,社会组织的发展获得条件和空间。这一阶段,我国的社团组织得到迅猛发展,主要表现为社团的数量急剧膨胀。据民政部统计,1989年初,全国性社团已发展到1600多个,相当于"文化大革命"前的16倍,地方性社团猛增到20多万个,相当于"文化大革命"前的33倍。[1] 第二阶段是1989年以后,由于国家重新整顿民间组织,非营利组织在数量上有所回落,到了1992年邓小平同志南方重要谈话以后,又进入一个高峰。尤其是进入21世纪后,非营利组织的数量大幅增加。据统计,截至2006年底,我国社会组织登记数量达到34.6万多家[2],到2018年底已超过80万家[3]。

从我国非营利组织的发展轨迹来看,其三个阶段呈现出截然不同的历史断面。总的来说,改革开放以后,我国非营利组织迎来了发展的黄金阶段,无论是从从业人员的数量,还是从组织规模和组织功能等方面来看,非营利组织所取得的发展成绩都大大超过了前两个阶段。

第二节 中国非营利组织的活动领域及其作用

一、中国非营利组织的活动领域

经过40多年的发展,我国非营利组织的数量和质量都有了很大提升,非营利组织在社会经济领域发挥着越来越重要的作用。归纳起来,中国非营利组织的活动领域可以分为三类:

第一,经济协调领域。在经济领域活动的非营利组织,能在政府与企业、企业与企业之间进行沟通协调,充当公正公平的中间人的角色,是宏观调控与市场调节相结合中不可缺少的环节,发挥着政府行政管理不可替代的作用。此类非营利组织包括律师协会、

---

[1] 康晓光. 转型时期的中国社团[EB/OL]. http://www.chinanpo.org/news.
[2] 孙伟林在全国性民间组织年检工作会议上的讲话(2007年3月9日)。
[3] 黄树贤在2019年全国民政工作视频会议上的讲话(2019年1月3日)。

注册会计师协会、质量管理协会、企业管理协会、行业协会、商会、企业家协会、个体劳动者协会、外商投资协会和国际商会等。此类组织致力于维护本行业企业的利益,协调行业内部关系,做好政府与市场主体间的联系工作,承担政府有关部门委托的部分管理职能,为政府制定行业政策提供建议,加强本行业市场中介组织的自律管理。因此,在经济领域活动的非营利组织,不仅为企业和消费者提供一些具体的服务,还能起到保障市场机制正常运行和市场经济健康发展的作用。

第二,社会公益领域。非营利组织在环境保护、社会教育、文体活动、社会扶助、再就业、扶贫等社会公益事业领域中起着重要作用。在这一领域活动的非营利组织主要有三类:一是各种慈善组织,如中华慈善总会及各地的慈善协会;二是各种公益性基金会,如中国青少年发展基金会、宋庆龄基金会、壹基金等;三是各种志愿性服务组织,如中国青年志愿者协会和各种社区志愿服务组织等。这类非营利组织不断发展壮大,为我国的公益事业做出越来越多的贡献。

案例

壹基金的公益活动领域

2007年,著名功夫片明星李连杰创立启动了壹基金。深圳壹基金公益基金会于2010年12月3日在深圳注册成立,是中国第一家民间公募基金会,以"尽我所能,人人公益"为愿景,致力于搭建专业透明的壹基金公益平台。壹基金专注于灾害救助、儿童关怀、公益人才培养三大公益领域:

一是灾害救助。灾害救助是壹基金的核心业务领域。壹基金在自然灾害的灾前、灾中、灾后三个阶段开展防灾减灾、备灾救灾、安置重建三方面的工作,对中国常规多发的中小型洪涝、地震、凝冻、干旱等灾害和突发重大灾害进行持续的人道主义赈灾行动,使灾区儿童及弱势群体重获有保障、有尊严的生活。同时,通过支持民间公益组织、学术机构开展项目,提升灾害应对与管理能力,有效促进行业发展,完善政府相关政策。

二是儿童关怀与发展。儿童关怀与发展是壹基金的战略成长领域,壹基金通过支持民间公益组织和鼓励儿童参与项目活动,重点关注贫困和灾害多发地区的儿童及其他特殊需要儿童,聚焦保障权利和实现潜能方面所面临的问题,帮助他们获得有尊严的生活和全面发展的机会。该领域有壹乐园、净水计划、海洋天堂三大公益计划。

三是公益支持与创新。公益支持与创新是壹基金的新兴业务领域,力图用开放的视角和创新的思路研究中国公益行业在快速发展期所面临的问题,探索创新的解决方案,携手民间公益组织共同实现可持续发展。

资料来源:壹基金官方网站。

第三,社区服务领域。社区服务是指在政府的指导和扶持下,为提高社区居民的生活质量、增进社区公共福利,以基层社区和社会服务机构为主体,以社区成员的自助互助为基础,利用社区内外的资源,开展的各种具有福利性质的社会服务。① 社区服务的提供主体是各种社区组织,如各种志愿者协会、业主委员会、社区工作者协会、民办医院、民办养老院等。社区服务主要以社区内的居民为服务对象,尤其是老年人、儿童、残疾人、困难户等。社区服务的内容主要包括以下两点。①面向全体居民的带有便民利民性质的服务,包括:一般家居生活服务,如家用电器维修、代收公用事业费、卫生清理等;社区环境综合治理服务,如绿化面积的维护和扩大、民事纠纷的调解等;社区医疗服务,如疾病预防、医疗诊断、病人护理等;社区少年儿童服务,如提供午餐、接送小孩上下学;社区生活服务,如文化、教育、咨询、体育等。②面向特殊群体提供的服务,如为社区老年人、社区残疾人、社区特困家庭服务等。② 社区服务的发展,不仅能维护社区的良好环境,培养社区良好的社会风气,还能促进社会的和谐发展,如预防犯罪、防止家庭暴力、协调矛盾和纠纷、改善社会治安等。

二、中国非营利组织的作用

在我国,非营利组织的作用集中体现在以下几个方面:

1. 有助于建立有序的市场经济体制

现代社会组织主要由营利组织、政府组织和社会组织(第三部门)构成,其运行机制分别为市场机制、国家机制、社会机制。只有这三大组织及其运行机制有机联动,才能保障经济社会的有序发展。在社会主义市场经济条件下,市场机制不是万能的,会出现大量失灵的情况,如环境污染、贫富差距拉大、无序竞争等。而政府的干预也不是万能的,过多的政府干预可能会影响经济活力和效率。非营利组织采用平等协商、非强制、非营利趋向的社会机制运作,在行业协调、行业管理、行业维权、协调经济领域的各种关系、平衡各方利益、调解贸易纠纷、加强市场交流、健全社会信用体系等方面起着不可替代的作用,有助于建立有序的市场经济体制,推进经济又好又快发展。截至 2014 年底,我国行业协会商会发展到近 7 万个,每年以 10% ~15% 的速度增长,在各类社会团体中数量最多、增速最快。随着市场经济不断深入,我国出现了一批独立自主、能力突出、公信力高、示范作用强的行业协会商会,这些行业协会商会在积极反映会员诉求、参与相关产业政策研究制定、加强行业自律、完善行业管理、协调国际贸易纠纷、维护会员合法权益等方面发挥了重要作用。③

2. 有助于促进社会管理体制创新

现代社会是多元社会,人们的兴趣爱好、价值观念、经济利益都高度多元化,社会分化

---

① 吴亦明. 现代社区工作[M]. 上海:上海人民出版社,2003:249.
② 陈浠,等. 社区经营与社区服务[M]. 北京:中国社会出版社,2005:98 – 99.
③ 行业协会商会与行政机构脱钩[EB/OL]. http://www.chinanpo.gov.cn/tgnews/index.html.

为各种各样的利益团体。政府作为公共物品的提供者,其行为必须具有"普遍性",这就导致它很难对多元化需求做出及时、恰当的反应,不能满足社会上数目巨大、种类繁多、彼此冲突的"局部性"需求。非营利组织源于群众和各层次社会利益主体,在满足社会多元化需求方面具有接近民众、成本低、效率高的优势,能在政府无暇顾及的方面拾遗补阙,增进社会福利,促进社会公平。例如,在社会保障体系的建构中,不少非营利组织以社会弱势群体或社会边缘群体为服务对象,整合和有效利用社会各个领域的闲散资源,为这些群体提供了大量慈善服务。同时,各类社会组织作为不同利益主体的代表,在政府与社会之间架起沟通的桥梁,直接向政府反映群体的利益诉求,参与公共政策制定,也推动了政府决策的科学化和民主化。

3. 有助于促进政府职能转变

在我国政府职能转变过程中,原来由政府承担的大量社会和经济管理职能,一部分交给市场,由企业自主做出决策,另一部分则交给社会,由社会组织进行"自治"。近年来,非营利组织承接了大量政府转移的社会事务,活动范围涉及环境保护、科研、教育、卫生、文化与休闲、慈善救助、扶贫、就业与职业培训、法律、中介及社区发展等诸多方面。非营利组织的发展促使政府从直接的、微观的具体管理转变为间接的、宏观的调控管理,推动了政府行为的现代化。以商标事务所为例,过去商标注册实行按行政区划由各地工商局逐级核准、报国家工商总局商标局统一注册的制度,层次多,效率低。推行商标代理制以后,注册商标由企业在自愿的基础上委托商标事务所代为办理,工商局得以从大量的核准工作中解脱出来,从而有可能集中力量查处商标侵权行为,发挥好政府维护市场秩序的作用。社会中介组织的发展,为政府改革创造了良好的社会环境,为政府职能转变提供了可能。[1]

4. 有助于促进社会成员协商合作意识的培养

大多数的非营利组织是从事公益事业的,它以促进公众利益为目标,而这一目标的实现有利于增强社会成员对社会的认同感,能够聚合和表达某种程度上的社会公共利益,协调和处理个人、企业、社会与政府相互之间的关系,引导民众形成某种共同的道德观念和价值观念。如民间环保组织的志愿活动有助于人们形成追求环保、热爱家园的情操,企业家协会和商会的活动有助于企业遵守诚实信用、公平交易的商业道德等。

非营利组织通过制定组织活动的章程、规则并要求成员遵守,通过组织与组织之间、成员与成员之间的相互交流、合作、协商,使社会成员逐渐形成协商、合作、参与、妥协等契约观念、法纪观念、秩序观念,启发民众的参与意识,提高民众的参与能力,鼓励民众自立、自主和自尊。

5. 有助于促进社会就业

非营利组织是第三产业的一个重要组成部分,非营利组织自身健康快速的发展能够有效促进第三产业的发展。随着第三产业的快速发展,非营利组织在职能分化中越来越显示出它的独立性。它不但成为一个庞大的就业领域,而且创造了数量可观的经济价

---

[1] 吴锦良. 政府改革与第三部门发展[M]. 北京:中国社会科学出版社,2001:134-135.

值。随着经济社会的转型发展,中国正面临前所未有的就业压力,作为第三产业的非营利组织的充分发展能够为社会提供大量的就业机会。如非营利组织是提供社区服务的主体,我国不少城市在社区服务方面进行了卓有成效的实验,提供了不少新的就业机会。

6. 有助于拓展国际交流

在国际上,非政府组织、非营利组织是解决国际事务的一支重要力量,也是各国开展国际外交战略的重要力量。随着我国社会经济实力的增强,国际交流与合作也日益增多。在国际经贸领域,非营利组织可以在政府主导下配合企业"走出去"战略,积极参与市场标准制定、知识产权保护、产品技术交流、交易规则协商、纠纷争端处理等活动。在全球治理领域,作为国际体系的建设者、维护者和贡献者,我国需要运用非营利组织在国际层面参与全球治理和提供发展援助。中国非营利组织可以凭借其灵活性、专业性特征,向国外公众或政府多角度表达中国的国情和中国的真实形象,增强中国的文化吸引力和政治影响力,增强渗透力、融合力、亲和力,促进我国求和平、谋发展、促合作的理念广泛传播,改善中国的国际形象,维护国家的利益,提升中国的"软实力"。[①]

案例

中国社会组织国际化——中国民间组织交流促进会

中国民间组织交流促进会简称"中国民促会",1992 年由原国际对外经济贸易合作部(现商务部)正式批准成立,并于 1993 年在民政部正式登记注册。中国民促会是一个全国性、非营利性、联合性、自愿结成的独立社团法人。中国民促会具有联合国经社理事会非政府组织特别咨商地位,截至 2015 年 9 月,中国民促会共有国内会员 110 家。中国民促会利用其机构优势,在国际化方面的经验主要体现在以下三个方面:

(1) 搭建与国外 NGO 的交流与合作平台。中国民促会积极参与国际民间组织的合作,截至 2011 年 12 月底,与 176 个国外民间组织和国际多双边机构建立了合作关系。通过积极参与联合国体系内的重大国际会议和活动,如联合国气候变化大会,展现中国社会组织在气候变化中的作用,宣传中国政府在气候变化中的政策变化和扩大国际影响力。

(2) 利用会员网络扎根基层民间组织的国际化交流合作。中国民促会的会员大多来自全国各地的基层组织,通过搭建会员网络,为中国基层民间组织的国际化探索道路,推动中国公民社会的发展。目前,中国民促会的项目遍及全国 31 个省、自治区、直辖市中的 112 个区县,在推动基层组织的对外交流和资金利用方面具有重要作用。

---

① 徐静,等. 中国社会组织参与全球治理的国际化战略和路径研究[EB/OL]. http://www.chinanpo.gov.cn/700105/92413/newswjindex.html.

(3)主办国际会议,开展民间外交。中国民促会每年派员参加各类国际会议和考察活动,主办了联合国气候变化华沙大会中国民促会边会等活动,通过中央电视台的播出,取得良好效果;举办的中日韩公民社会对话会议等,也在中日韩民间社会产生较好的影响,其大型国际会议的组织能力和国际影响力逐渐扩大。

　　案例来源:徐静,等.中国社会组织参与全球治理的国际化战略和路径研究[EB/OL].http://www.chinanpo.gov.cn/700105/92413/newswjind ex.html.

第三节　中国非营利组织的法律制度框架

一、中国非营利组织的法律制度变迁

　　我国的非营利组织法律规范体系基本上是从20世纪80年代后期开始建立起来的。这一时期的立法有1988年的《基金会管理办法》、1989年的《社会团体登记管理条例》和《外国商会管理暂行规定》。此后,随着经济和社会生活的发展与变化,20世纪90年代后期我国非营利组织立法又有了重大变革,如对《社会团体登记管理条例》进行修订之后于1998年9月重新颁布,这一时期还颁布了《民办非企业单位登记管理暂行条例》《事业单位登记管理暂行条例》《中华人民共和国公益事业捐赠法》等法律法规。2004年3月18日,我国颁布了《基金会管理条例》并从2004年6月1日起施行。另外,有关政府部门,包括民政部及地方民政部门还先后制定了相应配套的部门规章和地方性法规。目前,我国的非营利组织立法由以下四部分构成。

　　(1)法律(全国人大或人大常委会制定):《中华人民共和国公益事业捐赠法》。
　　(2)法规(国务院制定):《社会团体登记管理条例》《民办非企业单位登记管理暂行条例》《基金会管理条例》《事业单位登记管理暂行条例》《外国商会管理暂行规定》等。
　　(3)部门规章(国务院所属部门根据授权制定):《取缔非法民间组织暂行办法》《基金会名称管理规定》《民办非企业单位年度检查办法》《基金会年度检查办法》《基金会信息公布办法》《社会组织登记管理机关行政处罚程序规定》《社会组织信用信息管理办法》《慈善组织信息公开办法》《慈善组织保值增值投资活动管理暂行办法》《事业单位、社会团体、民办非企业单位所得税征收管理办法》等。
　　(4)地方性法规及规章:关于辖区内非营利组织管理的法律规范。

　　除专门针对非营利组织的立法之外,其他法律规范中与非营利组织有关的规定也属于非营利组织法律规范体系,例如,《中华人民共和国企业所得税法实施条例》中关于公

益、救济性捐赠免税的条文。

二、中国非营利组织的登记管理制度

下面主要从非营利组织登记管理机关、非营利组织成立登记的条件、非营利组织成立登记的程序及非营利组织成立登记的原则四个方面来介绍我国非营利组织的登记管理制度。

(一)非营利组织登记管理机关

我国对非营利组织采取比较严格的注册登记制度,实行"双重管理体制"。双重管理体制于1996年提出,在1998年10月公布的《社会团体登记管理条例》和《民办非企业单位登记管理暂行条例》中得到较为充分的体现。所谓双重管理体制,是指对非营利组织的登记注册与业务管理实行登记管理机关与业务主管单位双重审核、双重负责、双重监管的体制。非营利组织的登记管理涉及两类行政组织:业务主管单位和登记管理机关。

1. 业务主管单位

非营利组织的成立首先需要向业务主管单位提出筹备申请并经其审查同意。社会团体的业务主管单位,是指国务院有关部门和县级以上地方各级人民政府有关部门、国务院或者县级以上地方各级政府任免授权的组织,是有关行业、学科或者业务范围内的社会团体的业务主管单位。民办非企业单位的业务主管单位及其行政管理事务与社会团体相似。

2. 登记管理机关

国务院民政部门和县级以上地方各级人民政府民政部门是本级人民政府的社会团体登记管理机关。全国性的社会团体,由国务院的登记管理机关负责登记管理;地方性的社会团体,由所在地人民政府的登记管理机关负责登记管理;跨行政区域的社会团体,由所跨行政区域的共同上一级人民政府的登记管理机关负责登记管理。民办非企业单位的登记管理机关的确定原则与此相似。

双重管理加强了政府在登记管理方面对非营利组织的监督、管理和限制,并通过分散责任回避了登记管理部门与非营利组织之间的直接冲突,使得非营利组织在通过登记注册成为合法组织之前,必须首先成为政府所属的一定职能机构所需要和能够控制的对象,并受其管理和控制。这种管理体制在很大程度上限制了非营利组织的成立。

(二)非营利组织成立登记的条件

《社会团体登记管理条例》第十条规定,成立社会团体,应当具备下列条件:

(1)有50个以上的个人会员或者30个以上的单位会员;个人会员、单位会员混合组成的,会员总数不得少于50个。

(2)有规范的名称和相应的组织机构。

(3)有固定的住所。

(4)有与其业务活动相适应的专职工作人员。

(5)有合法的资产和经费来源,全国性的社会团体有10万元以上活动资金,地方性的社会团体和跨行政区域的社会团体有3万元以上活动资金。

(6)有独立承担民事责任的能力。

社会团体的名称应当符合法律、法规的规定,不得违背社会道德风尚。社会团体的名称应当与其业务范围、成员分布、活动地域相一致,准确反映其特征。全国性的社会团体的名称冠以"中国""全国""中华"等字样的,应当按照国家有关规定经过批准,地方性的社会团体的名称不得冠以"中国""全国""中华"等字样。

(三)非营利组织成立登记的程序

我国的登记注册程序采用"二步制"。根据相关条例,申请成立非营利组织,第一步是需要经其业务主管单位审查同意;第二步是向登记管理机关申请登记注册。

其中,第二步的过程如下:

首先,由发起人向登记管理机关申请筹备。发起人应当向登记管理机关提交下列文件:①非营利组织发起人或筹备组织的负责人签署的登记申请书;②业务主管单位的审批或审查文件(适用于审批登记制);③验资报告、场所使用权证明;④发起人和拟任负责人的基本情况、身份证明;⑤非营利组织的章程草案等。其中最主要的材料是非营利组织的章程。章程是指能够反映其成员共同意愿,规定了自身成立目的、组织机构、活动形式和行动准则等的具有约束力的文件。登记管理机关在收到全部有效申请文件之日起60天内,做出批准或者不批准筹备的决定,不批准的,应当向发起人说明理由。

其次,筹备成立的组织自登记管理机关批准筹备之日起6个月内召开会员大会或者会员代表大会,通过章程,产生执行机构、负责人和法定代表人,并向登记管理机关申请成立登记。

再次,登记管理机关应当自收到完成筹备工作的社会团体的登记申请书及有关文件之日起30日内完成审查工作。对符合各项要求的社会团体,准予登记,发给《社会团体法人登记证书》。登记事项包括名称、住所、宗旨、业务范围和活动地域、法定代表人、活动资金、业务主管单位。不予登记的,应当将不予登记的决定通知申请人。依照法律规定,自批准成立之日起即具有法人资格的社会团体,应当自批准成立之日起60日内向登记管理机关备案(其中还应包括业务主管单位依法出具的批准文件)。登记管理机关自收到备案文件之日起30日内发给《社会团体法人登记证书》。

最后,新成立的组织凭《社会团体法人登记证书》申请刻制印章,开立银行账户。社会团体应当将印章式样和银行账号报登记管理机关备案。

(四)非营利组织成立登记的原则

归口登记、分级管理和非竞争性原则,是非营利组织登记管理制度的重要原则。

所谓归口登记,是指非营利组织统一由国务院民政部门和县级以上地方各级人民政府民政部门登记。经合法登记的非营利组织,就有了法人地位,具备民事主体资格,依法享有民事权利,承担民事义务。

所谓分级管理原则,就是按照非营利组织开展活动的范围和级别,对其实行分级登记、分级管理。全国性的社会团体,由国务院的登记管理机关负责登记管理;地方性的社会团体,由所在地县级以上地方人民政府的登记管理机关负责登记管理;跨行政区域的社会团体,由所跨行政区域的共同上一级人民政府的登记管理机关负责登记管理;城乡社区服务类社会团体,由所在地县级人民政府的登记管理机关负责登记管理。

所谓非竞争性原则,是指为了避免非营利组织之间开展竞争,禁止在同一行政区域内设立业务范围相同或者相似的非营利组织。向国务院的登记管理机关申请设立的社会团体,与该登记管理机关已登记的社会团体业务范围相同或者相似,不符合国家有关规定的,不予登记。

上述两个条例中规定:各级登记管理机关对于"在同一行政区域内已有业务范围相同或者相似的"组织的社会团体和民办非企业单位,当作出"没有必要成立"的判断时,可不予登记。

随着我国社会主义市场经济的进一步发展和完善,原有的非营利组织管理体制也开始面临一系列问题。当前较为突出的是非竞争性原则,它一方面通过人为手段保护已有的自上而下的非营利组织;另一方面,限制自下而上的非营利组织的设立,造成法制上的障碍,不利于非营利组织的健康发展。[①]

三、中国非营利组织的税收管理制度

我国尚没有一部关于非营利组织事业的专门税收法规,有关规定分散在若干个法律、法规和规章中。虽然实行了一系列税收优惠政策,但实践证明距离非营利组织发展的要求仍然有很大差距。下面主要从对非营利组织的税收优惠制度以及对向非营利组织提供捐赠者的税收优惠制度两方面介绍我国的非营利组织的税收管理制度。

(一)对非营利组织的税收优惠制度

1. 所得税

《中华人民共和国企业所得税法》规定,在中华人民共和国境内,企业和其他取得收入的组织为企业所得税的纳税人,需依法缴纳企业所得税。非营利组织是否为纳税人必

---

① 王名. 非营利组织管理概论[M]. 北京:中国人民大学出版社,2003:40-41.

须根据是否符合法律的规定来分析。针对我国非营利组织的实际情况,为弥补有关税收立法的不足,国家税务总局于1997年10月下发了《关于事业单位、社会团体交纳企业所得税有关问题的通知》,对社团、事业单位的税收做出了较为全面的规定。该通知将社团、事业单位的收入分为应税收入和非应税收入。应税收入是指各种经营所得和其他收入。非应税收入是指不在征税范围内的财政拨款和其他可以享受免税优惠的收入,包括:

(1)财政拨款;

(2)经国务院及财政部批准设立和收取,并纳入财政预算管理或财政预算外资金专户管理的政府性基金、资金、附加收入等;

(3)经国务院、省级人民政府(不包括计划单列市)批准,并纳入财政预算管理或财政预算外资金专户管理的行政事业性收费;

(4)经财政部核准不上缴财政专户管理的预算外资金;

(5)事业单位从主管部门和上级单位取得的用于事业发展的专项补助收入;

(6)事业单位从其所属独立核算经营单位的税后利润中取得的收入;

(7)社会团体取得的各级政府资助;

(8)社会团体按照省级以上民政及财政部门规定收取的会费;

(9)社会各界的捐赠收入。

另外,对于非营利性的科研机构,税法还规定:非营利性科研机构从事技术开发、技术转让业务和与之相关的技术咨询、技术服务所得的收入,按有关规定免征企业所得税。对于非营利性科研机构从事非主营业务收入用于改善研究开发条件的投资部分,经税务部门审核批准可抵扣其应纳税所得额。

对于公益事业基金会,税法规定:对这些基金会在金融机构的基金存款取得的利息收入,不作为企业所得税应税收入;对其购买股票、债券(国库券除外)等有价证券所得的收入和其他收入,计入应税所得,按规定征缴企业所得税。

2. 商品税

商品税主要包括3个税种:增值税、关税和消费税。由于非营利组织也有时会从事市场活动,因此会涉及商品税的问题。

(1)增值税。财政部、国家税务总局《关于租入固定资产进项税额抵扣等增值税政策的通知》(财税〔2017〕90号)规定:"自2016年5月1日起,社会团体收取的会费,免征增值税。本通知下发前已征的增值税,可抵减以后月份应缴纳的增值税,或办理退税。社会团体,是指依照国家有关法律法规设立或登记并取得《社会团体法人登记证书》的非营利法人。会费,是指社会团体在国家法律法规、政策许可的范围内,依照社团章程的规定,收取的个人会员、单位会员和团体会员的会费。社会团体开展经营服务性活动取得的其他收入,一律照章缴纳增值税。"根据《中华人民共和国增值税暂行条例》的规定以下情况免征增值税:直接用于科学研究、科学试验和教学的进口仪器、设备;外国政府、国际组织无偿援助的进口物资和设备。根据《财政部 国家税务总局关于全面推开营业税改征增值税试点的通知》(财税〔2016〕36号)附件3"营业税改征增值税试点过渡政策的规定",下列项目免征增值税:托儿所、幼儿园提供的保育和教育服务;养老机构提供的养老服务;残疾人福利机构提供的育养服务;婚姻介绍服务;医疗机构提供的医疗服务;从事学历教育的学校提供的教育服务;纪念馆、博物馆、文化馆、文物保护单位管理机构、美术馆、展览馆、书画院、图书馆在自己的场所提供文化体育服务取得的第一道门票收入;行政单位之外的其他单位收取的政府性基金和行政事业性收费。

(2)关税。在关税方面,非营利组织进口货物用于自身的消费或用于公益事业时,其在关税上也享有一定的优惠。如外国政府、国际组织无偿赠送的物资,经海关审查无讹,可以免税。此外还有政策性减免:对科研单位进口的仪器、设备和大专院校进口的教学、科研设备,对进口的残疾人专用物资等也可根据相关政策予以减免。

(3)消费税。在消费税方面,我国对非营利组织并没有实行特殊的税收优惠政策。

3. 财产税

《中华人民共和国房产税暂行条例》规定,人民团体自用房、国家财政部门拨付事业经费的单位的自用房和宗教寺庙、公园、名胜古迹自用的房产可以享受房产税收的减免。

4. 契税

《中华人民共和国契税暂行条例》规定,社会团体承受土地和房屋用于办公教学、医疗、科研等活动,可以免征契税。

5. 车船使用税

根据《中华人民共和国车船使用税暂行条例》,人民团体的自用车辆、国家财政拨付事业经费的单位的自用车辆和用于公益事业的车船免交车船使用税。

此外,我国在城镇土地使用税、土地增值税、耕地占用税、车辆购置税等方面对非营利组织也都有相应的优惠措施,此处不一一赘述。

(二)对向非营利组织提供捐赠者的税收优惠制度

按照《中华人民共和国公益事业捐赠法》,自然人、法人或者其他组织自愿无偿向依法成立的公益性社会团体和公益性非营利的事业单位捐赠财产,用于公益事业的,依照法律、行政法规享受企业所得税和个人所得税方面的优惠;境外向公益性非营利的事业单位捐赠物资的,依照法律、法规享受进口关税和进口环节的增值税的减免。所谓公益事业是指:①救助灾害、救济贫困、扶助残疾人等困难的社会群体和个人的活动;②教育、科学、文化、卫生、体育事业;③环境保护、社会公共设施建设;④促进社会发展和进步的其他社会公共与福利事业。捐赠者可以享受的税收优惠包括:

1. 对企业向非营利组织捐赠的税收优惠

(1)《中华人民共和国企业所得税法实施条例》规定:企业所得税的纳税人(金融保险业除外)用于公益、救济性的捐赠,在年度纳税所得3%以内的部分,准予扣除。金融、保险企业用于公益、救济性的捐赠支出在不超过企业当年应纳税所得额1.5%的标准以内的可以据实扣除，超过部分不予扣除。

（2）企业、事业单位、社会团体等社会力量，通过非营利性的社会团体和国家机关（包括中国红十字会）向红十字事业的捐赠，在计算缴纳企业所得税时准予在应纳税所得额中全额扣除。

（3）企事业单位、社会团体等社会力量，通过非营利性的社会团体和政府部门向福利性、非营利性的老年服务机构的捐赠，准予在缴纳企业所得税前的所得额中全额扣除。老年服务机构是指专门为老年人提供生活照料、文化、护理、健身等多方面服务的福利性、非营利性的机构，主要包括老年社会福利院、敬老院(养老院)、老年服务中心、老年公寓(含老年护理院、康复中心、托老所)等。

（4）企事业单位、社会团体等社会力量通过非营利性的社会团体和国家机关向农村义务教育的捐赠，准予在缴纳企业所得税前的所得额中全额扣除。农村义务教育的范围，是指依靠政府和社会力量举办的农村乡镇（不含县和县级市政府所在地的镇）、村的小学和初中以及属于这一阶段的特殊教育学校。纳税人对农村义务教育与高中在一起的学校的捐赠，也享受所得税前扣除政策。

（5）企事业单位、社会团体等社会力量，通过非营利性的社会团体和国家机关对公益性青少年活动场所（包括新建）的捐赠，在缴纳企业所得税前全额扣除。公益性青少年活动场所，是指专门为青少年学生提供科技、文化、德育、爱国主义教育、体育活动的青少年宫、青少年活动中心等校外活动的公益性场所。

（6）为了支持文化、艺术等事业的发展，纳税人通过文化行政管理部门或批准成立的非营利性的公益性组织对下列文化事业的捐赠，纳入公益、救济性捐赠范围，在年度应纳税所得额10%以内的部分，经主管税务机关审核后，可在计算应纳税所得额时予以扣除：

——对国家重点交响乐团、芭蕾舞团、歌剧团和京剧团以及其他民族艺术表演团体的捐赠；

——对公益性的图书馆、博物馆、科技馆、美术馆、革命历史纪念馆的捐赠；

——对重点文物保护单位的捐赠。

（7）纳税人直接向受益人的捐赠不得在所得税前扣除。

（8）企业向依法成立的协会、学会等社团组织缴纳的会费，经主管税务机关审核后，允许在所得税前扣除。

2. 对个人向非营利组织捐赠的税收优惠政策

个人向非营利组织捐赠的，主要有以下几项税收优惠政策：

（1）《中华人民共和国个人所得税法》规定：个人将其所得对教育、扶贫、济困等公益慈善事业进行捐赠，捐赠额未超过纳税人申报的应纳税所得额30%的部分，可以从其应纳税所得额中扣除；国务院规定对公益慈善事业捐赠实行全额税前扣除的，从其规定。

（2）个人通过非营利性的社会团体和国家机关向红十字事业的捐赠，在计算缴纳个人所得税时,准予在税前的应纳税所得额中全额扣除。

(3)个人通过非营利性的社会团体和国家机关向农村义务教育的捐赠,在计算个人所得税时,准予在税前的应纳税所得额中全额扣除。农村义务教育的范围,是指依靠政府和社会力量举办的农村乡镇(不含县和县级市政府所在地的镇)、村的小学和初中以及属于这一阶段的特殊教育学校。纳税人对农村义务教育与高中在一起的学校的捐赠,也享受所得税前扣除政策。

(4)个人通过非营利性的社会团体和国家机关对公益性青少年活动场所(包括新建)的捐赠,在计算个人所得税时,准予在税前的应纳税所得额中全额扣除。公益性青少年活动场所,是指专门为青少年学生提供科技、文化、德育、爱国主义教育、体育活动的青少年宫、青少年活动中心等校外活动的公益性场所。

(5)个体工商户将其所得通过中国境内的社会团体、国家机关向教育和其他社会公益事业以及遭受严重自然灾害地区、贫困地区的捐赠,捐赠额不超过其应纳税所得额30%的部分可以据实扣除。纳税人直接给受益人的捐赠不得扣除。

四、中国非营利组织的监督管理制度

下面主要从非营利组织的监督管理机构及其职能、对非营利组织的监督管理内容等方面来介绍中国非营利组织的监督管理制度。

(一)非营利组织的监督管理机构

根据《社会团体登记管理条例》和《民办非企业单位登记管理暂行条例》,登记管理机关和业务主管单位各自承担一定的监督管理职能。

1. 登记管理机关

登记管理机关履行下列监督管理职能:

(1)负责非营利组织的成立、变更、注销的登记或者备案;

(2)对非营利组织实行年审检查;

(3)对非营利组织违反本条例的问题进行监督检查,对非营利组织违反本条例的行为给予行政处罚。

2. 业务主管单位

业务主管单位履行下列监督管理职责:

(1)负责非营利组织筹备申请、成立登记、变更登记、注销登记前的审查;

(2)监督、指导非营利组织遵守宪法、法律、法规和国家政策,依据其章程开展活动;

(3)负责非营利组织年度检查的初审;

(4)协助登记管理机关和其他有关部门查处非营利组织的违法行为;

(5)会同有关机关指导非营利组织的清算事宜。

业务主管单位履行前款规定的职责,不得向非营利组织收取费用。

（二）对非营利组织的监督管理内容

根据《社会团体登记管理条例》和《民办非企业单位登记管理暂行条例》，非营利组织的资产来源必须合法，任何单位和个人不得侵占、私分或者挪用非营利组织的资产。非营利组织的经费，以及开展章程规定的活动按照国家有关规定所取得的合法收入，必须用于章程规定的业务活动，不得在会员中分配。非营利组织接受捐赠、资助，必须符合章程规定的宗旨和业务范围，必须根据与捐赠人、资助人约定的期限、方式和合法用途使用。非营利组织应当向业务主管单位报告接受、使用捐赠、资助的有关情况，并应当将有关情况以适当方式向社会公布。非营利组织专职工作人员的工资和保险福利待遇，参照国家对事业单位的有关规定执行。

非营利组织必须执行国家规定的财务管理制度，接受财政部门的监督；资产来源属于国家拨款或者社会捐赠、资助的，还应当接受审计机关的监督。非营利组织在换届或者更换法定代表人之前，登记管理机关、业务主管单位应当组织对其进行财务审计。非营利组织应当于每年3月31日前向业务主管单位报送上一年度的工作报告，经业务主管单位初审同意后，于5月31日前报送登记管理机关，接受年度检查。工作报告的内容包括本非营利组织遵守法律法规和国家政策的情况、履行登记手续的情况、按照章程开展活动的情况、人员和机构变动的情况以及财务管理的情况。

（三）对非营利组织的违规制裁

根据《社会团体登记管理条例》，对违规非营利组织的制裁规定是：社会团体在申请登记时弄虚作假、骗取登记的，或者自取得《社会团体法人登记证书》之日起1年未开展活动的，由登记管理机关予以撤销登记。

社会团体有下列情形之一的，由登记机关给予警告，责令改正，可以限期停止活动，并可以责令撤换直接负责的主管人员；情节严重的，予以撤销登记；构成犯罪的，依法追究刑事责任。

（1）涂改、出租、出借《社会团体法人登记证书》，或者出租、出借社会团体印章的；

（2）超出章程规定的宗旨和业务范围进行活动的；

（3）拒不接受或者不按照规定接受监督检查的；

（4）不按照规定办理变更登记的；

（5）违反规定设立分支机构、代表机构，或者对分支机构、代表机构疏于管理，造成严重后果的；

（6）从事营利性的经营活动的；

（7）侵占、私分、挪用社会团体资产或者所接受的捐赠、资助的；

（8）违反国家有关规定收取费用、筹集资金，或者接受、使用捐赠、资助的。

社会团体的行为有违法经营额或者违法所得的，予以没收，可以并处违法经营额1倍以上3倍以下或者违法所得3倍以上5倍以下的罚款。社会团体的活动违反其他法律、法规的,由有关国家机关依法处理;有关国家机关认为应当撤销登记的,由登记管理机关撤销登记。未经批准,擅自开展社会团体筹备活动,或者未经登记,擅自以社会团体名义进行活动,以及被撤销登记的社会团体继续以社会团体名义进行活动的,由登记管理机关予以取缔,没收非法财产;构成犯罪的,依法追究刑事责任;尚不构成犯罪的,依法给予治安管理处罚。社会团体被责令限期停止活动的,由登记管理机关封存《社会团体法人登记证书》、印章和财务凭证。社会团体被撤销登记的,由登记管理机关收缴《社会团体法人登记证书》和印章。登记管理机关、业务主管单位的工作人员滥用职权、徇私舞弊、玩忽职守构成犯罪的,依法追究刑事责任;尚不构成犯罪的,依法给予行政处分。

第四节 中国非营利组织发展存在的主要问题与对策

改革开放以来,我国的非营利组织得到较大程度的发展,活跃在我国社会经济生活的各个领域,对社会经济的发展起到重要作用,但同时也存在一些问题。

一、中国非营利组织发展存在的主要问题

(一)有关非营利组织的法律法规尚未健全

虽然非营利组织发展的法律环境不断改善,但总体而言,国家立法工作仍落后于非营利组织的发展。首先,我国至今还没有一部完整的关于非营利组织的法律,立法层次较低。在宪法、民法通则下没有一部专门调整公民结社自由的法律规范,实际操作中主要是依据行政法规、部门规章和规范性文件,与宪法要求实施的公民结社自由权利不相称,没有形成相配套、相协调的法律体系。其次,在立法内容上出现倒置,不是先有社会团体权利、义务方面的实体性规范和实现权利、义务方面的程序性规范,而是把登记成立的规范放在母法前面。也正因为如此,我国非营利组织运行的某些领域存在法律法规真空的状态。例如:国家在民办非企业单位的社会保障、财务管理、税收优惠等方面还未出台统一的政策法规;在基金会审批、基金投资、捐赠物资处理、工资福利提取、人事制度以及财务科目设置等重要问题上,也没有明确的法律规范。

(二)管理体制不顺畅

双重管理体制在我国非营利组织管理的规范法律制度框架尚未建成之前发挥了重要的监督管理作用。但是,随着市场经济的深化、与国际社会的接轨以及中国民间社会

自身的发展,这种双重管理体制也愈渐显示出其局限性。业务主管单位一方面需要对所属非营利组织的活动负责,另一方面却因相关法规政策中缺少明确规定而不能从中受益,从而导致各业务主管单位"多一事不如少一事",对非营利组织提出的申请大多采取推托的态度。由于业务主管单位的审查同意是成立社会团体不可缺少的第一步,所以如果不能正确地找到业务主管单位,将无法合法地成立非营利组织。因此,许多草根性的非营利组织由于找不到业务主管单位,无法到民政部门登记注册,于是采取多种变通的方式,如以企业名义在工商部门注册,或者挂靠在党政系统的某个单位之下开展活动,甚至干脆选择"法外"生存。随着我国社会的发展和进步,社会公民自我组织的出现成为一种不可抵挡的趋势,非营利组织的数量将会越来越大,成分将会越来越复杂,形式将会越来越多样。在现行双重管理体制的约束下,越来越多的非营利组织被排除在政府的管理体制之外,游离于社会中,将形成非营利组织监管中一个不断膨胀的死角。

(三)非营利组织缺乏独立性

改革开放40多年来,我国社会自治力量发展较快,但是,由于历史传统的影响,政府依然是主导社会发展的主要力量,社会的自我治理能力亟待增强。相当数量的非营利组织的独立意识和自我治理能力缺失,过分依赖政府,带有明显的"行政化"倾向。我国的非营利组织主要以两种方式产生,第一种是在政府改革过程中,从政府系统中分离出来,或者自上而下,由政府有关主管部门牵头筹建的,这类非营利组织的生存和发展对政府主管部门有着不可脱离的依赖性。第二种是在经济发展中应社会需要而自然产生的,这类非营利组织由于经费短缺,人员交叉任职,或者为了社会保障、住房、医疗等福利待遇上有保证,也很愿意挂靠政府,有的甚至具有相应的行政级别,完全成为政府的附属机构,缺乏应有的独立性和发展活力。[①]

(四)非营利组织的资源匮乏

非营利组织的资源不足是一个相当普遍和非常严峻的问题,主要体现在两个方面:一是经费不足。在我国非营利组织的收入来源中,主要依靠政府资助,企业和公众捐赠的比例很小。我国大多数非营利组织都过于依赖某项单一的资金来源,即政府财政拨款和补贴或靠政府购买社会组织服务项目,这些几乎占其全部收入的50%。[②] 除此之外,这些非营利组织被动地依靠身边现成的资源,缺乏专业化的筹资项目运作能力,找不到合适的捐赠者,导致可利用的经费资源不足。同时,由于这些非营利组织的自创型经营收益普遍较少,加上财务信息不透明以及公信力缺失等问题,筹资情况并不乐观。一些非营利组织处在严重资金不足的状况下,无法开展正常的活动,其中有不少组织甚至处于名存实亡的"休眠状态"。也有一些组织为了维持生存和发展,通过各种渠道开展与其自

---

① 吴文廷. 中介组织的崛起与发展、问题与对策[J]. 社会科学战线,1999(1):264.
② 李文秀,王淑梅. 非营利组织筹资问题与解决对策[J]. 商业会计,2017(19):76-78.

身业务范围不符或与自身性质相违背的经营活动或违法活动,造成了很多不良影响。二是缺乏高素质的专业人才。非营利组织的运作需要有一支专业化的队伍来进行,但在中国,非营利组织的专业从业人员很少。一方面,在绝大多数自上而下的非营利组织中,工作人员许多是聘用退休人员和其他临时人员,还有不少是政府机构改革后分流出的人员;另一方面,在很多自下而上的非营利组织中,没有或几乎没有固定的人才渠道,定员和编制极为有限,主要依靠志愿者开展活动,专门技术人才的不足势必影响到非营利组织的创新能力以及服务质量的提高。同时,中国现行人事制度上的壁垒也阻碍了人员的自由流动,限制了优秀人才进入非营利组织,使非营利组织的后续发展堪忧。

(五)非营利组织的监督机制不完善,公信力不足

《中国民间公益组织透明度发展研究报告(2015)》显示,2015年公益组织透明度平均分为32.44分,与及格相差甚远,并且重要的财务信息透明度只有2.45分,公众对此满意度极低。[①] 公信力是非营利组织获取社会资源的重要影响因素。非营利组织公信力主要依靠两个方面:一是来自组织外部的监督制约,二是来自组织内部的自我监督,即非营利组织的他律和自律。但是,目前我国对于非营利组织的监督机制还很不完善。一方面,政府对非营利组织的监管能力有限,作为登记部门的民政部门在面对数量庞大的非营利组织时往往力不从心;而业务主管部门又有自己的主业,一般也没有过多的精力或不愿意管理非营利组织,有些业务主管部门与非营利组织有着千丝万缕的关系,因此很难起到监督作用。另一方面,社会对非营利组织的监督处于缺位的状况,缺少独立的第三方专门对民间非营利组织进行监督,媒体对民间组织的监督作用也非常有限,公众又缺乏制度化的渠道来反映非营利组织违背非营利准则的问题。在这种背景下,对非营利组织的监督主要通过非营利组织的自律来实现,这种单一的监督方式难免会造成非营利组织的官僚作风、腐败以及滥用公共资源现象,降低了非营利组织的公信度,进而影响了非营利组织获取资源的能力。

二、促进中国非营利组织发展的对策

(一)完善非营利组织立法,提高非营利组织管理的法制化水平

应尽快考虑制定有关非营利组织的统一规范的基本法,全面规范非营利组织的性质、法律地位、管理体制、运行机制等,将各类非营利组织及其相关事务纳入法制化轨道。这个基本法应涵盖除政府、企业以外所有的民间非营利组织,包括社会团体、民办非企业单位以及那些未登记团体在内的各种民间非营利组织。这个基本法的主要内容应当包括:重申《中华人民共和国宪法》规定的公民结社权利;明确登记注册是公民实现结社权

---

① 李文秀,王淑梅.非营利组织筹资问题与解决对策[J].商业会计,2017(19):76-78.

的法律形式;通过登记注册赋予民间非营利组织以法人或其他合法地位;对合法的民间非营利组织提供财政税收上的优惠政策;对各种民间非营利组织加以法律上的分类并定义和区分不同类型的法规政策;等等。① 此外,在制定非营利组织基本法的基础上,根据不同类型非营利组织的不同特点,分别修改和进一步完善一些专门的法律法规,如:基金会、行业协会等经济团体,海外民间非营利组织等非营利组织与其他社会团体相比有一定特殊性,应制定相应的专项法规来对其进行监督和管理。与此同时,还应改变"粗线条"的立法思路,通过制定详细的实施办法,使有关的法律法规具体化、可操作化,例如,在《基金会管理条例》实施后,还应尽快制定一系列配套政策,如《基金会接受捐赠和社会募捐管理办法》《基金会开展经营活动的有关规定》等。

(二)简化非营利组织的登记管理程序

随着改革的深化和社会转型的推进,社会组织管理将不再是简单的门槛限制就能够奏效的,有效的管理应更多地强调过程控制、制度约束、社会规范和组织自律。因此,一方面,建议对现行非营利组织登记管理的法规政策进行适当的调整,逐步简化登记管理程序,适当突破"双重管理体制"的严格限制,取消业务主管单位程序,放宽对非营利组织的限制,给非营利组织留出更为广阔的生存发展空间。在简化非营利组织登记管理的同时,政府还应该加强监管,逐步从重视非营利组织登记管理转向对其开展活动及其组织运作的动态过程实施监管。另一方面,建议取消"非竞争"原则的限制,鼓励公众投身公益事业的积极性。鼓励非营利组织之间开展良性竞争,促使非营利组织提高产出效率和服务质量。通过竞争,知名度和美誉度高的组织将获得更多社会公信资源,从而实现由政府选择向社会选择的转移,提高社会资源利用率。

(三)完善非营利组织的社会监督机制

从国际经验看,虽然各国有不同的监督管理制度,但社会监督始终是一个不可替代的机制。社会监督是非营利组织监督机制中至关重要的部分,充分发挥社会力量的监督作用是非营利组织监督机制的发展趋势。加强对非营利组织的社会监督主要可以从以下三个方面展开:①捐款者与公众的监督。一方面,非营利组织要通过各种宣传让公众了解和认可其社会价值;另一方面,要畅通社会监督的渠道,从制度上予以保障,使公众变被动监督为主动监督。②媒体的监督。媒体是公众获取信息的主要渠道,普及范围广、影响大,具有导向作用和威慑作用,因此能够对非营利组织的管理者形成强有力的约束。③独立的第三方评估的监督。以美国国家慈善信息局(NCIB)为例,其最主要的工作是对慈善组织的非营利性进行评估,帮助捐款人掌握慈善组织全面的信息,使公司、小企业、个人等捐赠者更明智地捐款。我国有意识地培育发展类似独立的权威性的评估机

---

① 王名.中国非政府公共部门[M].北京:清华大学出版社,2004:69.

构,使它们在政府的监督和指导下逐步承担起一部分对其他民间非营利组织进行监督管理的职能,从而逐渐形成"非营利组织管理非营利组织"的局面。社会监督机制的引入和加强将改变政府对民间非营利组织的业务进行直接管理的方式,使政府从管理者逐步变为裁判员,从而提高监督管理的效率并增强非营利组织的社会公信度。

(四)调整税收制度,拓宽非营利组织的筹资渠道

国家通过减免税政策对非营利组织进行扶持,是一项十分有力的措施,也是健全非营利组织法律体系的重要内容。进一步完善非营利组织税收制度可以从以下三个方面着手:①提高国家税收立法的层级。有关非营利组织的征税法律应由人民代表大会来制定,各级政府部门制定的法规、规章都不得与之相抵触。②明确非营利组织的税收法律地位。非营利组织活动的非营利性、公益性使其与普通营利性主体相区别,因而其税法制度也有不同之处,有必要在税法中专门加以规定。要在有关法律法规对非营利组织界定的基础上,明确非营利组织税法的纳税主体与优惠资格,对不同类型非营利组织规定申请减免税的条件、税种、幅度等具体内容。③突出对捐赠者的税收优惠,鼓励支持捐赠行为。

(五)非营利组织的自身发展与完善

非营利组织,应该积极完善内部治理结构,建立严格、透明、完善的财务报告制度,健全自律机制,促进自身的发展与完善。

(1)改革人事制度,吸引高素质人才。首先,要改革非营利组织传统人事制度,必须摆脱政府的人事控制,由非营利组织负责人自主享有人员的录用权和任免权,以调动员工的积极性和创造性。其次,对非营利组织的发展而言,如何吸引住高素质和有特殊专长的人也是一个难题。相对企业而言,非营利组织的工资较低,成员即使做出很大贡献,也很难得到企业常用的物质嘉奖。在这个方面,中国青少年发展基金会的经验值得学习。它通过创办高级学习班的形式,不断培训成员,使机构保持了超稳定性,不仅人员流失小,还有一些成员在积累丰富的经验之后,到其他基金会担任负责人。

(2)建立严格、透明、完善的财务报告制度。在互联网和大数据时代背景下,社会信息透明度逐渐提高,公民的权利意识不断增强,对非营利组织财务信息透明度的期望和要求变得越来越高。财务的透明度是树立非营利组织公信度的基础,如果没有严格和透明的财务制度,非营利组织的廉洁性就无法得到制度上的保证,也就无法吸引更多的社会捐款和赞助。因此,我国非营利组织应按照有关法律对财务制度的规定和要求,建立完善的财务报告制度,定期或不定期向社会公布组织的财务状况,在年终由会计作年度财务报告,并通过注册会计师等进行外部审计,同时也向有关政府部门报送组织的财务报表,接受政府的监督和检查。

(3)健全自律机制。一方面,科学设置内部管理机构,形成各个环节或部门的相互监督。通过监事会及监督员对董事会及其行为进行有效监督,董事会由于其特殊地位和信

息优势又可以对组织经营者进行有效监督。另一方面,注重提高非营利组织从业人员的道德素养,强化对组织使命的认同感和道德自律。

本章小结

在中国历史上,民间结社和民间公益活动的历史源流及其原型悠久绵延。20世纪初期以来,我国非营利组织的发展大致经历了三个阶段,这三个阶段呈现出截然不同的历史断面。归纳起来,目前中国非营利组织的活动领域可以分为三类:一是经济协调领域;二是社会公益领域;三是社区服务领域。非营利组织的作用集中体现在以下几个方面:有助于建立有序的市场经济体制;有助于促进社会管理体制创新;有助于促进政府职能转变;有助于促进社会成员协商合作意识的培养;有助于促进社会就业;有助于拓展国际交流。目前,我国非营利组织的管理实行"双重管理体制"。所谓双重管理体制,是指对非营利组织实行登记管理机关与业务主管单位双重审核、双重负责、双重监管的体制。我国相关的法律法规,对非营利组织的税收优惠以及对向非营利组织提供捐赠者的税收优惠做了相应规定。我国的非营利组织在不断发展的同时,还面临一些问题:有关非营利组织的法律法规尚未健全;管理体制不顺畅;缺乏独立性;资源匮乏;监督机制不完善,公信力不足。促进中国非营利组织发展的对策主要有:完善非营利组织立法,提高非营利组织管理的法制化水平;简化非营利组织的登记管理程序;完善非营利组织的社会监督机制;调整税收制度,拓宽非营利组织的筹资渠道;非营利组织的自身发展与完善;等等。

复习思考题

1. 20世纪初期以来,我国非营利组织的发展经历了哪几个阶段?
2. 我国非营利组织的活动领域有哪些?
3. 非营利组织的作用有哪些?
4. 什么是非营利组织的"双重管理体制"?这种体制有何缺陷?
5. 中国非营利组织发展中存在的问题有哪些?如何解决?

课后案例

双重管理体制破冰:壹基金的成功转型

壹基金是由李连杰发起的、立足于中国的国际性公益组织,它成立于2007年。一直以来,受双重许可制度的限制,民间慈善组织都必须找到官方背景的挂靠单位才能注册。壹基金成立之后的3年里,一直附身于中国红十字会,没有独立账号。它虽然在搭建公益平台、自然灾害紧急救援等方面都表现优秀,其社会影响力也在不断扩大,但作为一个没有"身份证的孩子",壹基金在发展方向上受到了组织架构的很大限制。

由于身份问题,壹基金一直缺乏公募资格,也就无法获得充足的慈善资金,其慈善活动受到很大的制约。如被誉为壹基金最大价值所在的"典范工程"评选,由于资金短缺,每年仅能遴选10家本土公益组织,并给予100万元的资助。

挂靠在中国红十字会下,壹基金只能做专项计划,对善款的使用缺乏独立的权力。壹基金由于没有"合法"的身份,只能挂靠中国红十字会进行公募。虽然壹基金暂时获得筹款的资格,但善款主要还是通过中国红十字会来接收,然后再由中国红十字会转给壹基金。通过合作合约,壹基金只能获得少量的资金。以2008年汶川地震后壹基金筹集的善款分配为例,其中仅有200万元由壹基金自行操作,剩下的4000多万元全由中国红十字会支配。

壹基金无法获得公募基金资格,这多少体现出政府对民间慈善组织的不信任感。壹基金本身的慈善行为也让公众不满意。例如,壹基金2009年第三季度的支出表显示:壹基金的行政及其他运营支出为1574091.74元,其2008年举办的中国全球公益慈善论坛花费250万元;两项费用相加约400万元。让许多人感到可惜——如果400万元全部用于救助失学儿童,能救助多少位。虽然壹基金集团做出了解释,却不能让公众信服。政府的监管部门并未对此进行相关调查,在监管方面存在一定的缺失。

我国政府一直在努力解决民间慈善组织的体制问题,2008年民政部把深圳确定为试点城市,并于2009年与深圳市政府签署了一个协议:同意深圳探索建立社会组织直接向民政部门申请登记的制度。通过多方面的努力和争取,2011年1月11日,"黑户"4年的壹基金得益于深圳特区的大胆创新和尝试,终于等到了一张宝贵的身份证。壹基金改名为"深圳壹基金公益基金会",并在深圳正式挂牌。由民间机构发起的公募基金会——壹基金,从此具备了独立法人的资格,这是中国首个由公募基金会下面的基金成功变身为公募基金会的基金。公募基金会享受着众多公共资源,也就意味着要承担起其对于利益相关者的责任。转型成功的壹基金,在以后发展的路上将面临更大的挑战。

资料参考:李杰. 壹基金破冰转型为公募基金 有望形成示范效应[EB/OL]. (2011-01-12). https://finance.huanqiu.com/article/qCaKrnJpXUB。

思考题

壹基金转型之后,还将面临哪些挑战?

第五章

非营利组织的战略管理

学习目标

通过本章学习,学生应该掌握以下三个方面的内容:一是关于战略与战略管理,要求了解战略的含义,理解战略管理的含义,掌握战略管理的特征。二是关于非营利组织战略管理的特点与意义,要求理解非营利组织战略管理的含义,掌握非营利组织战略管理的特点与意义。三是非营利组织战略管理的程序与内容,要求理解非营利组织战略规划的过程、战略实施原则和主要内容以及战略评价的过程,掌握非营利组织战略管理的程序和战略分析的方法。

案例导入

美国女童子军

美国女童子军(Girl Scouts of the USA),又称美国女童子营,创立于1912年3月12日,是世界上最大的女童组织,其创始人是朱丽叶·洛。

该组织强调女性领导,培养女孩品德、树立女孩信心。这个组织的成员多数来自白人中产阶级家庭。女童子军每月定时聚会,学习各种生活常识,做些手工艺品,参加唱歌、体育活动或游行。女孩子通过这些活动接触社会,既能够克服胆小害羞的缺点,也能够体会营生的艰辛和乐趣。此外,丰富的活动使她们的童年生活变得多姿多彩,她们在玩乐中既得到教益,也树立起竞争的信心和勇气,体验互助合作的团队精神。

1976年,已有64年历史的美国女童子军处于最为危险的时期,业务逐渐走向下坡:不断下降的"市场份额"——成员人数已经连续8年下跌;不满的"顾客"——美国女青少年的兴趣和口味都在发生巨大变化,自我意识与对学业和工作(而非家庭婚姻)的关注越来越强烈;经济衰退;甚至竞争对手的恶意接管威胁——当时美国男童子军组织已经在进行招募女性成员的可行性研究了。

对于当时刚刚上任CEO的弗朗西斯·赫塞尔本来说,除了变革,已经别无选择。她将该组织定位为"帮助女孩或年轻妇女发挥潜能"的组织,以这个明确界定的使命为焦点,提出了新的战略规划,只做符合三个基本原则的事情:第一,现有的机会必须完全符合组织的使命;第二,本机构利用这个机会的能力必须高于其他组织(否则,把机会留给别人);第三,这个机会必须适合现有的经济形势和组织资源。因此,根据这三条标准,她拒绝了一些来自其他慈善组织要求合作的机会,逐步引导女童子军专注于——而且仅仅专注于——能够为其成员带来独特而显著的价值的事情。从而在很短的时间里,使该协会重整旗鼓,发展成为非常成功的非营利组织。

资料来源:王小燕. 弗朗西斯·赫塞尔本——"我不在任何人之上"[J]. 中外管理,2005(6):42-44。

思考题

美国女童子军实现战略转型的关键是什么?

第一节 战略与战略管理

环境的不确定性强化了组织战略管理的重要性。随着经济全球化的发展,影响非营利组织运作的因素已不再局限于内部管理的范畴,而是越来越多地涉及与外部环境的互动。非营利组织不仅要有能力对组织所处的外部环境的瞬息变化迅速做出反应,而且必须做到高瞻远瞩,审时度势,力争使组织内部条件与外部环境之间保持一种动态的平衡,以确保组织的长期生存和发展。正因为如此,战略管理逐渐受到非营利组织的高度重视,并发展成为非营利组织管理的重要职能之一。[①]

一、战略的含义

"战略"一词源自古希腊的 strategos,是指"将军指挥军队的艺术",即通过收集战争中敌我双方在军事等方面的情报,进行分析和研究,以便对军事形势做出系统、科学的判断,从而赢得战争的胜利。"战略"一词后来被广泛运用于政治、经济、文化、科学技术、外交等管理领域。与"战略"相对的是"战术",即具体战斗获得胜利的较低层次的目标。战略回答了两个基本问题:一是"Where do you want to go?"二是"How do you want to go there?"[②] 20 世纪 50 年代末,西方管理学家巴纳德在《经理的职能》一书中首先提出将战略的概念应用于企业的经营管理中;20 世纪 60 年代初,美国著名管理学家钱德勒撰写的《战略与结构:工业企业史的考证》一书的出版,首开企业战略问题研究之先河;1965 年,美国著名战略学家安索夫的《企业战略论》出版后,战略管理在企业经营中得到广泛运用;1971 年,美国哈佛大学商学院教授肯尼思·安德鲁的经典著作《公司战略的概念》的问世,标志着企业战略管理体系的形成。

二、战略管理的含义与特征

1. 战略管理的含义

战略管理是使用战略手段对组织的活动和发展实行总体性管理,是组织制定和实施战略的一系列管理决策与行动。《战略管理思想》的作者费雷德·大卫教授将战略管理定义为:一门着重制定、实施和评估管理决策和行动的具有综合功能的艺术和科学,这样的管理决策和行动可以保证在一个相对稳定的时间达到一个机构所制定的目标。

---

① 张霞,张智河,李恒光. 非营利组织管理[M]. 济南:山东人民出版社,2005:89.
② 韩伯棠. 企业战略管理的战略思维比较[J]. 经济与管理研究,2001(5):41-44.

2. 战略管理的特征

归纳起来,战略管理具有以下基本特征:

(1)未来导向性。战略管理的目的不是维持现状,而是着眼于组织的长远发展。在一个经济、技术、政治、社会相互影响和快速变化的时代背景下,这种变化在给组织带来机遇的同时,也带来风险和挑战。战略管理可以为组织的未来发展提供蓝图,预测未来将会发生的诸多变化,并为迎接这些变化制订行动计划,为组织未来发展确立方向。

(2)全局性。与某一领域的专业职能管理不同,战略管理研究的重点是组织整体目标的达成,而非某一布局的具体问题;关注的是全局的发展,而非局部的发展。虽然其中也包括许多局部活动,但这些局部活动是作为总体规划的有机组成部分,因此,制定战略要从全面的角度来进行分析。

(3)系统性。战略管理包括战略规划、战略实施和战略评价三个阶段,同时涉及财务管理、人力资源管理、项目管理、营销管理等,是一种全程性管理。各个子系统有机结合,构成完整的战略管理系统。

(4)稳定性。战略规划一旦确定,便具有相对的稳定性,此后组织的所有活动都必须围绕该战略进行,不能朝令夕改,否则将会导致组织运作摇摆不定,给组织发展带来消极影响。

(5)适应性。由于组织面临的环境复杂多变,组织必须根据不断变化的形势适时调整战略内容。一个有效的战略,通常要能根据环境的变化不失时机地做出灵敏的反应,及时调整战略管理的目标和战略发展的方向。

(6)层次性。战略管理可以分为组织战略、项目战略和职能战略三个层次,三个层次彼此相互联系,通过层层分解,构成了一个实现整体战略的完整框架。每个层次上的战略管理,所需要解决的问题和内容都不相同。

第二节 非营利组织战略管理的特点与意义

非营利组织战略管理是指对非营利组织的未来方向制定决策和实施这些决策。一般而言,非营利组织的战略管理需要回答以下几个问题:组织使命是什么?组织不同阶段需要实现的目标是什么?组织现在和将来应该从事哪些工作?组织应该采取什么样的策略,于预定的时间内实现设定的目标?组织实现目标所需要的战略性资源有哪些?组织发展中可能存在的主要风险是什么?如何控制这些风险?

一、非营利组织战略管理的特点

在任何组织中实施战略管理都必须符合各类组织自身特点对战略管理的特殊要求,否则就有可能不利于战略的有效制定和成功实施。因此,非营利组织自身的特点,也决定了非营利组织战略管理的特殊性。一些适用于一般组织(尤其是企业)的规律在非营利组织中可能并不奏效。非营利组织战略管理的特点具体表现在以下几个方面:

1. 战略目标具有公益性

战略目标的公益性是指非营利组织以最大限度地满足社会各种群体利益和公共利益的需要为目的。非营利组织必须要有明确的使命,这是有效管理的基础(德鲁克,1989)。一般企业的战略目标是单一而清晰的,即追求企业利润的最大化。而非营利组织作为弥补市场失灵和政府失灵的产物,不能追求利润最大化,也不可以为单一的部门利益服务,非营利组织的目标是最大限度地满足社会各种群体利益和公共利益的需要。虽然非营利组织也有提高运作效率的目标,但其战略目标具有更多的公益性,强调公平,甚至为此牺牲利润和效率。战略目标的公益性也决定了非营利组织的目标不可能像营利组织那样清晰,其目标往往比较模糊且其目标之间经常会相互冲突,这也增加了其战略制定的复杂性和不确定性。

2. 战略管理受环境条件约束

非营利组织战略管理受环境条件约束主要是指非营利组织在资金、法律规制方面受到一定的约束。首先,从资金约束来看,非营利组织的性质决定了其提供的服务往往是免费的或者是象征性地收取仅够补偿所提供服务的部分成本的费用。此外,非营利组织的资产来自各种各样的捐赠和拨款,因此,非营利组织的资产利用是否高效、合理会受到相应的监督。其次,从法律规制的约束来看,作为一种带有公益性质的公共组织,相应的法令、章程规定的义务以及传统等都会对非营利组织构成制约,限制其自主权和灵活性,导致它们在增加或减少服务方面的自由度较少。在我国非营利组织的发展环境中,政治因素对非营利组织的影响较一般企业更为明显。政府作为非营利组织利益相关者中重要的一员,对非营利组织在制定战略的过程中起着举足轻重的作用。另外,由于非营利组织身份的特殊性,其行动必然会受到严格的检查。

3. 战略具有公开性和透明性

作为公共组织的一种,非营利组织具有明显的公共性特征。产权特征是非营利组织与一般企业的主要区别:一般的企业都有明确的产权,而非营利组织的公有组织特征之一就是其产权为社会大众所有。任何人与非营利组织在所有权方面都存在利害关系。公众要求非营利组织对公民诚信、公平、正直、富有责任心,并及时对公民的要求做出回应,而一般企业由于其明确的产权特征,所以其必须承担的义务不多,人们对它们的要求也不多。所以,非营利组织在制定战略时,战略管理者必须向所有者征询意见,并依据公众愿望和要求来提供服务,这也使非营利组织的战略具有公开、透明的特点。

二、非营利组织战略管理的意义

管理宗师彼得·德鲁克曾经说过,如果一个公司不是在做"正确的事情",那么"正确地做事情"或者有效率地做事情并不能挽救一个公司的命运。非营利组织实施战略管理的意义就在于能够让组织做"正确的事情",并且能够有效率地去做"正确的事情",从而更好地完成组织的使命,承担更多的社会责任,促进社会的进步。① 概括起来,战略管理对于非营利组织的意义主要体现在以下几个方面:

1. 有助于明确非营利组织发展的方向和目标

宗旨是非营利组织存在的根本理由。通过战略管理,非营利组织可以确定组织宗旨和未来的发展目标,制订实施战略目标的战略计划,明确取得成功所必须付出的成本,对最终可能出现的结果有一个全面了解和心理预期,从而确保在取得短期成绩的时候兼顾长远利益。

2. 有助于为非营利组织抓住机遇创造良好条件

现代社会,各种组织面临的外部环境越来越复杂,非营利组织也不例外。市场经济的发展在提供了诸多机遇的同时也对我国非营利组织的发展带来巨大的挑战。通过战略管理,密切关注政治、经济、社会文化、技术、法律等外部环境的变化,把握环境变化给组织带来的发展机会,提醒管理者分析和预测当前及将来的外部环境,同时积极预防来自环境的潜在威胁,采取措施,优化非营利组织的生存环境,使非营利组织在面对挑战时能够应付自如,为组织未来发展扫清障碍、铺平道路。

3. 有助于促进非营利组织决策的科学化

非营利组织外部环境的不断变化、环境条件的日益复杂化,迫使任何非营利组织都必须采取措施来应对。通过战略管理,分析和诊断组织发展中存在的问题,集思广益,促进决策的科学化。不实行战略管理的非营利组织,面对问题时只能采取被动的应对措施,即在环境发生变动之后、出现危机时才仓促采取行动,从而显得十分被动,成效有限。而实施战略管理的非营利组织则可采取进攻型的防御对策,通过预测未来的环境,避免可能发生的问题,建立一套科学的决策机制,使非营利组织更好地适应外部环境的变化。

4. 有助于加强非营利组织管理活动的规范性,提高组织工作成效

战略管理注重的是一个机构或组织长期、稳定和持续发展。通过战略管理,界定组织的任务,使所有的组织成员明确职责,能够有效地减少由盲目性造成的工作失误和短期行为导致的损失。同时,在战略实施过程中,组织根据目标对自身的战略进行必要的调整,体现了管理过程的规范化和程序化。未雨绸缪,周密计划,战略管理保证了管理的连续性和程序化,确保非营利组织能够健康、有序、稳定地发展。

5. 有助于优化非营利组织的资源配置

任何组织的资源都是有限的,因此,如何将人力、财力、物力等有限的资源运用于关键领域是十分重要的问题。非营利组织战略管理通过对组织目标的确定,分清主次,明确未来各个阶段的工作重点和资源需求。战略管理有助于非营利组织从长远利益出发,对组织发展的重要领域和关键领域加强资源投入,避免次要事务的干扰,将资源集中于

---

① 陆道生,等. 非营利组织企业化运作的理论与实践[M]. 上海:上海人民出版社,2004:243.

6. 有助于调动组织成员的积极性和创造性

愿景是一种展望未来的目标。有吸引力的愿景,能激发组织成员的使命感,唤起他们的奉献精神,使他们更加愉快地工作。反之,缺乏愿景的组织,往往使人觉得困难重重、心力交瘁、散漫无序。对于需要吸引众多志愿者和会员的非营利组织来讲,愿景具有无可比拟的作用。通过战略规划树立一个具有挑战性和吸引力的愿景,对于组织来说具有重要的意义和价值。

第三节 非营利组织战略管理的程序与内容

非营利组织战略管理过程划分为战略规划、战略实施和战略评价三个阶段。这三个阶段既相对独立又相辅相成,共同构成了非营利组织战略管理系统。

一、战略规划阶段

(一)战略规划的概念

战略规划是指制订有关组织中长期规划的活动,它包括明确的组织使命、可达到的目标、实施的战略和相关的政策指南等。战略规划是非营利组织战略管理过程中的重要一环,制订一个切实可行的规划有利于组织在瞬息万变的环境中把握机会,有步骤地实现组织的使命和目标。一般而言,它包括以下几个方面的主要活动:

(1)展现愿景和确认、陈述任务;
(2)确认重要的环境变化及趋势的议题;
(3)决定组织要强调的主要价值;
(4)选择重大的关切性议题领域;
(5)明确的策略方向;
(6)选择恰当的策略方向;
(7)创设执行这些策略方向的行动议程。

(二)战略规划的过程

德鲁克基金会主席德鲁克根据60多年来为众多世界知名企业组织进行顾问咨询的经验,把非营利组织的战略规划简化为五个令人深思的问题:我们的使命是什么? 我们的客户是谁? 客户的认知价值是什么? 我们追求的结果是什么? 我们的计划是什么? 通过循序渐进地回答这五个问题,产生出由组织全体成员共同承诺的实施计划,并通过计划的实行及目标完成的情况对组织的使命和愿景进行不断的调整和修正。一般而言，非营利组织战略规划包括准备阶段、确定组织的愿景与使命、战略分析、制订战略计划与策略和做出战略选择等功能活动环节。

1. 准备阶段

这一阶段又称为规划的规划，主要进行规划前的准备工作，为之后的战略规划打下基础。准备阶段工作的成果形式往往体现为一个战略规划的工作计划。在战略规划的准备阶段，需要完成以下五项工作：

（1）界定战略规划必须面对的特殊议题或抉择；

（2）厘清角色，明确分工和职责；

（3）成立5~7人的规划委员会；

（4）准备有关组织的基本材料；

（5）采集对规划决策有益的信息，如历年的财务信息、项目预算等。

2. 确定组织的愿景与使命

愿景是指组织当前及未来所要达到的基本公共目标和根本方向，是非营利组织的灵魂。德鲁克指出，愿景是否明确是影响非营利组织存亡的关键。国内外非营利组织的成功经验告诉我们，具有明确界定的，并且为多数成员认同和珍惜的愿景或使命是一个杰出的非营利组织主要的特征。非营利组织在确定其愿景与使命时，通常要考虑以下几个问题：

（1）我们的角色是什么？

（2）我们所需要满足的社会与政治需求是什么？

（3）我们如何满足这些需求？

（4）我们应如何回应利害关系人？

（5）我们的主要价值是什么？

（6）我们与其他组织的不同之处有哪些？

对使命与愿景的确定和陈述不仅具有十分重要的意义，而且需要运用一定的专业方法和技巧。愿景陈述对正式的计划制订非常重要，一般为数百字到数千字，要求用积极和肯定的语气加以陈述。使命陈述则是由愿景陈述凝练而成的短短数十字的具体说明。对使命的陈述必须遵循一个原则：文字简短。注意把握组织的关键性特征，能准确地与客户沟通，像广告语一样，朗朗上口。此外，使命的内容不宜包括组织的市场服务范围和服务质量。精彩的使命陈述能够激发组织成员的奋发热情，也能对一些认同组织信念、关心组织成败的志愿者形成号召力。这一阶段完成的成果或标志是形成一份使命陈述的初稿和一份愿景陈述的初稿。

案例

部分国内外非营利组织的使命

国际人居组织：帮助穷人建造朴素、大方、便宜的房屋，消除住房贫困。

联合国儿童基金会：保护全世界儿童的权利。

国际红十字会：帮助人们避免、预防和处理紧急事件。

世界心理卫生联盟：改善及促进人类心理健康。

自然保护组织：通过保护赖以生存的水资源和陆地资源，保护能够代表地球生物多样性的植物、动物和自然界中的生物群落。

中国红十字会：保护人的生命和健康，发扬人道主义精神，促进和平进步事业。

中国残疾人联合会：弘扬人道主义，发展残疾人事业，保障残疾人的人权，使残疾人以平等的地位、均等的机会参与社会活动，共享社会物质文化成果。

中国扶贫基金会：播善减贫，成就他人，让善更有力量。

中国青少年发展基金会：通过资助服务、利益表达和社会倡导，帮助青少年增强能力，改善青少年成长环境。

3. 战略分析

非营利组织在确定组织的宗旨和目标、决定要对组织实施战略管理后，要对组织进行战略分析。战略分析是指通过资料的收集和整理分析组织的内外部环境，包括组织分析和环境分析两个部分。

（1）战略分析的内容。

①组织分析。

组织分析又称组织诊断或评估，是把组织视为一个动态的有机整体，对组织整体及其各组成部门的目标、资源、能力、组织结构和政策等进行系统分析。

组织分析的具体内容包括：

a. 组织资源分析。广义的资源，除包括财力、人力、物力、信息以外，还包括技术、经验、管理、应变能力、活动计划、竞争策略，以及组织的学习或创新能力、组织文化等。其中，对组织的人力资源的分析主要从组织成员的品质、资格、学历、能力、专业水平、年龄或各个层次的人员情况、离职率等方面着手。组织文化分析是指对组织成员的价值观念、思维方式、精神状态和工作作风等进行分析。

b. 管理与组织能力分析。包括宗旨管理能力、资金管理与筹款能力、资金运作能力、人事管理与组织能力、运作管理与能力、决策管理与能力、控制能力、外部关系管理与组织发展能力等。

c. 组织结构分析。包括专业分工与责任划分、权力关系等。

d. 组织政策分析。包括对主要的受益人群、资助者、社区居民以及其他顾客所采取的政策，在人力资源、志愿者、资源分配方面采取的政策等。

组织分析涉及的指标参数包括组织目标的有效性、绩效、共识与凝聚力、沟通和行动一致性、适应性、应变和把握环境、资源获取能力、责权匹配、制度化、满意度、稳定性、人的发展、组织健康等。

②环境分析。

环境分析又称趋势分析，是对组织所处的外部环境进行的动态分析，意在把握各种主要外部因素的变化趋势，使组织能够顺应环境的变化并经常处于有利的地位以实现组织目标。外部环境分析主要包括以下几个因素：

a. 政治法律环境。包括政府政策是否稳定和连续，政府对非营利组织的支持程度，国家税收和汇率政策的变化，有关非营利组织的法律法规的制定和修改，尤其是税法的改革，对捐赠行为提供的减免税待遇等，这些因素都决定着非营利组织的宏观政策法律环境。

b. 经济环境。非营利组织的发展与一国经济的发展有着密切关系。这些经济因素主要包括国家宏观经济政策、国民经济发展趋势、产业结构、经济发展的总量控制、通货膨胀、利率水平的变化和价格政策、失业水平、居民的平均收入、消费政策和储蓄政策变化及两者之间的比例关系、地区消费指数、金融政策、货币政策、财政政策、税收政策、银行信贷的方便程度、本国货币在国际金融市场上的价值、外债的承受能力等。

c. 社会文化环境。非营利组织的生存与发展是基于社会需要和人们的心理需要而产生的，一旦社会环境有所变化，必然会体现在非营利组织的发展上，战略规划的制订同样需要考虑这种变化。人们的价值观、风俗习惯、文化传统、行为准则，劳动力的教育水平，对工作的态度变化和职业分布的变化等都会影响到非营利组织战略规划的制订和实施。

d. 技术环境。包括国内外的科技进步、开发与利用以及相互交流等。

e. 竞争环境。包括现有的竞争者、潜在的竞争对手、替代产品等。

f. 利益相关者。包括外部利益相关者与内部利益相关者。

非营利组织外部环境分析的参数包括资源具备程度、可替代性、集中与分散性、稳定性、复杂性、可获得性、关联性和不可预测性。

（2）战略分析的方法。

在战略分析中，最常用的是 SWOT 分析法。SWOT 分析法也称"自我诊断方法"，是指通过了解自己组织的优势与劣势，掌握外部机会、规避威胁，制定良好战略的方法。SWOT 分析主要为战略分析提供一个基本的框架，明了组织的内外环境，充分发挥自己的优势，最大限度地从市场机会中获利，尽可能使弱点最小化，从而规避威胁。SWOT 四个英文字母分别代表优势（strength）、劣势（weakness）、机会（opportunity）、威胁（threat）。从整体上看，SWOT 可以分为两部分：第一部分为 SW，主要用来分析内部条件；第二部分为

OT，主要用来分析外部条件。

SWOT分析的过程一般有八个步骤：列出组织的关键外部机会；列出组织的关键外部威胁；列出组织的关键内部优势；列出组织的关键内部劣势；将内部优势与外部机会相匹配，形成SO战略；将内部劣势与外部机会相匹配，形成WO战略；将内部优势与外部威胁相匹配，形成ST战略；将内部劣势与外部威胁相匹配，形成WT战略。SWOT分析法可用表5-1来表示。

表5-1 SWOT分析表

	优势（S） （列出组织的各项优势） 1. 2.	劣势（W） （列出组织的各项劣势） 1. 2.
机会（O） （列出组织的各项机会） 1. 2.	SO战略 组织内部的优势与外部环境的机会相匹配的战略	WO战略 利用外部机会来弥补内部劣势的战略
威胁（T） （列出组织的各项威胁） 1. 2.	ST战略 利用优势规避或减轻外部威胁影响的战略	WT战略 减少内部劣势的同时规避外部环境威胁的战略

数据来源：黄浩明．非营利组织战略管理[M]．北京：中国人民大学出版社，2003：69。

经过SWOT分析，一个非营利组织可以有以下4种不同的战略匹配和选择：

①优势—机会（SO）战略。SO战略是指将组织内部的优势与外部环境的机会相匹配、发挥组织内部优势和利用外部机会以达到组织目标的战略。从制定战略来说，这是大部分组织追求的目标。从战略管理的过程来看，任何一个组织及管理者都希望充分利用自己的优势并避免劣势，抓住外部环境所提供的机遇更好地发展。实际上，要充分发挥自己的优势与其他因素的控制和转化有关，因而这一战略的采用往往需要用其他战略如WO战略、ST战略或WT战略来奠定基础。

②劣势—机会（WO）战略。WO战略是指利用外部机会来弥补内部劣势的战略。一般来说，当组织存在外部机会，但内部却存在劣势，妨碍了外部机会的实现，会采取这种战略。实际上，这是当外部环境中具有组织发展的机会时，以利用这一机会达到发展为目标指向和契机，来进行组织内部的更新。

③优势—威胁（ST）战略。ST战略是指利用优势来规避或减轻外部威胁影响的战略。

④劣势—威胁（WT）战略。WT战略是指在减少内部劣势的同时规避外部威胁的战略。与上述三种战略相比，WT战略是一种防御性战略。一个处于内部有许多弱点而外部又面临威胁境地的组织，往往对外界机会的利用效率是很低的。

案例

×中心的 SWOT 战略分析

×中心属于残障康复类非营利组织,它通过为残疾人提供专业且具有针对性的康复训练,使他们增强自理能力与社会适应能力。×中心通过对孩子进行专业化的综合性评估,制定出一套完整科学、符合实际、操作性较强的训练方案,并且设置一对一的个别训练,从语言开发、认知理解、社交技能、情绪行为、生活自理等方面对孩子进行全方位训练。×中心作为民办非营利组织,资源匮乏是其面临的主要问题,表 5-2 是其内部环境与外部环境的综合分析。

表5-2 ×中心的 SWOT 分析表

	优势(S) 1. 儿童智能培训方面具有专业性 2. 活动形式灵活多样 3. 管理逐步走向规范化	劣势(W) 1. 资金供给不足 2. 缺乏高水平的专业人才 3. 志愿者管理体系不明确,流动性较强
机会(O) 1. 非营利组织发展的国际浪潮 2. 政府改革的深入 3. 公众的关注和支持	SO 战略 ×中心应该积极利用各种资源空间,更好地投入组织运作。抓住机遇,不断加强组织建设,强化与市场、政府、其他相关非营利组织及媒体之间的交流互动。同时,还应主动与国际公益机构交流合作,吸纳海外公益性援助项目,学习和借鉴发达国家的先进经验	WO 战略 经费是×中心生存和发展的必备条件,如何解决经费短缺问题、开拓新的资金渠道,是其面临的关键问题。民间捐赠一直是×中心获得运转资金的主要方式,建立透明的财务体系,有利于提高×中心的社会公信力。制定严格的志愿者招募和日常管理规定,注重志愿者资源整合,吸引更多优秀志愿者投入组织服务
威胁(T) 1. 政策、法律法规、制度体系不健全 2. 缺乏社会公信力 3. 税收制度对于民间捐赠减免有限	ST 战略 ×中心应树立良好的组织形象,注重宣传推广,从而获得更多的民间捐赠。还应加强与企业间的合作,获得企业援助,同时企业也可以通过活动打造良好的公众形象以开拓市场,实现新的销售增长点	WT 战略 政府应重视非营利组织存在的价值,积极完善相关法规政策,构建一个能促进各非营利组织健康发展,并对其进行有效监督和管理的政策框架。同时,应明确有关非营利组织个人和团体捐献的相关减免税政策,促进政策落实

数据来源:吴一凡,梁勇,土晓晔. 陕西省非营利组织发展困境及对策研究——以×中心为例[J]. 特区经济,2018(2):99-101。

4. 制订战略计划与策略

这一阶段的主要任务是,战略规划小组在战略分析的基础上,结合组织的战略目标,根据确定的战略议题,提出处理战略议程中每个议题的具体行动方案,这些行动方案须有助于组织发挥优势,克服弱点,充分利用组织外部的机会并规避或遏制威胁。策略是战略的具体化,是为达成目标而采取的组织行动的准绳,同时也必然会涉及组织有限资源的分配问题,因此需要在目标、资源与方法之间找到最佳组织;行动方案则是在该策略下阐明为达到组织目标而采取的具体步骤和方法。为了确保行动方案有效执行,宜将各方案的负责人与完成期限一并列出,并估计其资源需求。

案例

> **某组织的中期目标及其策略与行动方案**
>
> 组织中期目标之一:加强筹款能力,年度筹款额达到1000万元
> [策略一]加强理事会的筹款功能,协助秘书长策划并推动筹款
> 　　　　成立筹款委员会
> 　　　　吸收媒体等知名人士加入理事会
> [策略二]加大宣传力度,开拓小额募捐的多元渠道
> 　　　　与银行合作,探讨捐款自动转账与信用卡捐款等事宜
> 　　　　制作介绍本组织的宣传片,时长为10分钟,并通过电视播放
> 　　　　设立国际互联网主页,并建立广泛的链接
> [策略三]引进捐款数据库等软件,加强资料建档、统计分析和后续服务
> 组织中期目标之二:提高组织的服务绩效,建立项目评估制度
> [策略一]年度计划必须与战略规划相结合
> [策略二]建立项目评估制度
> 资料来源:萧新煌. 非营利部门——组织与运作[M]. 台北:巨流图书公司,2000:198。

5. 做出战略选择

这一阶段是在综合分析和评价各种备选战略的基础上,做出符合组织战略发展需要的、具有可实现性和可操作性的战略选择。战略选择的主要功能活动环节包括:① 信息输入。把第一阶段所收集或考虑到的宏观的政治、经济、社会和科技的信息,以及直接影响战略的组织的优势、劣势、机会和威胁的信息进行归纳、整理与分类。② 匹配。这一环节依靠在输入阶段得到的信息,将外部机会和威胁与内部优势和劣势进行匹配。③ 决策。在这一环节,战略管理小组需要重新审视组织的最终目的,评价组织运行的情境,从而对组织的备选战略做出评估。评估主要包括适用性评估、可行性评估、可接受性评估、利益相关者评估四个方面。战略管理小组做出战略选择之后,还应完成组织的战略规划书,战略规划书需要重视记录规划委员会的决策,它代表的是组织全体人员的认同和支

持。战略规划书的内容应包含宗旨、组织简史、愿景、任务、中期目标、策略和行动方案等,要求阐述条理分明,以便于有效引导组织的运作。

战略发展规划的基本框架与流程如图 5-1 所示。

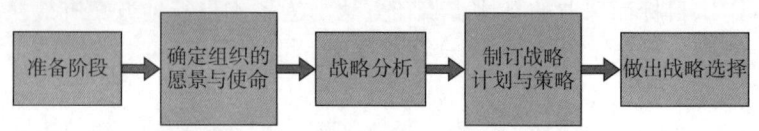

图 5-1　战略发展规划的基本框架与流程

二、战略实施阶段

(一)战略实施的概念与内容

战略实施是指通过行动计划、预算与操作规程的开发和实施,把制定的战略付诸行动。战略实施是战略管理的关键环节,也是战略规划转变为现实的必要途径。没有战略实施,再好的战略规划也只是一纸空文。战略实施过程包括诸多环节或功能活动。对于具体的环节或功能活动,学者们提出了不同的看法。例如,布莱森认为战略实施过程有三个环节:①计划和方案,即制订行动计划,包括明确目标、估计预期投入、明确产出结果、识别目标顾客和确定变化的衡量标准等;②制定预算;③实施过程的指导方针,即建立实施结构系统,以便协调和管理实施活动。① 纳特和巴可夫指出,在战略管理过程中,精心考虑哪些因素能够使战略实施成为可能,以及采取何种措施才能保证战略实施必需的支持,是战略实施的基本组成部分。总的来说,战略实施主要包括以下几方面的内容:①明确实际目标与进展的指标;②进行有效的资源配置;③建立有效的组织结构,使组织结构与战略相匹配;④建立和发展有效的沟通与协调机制;⑤促进变革,克服变革的阻力;⑥通过社会及政府营销,促进战略实施。②

在非营利组织战略实施过程中,最主要的活动内容有以下三类:

(1)利益相关者管理。利益相关者管理是指非营利组织的管理者为综合平衡各个利益相关者的利益诉求而进行的管理活动。任何一个非营利组织的发展都离不开各利益相关者的投入或参与,非营利组织追求的是利益相关者的整体利益,而不仅仅是某些主体的利益。这些利益相关者包括政府、捐资者、公众、服务对象、媒体等。在战略规划实施过程中,必须及时了解各个利益相关者的意见和需求,并力求使各方在意见上一致,在行动上形成合力。

---

① BRYSON J M. Strategic planning for public and nonprofit organization: A guide to strengthening and sustaining organizational achievement [M]. San Francisco: Jossey – Bass Publishers, 1995:166 – 187.

② 吴东民,等. 非营利组织管理[M]. 北京:中国人民大学出版社,2003:172.

（2）组织职能结构管理。战略的变化往往要求非营利组织的组织结构发生相应的变化。组织结构的重新设计应能够促进最终目的的达成。组织结构的演变顺序是一个周而复始的过程：制定新战略—新出现的管理问题—组织绩效下降—建立新的组织结构—组织绩效得到改进—制定新战略。组织职能结构管理过程要注意以下几个方面的问题：①组织结构的选择应与组织实施的战略相适应；②组织结构要有一定的弹性，使组织的结构模式能够适应不断变化的内外部环境；③在设计岗位时要注意职、权、责相匹配，上级对下级的控制幅度要适当。

（3）资源管理。每个非营利组织至少拥有四种可以实现预期目标的资源：人力资源、物力资源、财力资源和技术资源。资源管理就是要保证最终结果的实现，必须合理安排人力、财力、物力、技术等资源在各个部门、各个阶段的分配。资源管理中需要重点注意三个问题：①根据战略议题的优先顺序来配置资源；②对内部资源进行再分配，对那些于组织战略没有直接或重大影响的活动可在原有基础上减少资源的供应，并重新制定预算；③如果某些资源要素匮乏但对战略实现是关键性的，可以请求那些拥护组织战略的重要利益相关者为组织筹募资源，或者从其他次要项目中再争取一部分资源，从而使组织的战略变得可行。图5-2所示为资源性质与管理方法。资源管理的核心是把握"核心支持"和"要素匮乏"资源。

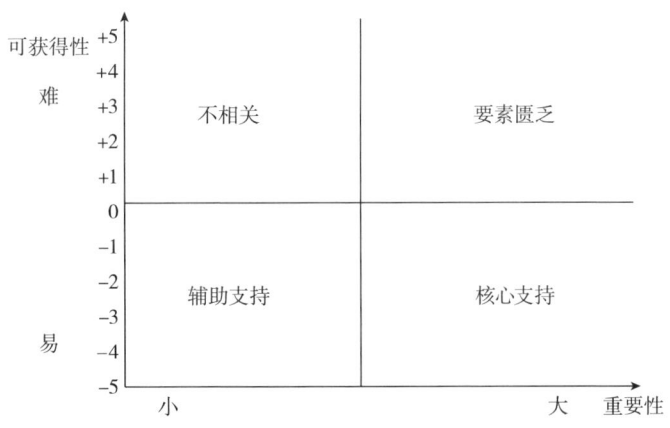

图 5-2 资源性质与管理方法

（二）战略实施的原则

在战略实施过程中，非营利组织常常会遇到许多在制定战略时未估计到或者不可能完全估计到的问题，在战略实施过程中有三个基本原则，可以作为非营利组织实施战略的基本依据。

1. 适度合理性的原则

由于在组织战略的制定过程中，受到信息、决策时限及认识能力等因素的限制，对未来的预测不可能很准确,所制定的战略往往不是最优的,而且在战略实施的过程中由于非营利组织外部环境及内部条件的变化较大,情况比较复杂,因此只要在主要的战略目标上基本达到了战略预定的目标,就应当认为这一战略的制定及实施是成功的。在客观生活中不可能完全按照原来制订的战略计划行事,因此战略的实施过程不是一个简单机械的执行过程,而是需要执行人员大胆创造,大量革新,因为新战略本身就是对旧战略以及旧战略相关的文化、价值观念的否定,没有创新精神,新战略就得不到贯彻实施。因此,战略实施过程也可以是对战略的创造过程。在战略实施过程中,战略的某些内容或特征有可能改变,但只要不妨碍总体目标及战略的实现,就是合理的。

2. 统一领导、统一指挥的原则

非营利组织的高层领导人员,对非营利组织战略的各个方面的要求以及相互之间的关系了解得最全面,对战略意图体会最深,因此战略的实施应当在高层领导人员的统一领导、统一指挥下进行。只有这样,其资源的分配、组织机构的调整、组织文化的建设、信息的沟通及控制、激励制度的建立等各方面才能相互协调、相互平衡,才能使非营利组织为实现战略目标卓有成效地运行。

3. 权变原则

非营利组织经营战略的制定是基于一定的环境条件的假设,在战略实施过程中,事情的发展与原来的假设有所偏离是不可避免的,战略实施过程本身就是解决问题的过程,但如果非营利组织内外部环境发生重大变化,导致原定战略不能实现,这时就需要对原定战略做出重大调整,这就是战略实施的权变问题。权变的观念应当贯穿于战略实施的全过程,权变的观念要求识别战略实施过程中的关键变量,并对它进行灵敏度分析,这些关键变量的变化超出一定的范围时,原定战略就需要调整,并准备相应的替代方案,即非营利组织对可能发生的变化及其造成的后果,以及应变替代方案,都要有足够的了解和充分的准备,以使非营利组织有足够的应变能力。

三、战略评价阶段

一个完整的战略管理过程,除了科学合理制定和有效执行规划,还需要对战略执行后的效果进行判断,以确定该项战略的价值,这种活动就是战略评价。战略评价可以界定为,依据一定的标准和程序,对战略实施的效益、效率、效果及价值进行判断的一种行为,目的在于获得相关信息,作为决定战略变革、战略改进和制定新战略的依据。

(一)战略评价的类型

1. 按照评估进行的时间,可以划分为:
(1)事前评估,在战略规划开始实施之前进行的可行性分析。
(2)中期评估,在战略规划实施过程中对实施效果的评估。
(3)事后评估,即系统评估,是在整套战略实施之后对战略实施全过程进行系统性评估。

2. 按照战略评价主体,可以划分为:

(1)自我评估,由组织对自身的战略制定、实施及效果进行评估,通常是过程的评估,在战略实施的过程中发现问题及时调整。

(2)外部评估,通常是第三方评估,由其他组织,如专门的评估机构、政府,也可以是公众,对非营利组织战略过程进行评估。

(二)战略评价的框架

战略评价是一个动态的过程,是一种有计划、按步骤进行的活动。一般来说,它包括三项基本活动:审视战略基础、绩效评估、采取纠正措施。

1. 审视战略基础

审视战略基础主要是对非营利组织的内外部环境的评估。在战略实施过程中,会存在诸如需求变化、政治经济状况变化、技术变化,或者组织采取无效的战略或者战略实施活动不力等多种阻碍非营利组织战略目标实现的因素。因此,战略管理者必须不断审视组织的外部机会与威胁、内部优势与劣势等战略基础的变化,适时调整或修改既定的战略目标,从而保证组织的长远发展。在审视战略基础时,主要对以下几个方面做出评估:

- 组织的优势是否依然是优势?
- 组织是否增加了其他优势? 如果是,有哪些?
- 组织的劣势是否依然是劣势?
- 组织是否有了新的劣势? 如果是,有哪些?
- 组织的机遇是否仍然是机遇?
- 组织是否增加了其他机遇? 如果是,是什么?
- 组织以前的威胁是否仍然是威胁?
- 组织的其他威胁是否增加了? 如果是,为什么?

2. 绩效评估

绩效评估是指将预期结果与实际结果进行比较,研究实际进程对计划的偏离,即衡量组织是否令人满意地朝着既定的目标发展。战略绩效的评估,一般采用定性和定量两种标准。定量评价更具客观性,但在非营利组织中,采用定量评价还存在一定的障碍,例如,战略规划往往是跨年度的,但绝大多数标准都是为年度目标而不是为长期目标制定的。对非营利组织的定性评价也十分重要。西摩·蒂尔斯提出的用于战略评价的六个定性的问题如下:

- 战略是否与组织内部情况相一致?
- 战略是否与外部环境相一致?
- 从可利用资源的角度看,战略是否恰当?
- 战略所涉及的风险程度是否可以接受?

- 战略实施的时间表是否恰当？
- 战略是否可行？

3. 采取纠正措施

在审视战略基础和绩效评估的基础上，要决定是否有必要进行变革，包括调整组织结构，对某一个或多个关键人员进行调换，建立或修改目标，制定新政策，重新配置资源或采取新的绩效激励措施等。当然，采取纠正措施并不意味着放弃现行战略或必须制定新战略。战略评价的框架如图 5-3 所示。

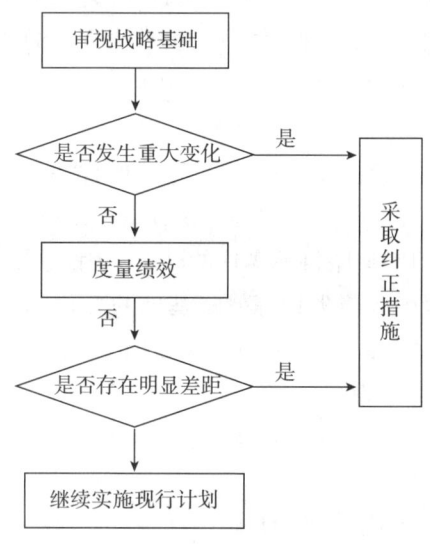

图 5-3　战略评价的框架

总之，战略管理是一个持续不断的改进过程，非营利组织不仅应充分贯彻实施计划，还必须定期监督、评价既定战略的执行过程及结果，总结经验教训，采取更好的战略措施，以保障战略管理的连续性和稳定性。非营利组织战略管理的三个步骤相互联系、相辅相成，构成一个有机整体，缺一不可。战略规划的制订是战略实施的前提和基础，战略实施又是战略评价的依据，而战略评价为战略规划的制订和实施提供了一种后续保障机制。

第四节　非营利组织战略管理案例分析

中国社会科学院扶贫经济合作社（以下简称"扶贫社"）小额信贷实验项目是从 1994 年开始的一项行动研究计划。综观扶贫社的发展过程，可以对非营利扶贫组织的战略管理和组织创新得到有益的启示与经验教训。

一、扶贫社的使命与目标

扶贫社小额信贷扶贫项目是中国社会科学院农村发展研究所于1994年开始实施的一项"行动—研究计划"。1993—1994年为项目筹备阶段,1994年5月正式发放贷款。

扶贫社课题组由一批从事贫困问题和农村发展的研究人员组成。课题组首次在我国正式引进和使用"小额贷款"这一概念,借鉴孟加拉国"乡村银行"小额信贷扶贫项目的成功经验,并按照与国际接轨的模式运作,试图探索解决我国扶贫资金使用中的现实难题——可归纳为三个目标的实现,即探索解决贫困农户获贷难、还款难和扶贫贷款机构自身独立生存难的困境。

1994年初至1995年11月,中国社科院扶贫社小额信贷项目分别在河北省易县、河南省虞城县和南召县建立起三个县级扶贫社,使项目快速且有效率地运作起来,贷款有效且稳妥地送到贫困户手中,同时保证高还贷率。与此同时,扶贫社项目注重组织建设,完善各项规章制度和加强管理,强调实现财务自立和持续性目标。目前,作为我国小额信贷的先行项目,扶贫社以民间机构的组织方式运作,为客户提供小额信贷服务。扶贫社的运作已经显示出小额信贷基本原理在我国环境中的合理成分,显示出小额信贷可以为贫困人口服务。

为了解决农民贷款难、增收难、就业难的问题,依靠国际援助,一些机构搞起了小额贷款。据项目发起人杜晓山估计,目前已有30多个国际组织在我国境内100多个区域进行规模不等、运作水平不同的小额贷款发放工作。这些贷款发放机构并非都是非营利性的,补贴性的机构名义利率较低,一般与农行扶贫贴息贷款的年利率相同;但对于追求可持续发展的小额信贷发放机构来说,名义年利率一般为6%~8%。扶贫经济合作社就是一家可持续性发展的小额信贷发放机构。

1993年,中国社科院农村发展研究所建立了扶贫经济合作社,接受国际对华小额贷款援助,旨在通过向贫困人口发放贷款,提高贫困人口尤其是贫困妇女的生活水平及社会地位。

到目前为止,扶贫社接受了花旗集团等基金的资助,在河北、河南等地设立4个县级社,并在四川建立分社。2002年底,接受扶贫社贷款的有15000户借款人,扶贫社累计发放贷款1.73亿元,其中未偿贷款1638万元,还贷率超过90%。

扶贫社小额信贷机构应该成为非政府的、非银行的金融机构。

二、战略管理

战略规划使组织有了具体的目标,并且使组织的员工达成了共识,这对非政府组织是非常重要的。非政府组织常常处在动态的或不确定的环境下,而且是为了实现各自的使命而存在。战略规划能使非政府组织的管理者以系统的和综合的方式分析环境,评价组织的优势和劣势,以及发现组织可能具有竞争优势的机会。

(一)确定组织当前的宗旨、目标和战略

每个组织都有各自的宗旨,它回答了每个组织到底从事什么样的事业。扶贫社的宗旨是通过提供信贷服务,改善贫困农户特别是贫困妇女的经济状况和社会地位。扶贫社以有效的方法提供适宜的产品和服务,为我国的小额信贷领域提供可借鉴的经验,逐步增强小额贷款机构的能力,使之成为一个具有持续性的机构。在这个基础上,1994—1995年扶贫社制定目标,1997年初期各项目标已经实现。1998—1999年扶贫社又制定了新的目标:

——帮助贫困妇女,以贫困妇女为主要贷款对象;
——实现相当规模,在未来3~5年内建立3~5个营业所,每个营业所1500名客户;
——还款率保持在95%以上;
——持续性,每个营业所3~5年达到自负盈亏,提高整个机构的盈利水平;
——扶贫社作为小额信贷样板,研究小额信贷方法,为我国小额信贷提供政策建议。

(二)分析外部环境因素

环境分析是制定战略的关键要素,因为组织的环境在很大程度上决定了管理者可能的选择。成功的战略大多是那些与环境相适应的战略。扶贫社的环境分析包括竞争、合作、制度因素以及其他外部因素。

1. 竞争

在扶贫社的发展过程中,竞争者之一为中国农业银行执行的政府贴息小额贷款扶贫项目,其贷款特征是低利率以及较长的贷款期限和期末还款。在政府贴息贷款资金投入力度非常大的地区,扶贫社项目很难生存,扶贫社项目从陕西省丹凤县退出就是因为政府贴息小额贷款扶贫项目在此地大规模推行。但是,扶贫社项目在河北省和河南省基本没有受到政府贴息小额贷款扶贫项目的影响。随着政府扶贫政策的调整,可以预料这种竞争将会逐渐减弱甚至消失。从长期分析,农村信用社可能是扶贫社项目潜在的竞争对手。随着农村信用社的改革深化,农村信用社可能会更深入地渗透农村市场。

2. 合作

尽管前面提到中国农业银行在陕西省丹凤县对扶贫社构成竞争,但在扶贫社其他项目县,农业银行则是扶贫社的合作伙伴,以不同的形式为扶贫社提供资金支持。到2000年底,各县扶贫社与当地农业银行的合作已基本结束。

扶贫社各项目县和项目乡地方政府,各项目村的干部特别是村妇女主任,是扶贫社在操作层面的重要合作伙伴。

扶贫社在资金和技术方面的主要捐助方是福特基金会、企业家杨麟先生、孟加拉国乡村银行、乡村银行美国基金会、澳大利亚开发署,以及一些发展机构和友好人士的私人捐款。

3. 制度因素

在扶贫社发展过程中制度方面的主要因素有:机构和业务的合法性以及国家的利率政策。扶贫社的合法地位曾经是扶贫社发展的制约因素。经过努力,扶贫社于1999年底得到了中国人民银行、国务院办公厅和国务院扶贫开发领导小组的批准,作为中国社会科学院的实验基地,扶贫社可以从事小额信贷服务。由此,扶贫社开展业务的合法性得到确认。但是,目前扶贫社机构的合法身份问题并没有得到解决,主要障碍是我国的机构管理政策和条例是以政府机构为主要对象的,非政府组织在我国的出现毕竟是近十来年的事情,我国非政府组织的机构管理制度和政策尚待完善。利率政策是小额信贷领域讨论的热点话题。我国的利率政策对扶贫社的影响表现为两个方面。1998年以前,由于相对严格的利率上限政策,加之当时的高通货膨胀率,扶贫社坚持在负实际有效利率下探索生存之路;而在1999—2000年中国人民银行曾经多次降低贷款利率,通货膨胀急剧下降,扶贫社的原利率政策基本上趋于可持续的利率水平,但这也迫使扶贫社必须认真分析市场,考虑是否需要降低贷款利率。

4. 其他外部因素

与扶贫社发展相关的其他外部因素包括通货膨胀、国内生产总值、贫困水平和贫困人口的变化等。

(三)市场和组织资源分析

扶贫社采取的战略是在三个项目县通过市场渗透不断扩大项目规模,待现有的市场基本饱和时,再开拓新的市场。三个项目县的贫困农户,或者更准确地说人均纯收入接近或低于本县平均收入水平的农户即为扶贫社的目标客户。

组织资源分析包括贷款和存款的操作、组织结构、人力资源、内部管理、筹资和财务管理等方面。

(四)制定和实施战略

战略制定是指根据上述对宗旨与目标的界定、市场与客户的分析、环境状况的分析以及机构自身的评价而制定的机构发展战略。

扶贫社的战略是以贫困户特别是贫困妇女为服务对象,在特定的项目县以市场渗透的方法达到一定的规模,严格控制操作成本,有明确的自负盈亏目标,希望逐步发展为独立的小额信贷机构,同时对小额信贷模式进行研究和提供政策建议。

三、扶贫社的组织创新

(一)扶贫社组织机构的演变

分析扶贫社组织机构的发展过程,到目前为止可分为三个阶段:任务小组组织形式阶段(1994—1997年)、任务小组和专门办公室共存阶段(1998—2000年)、独立机构阶段

(2001年至今)。目前,扶贫社处于向独立机构转制阶段。

扶贫社项目最初是一项行动研究计划,是以中国社会科学院农村发展研究所课题组的组织形式出现的。课题组的成员具有不同的专业背景,来自不同的部门,为了执行扶贫社小额信贷实验项目而共同工作,但每个成员都有各自的职务或其他工作。这实际上是一种任务小组的组织形式。任务小组的特征是一种临时性的组织结构,其设计用来完成某种特定的、明确规定的复杂任务。它涉及不同单位人员的介入,任务小组的成员一直服务到目标达成为止。然后,任务小组解散,其成员转换到另一任务小组,或者回到他们隶属的职能部门,或者离开组织。在扶贫社的实践中,初期的课题组成员多数都转到其他任务小组或回到了原职能部门。

到1997年底,扶贫社1994年制定的战略目标已经实现,扶贫社需要制订新的战略规划,此时任务小组已经不能满足实现扶贫社战略目标的组织结构需求。于是,扶贫社项目建立了有专职工作人员、专门的项目办公室和独立的财务管理的扶贫社总部,原任务小组同时存在。这属于一种过渡组织形式。

随着扶贫社实验项目的深入和规模的扩大,扶贫社临时且没有合法地位的组织机构明显地成为制约项目发展的"瓶颈",在宏观方面扶贫社需要有合法的身份,在微观方面1999年底扶贫社得到了中国人民银行、国务院办公厅和国务院扶贫开发领导小组的批准,扶贫社的合法身份得以确认,这为扶贫社健康发展提供了宏观环境的保障。从2000年开始,扶贫社将工作重点转移到组织机构的建设,随着扶贫社的发展规模的扩大,独立的机构和专职的工作人员已经成为项目生存和发展的必要条件。目前,独立的扶贫社组织机构已经具有雏形,其主要标志是,决策监督层与操作层初步分离,有专职的经理队伍、专职的工作人员队伍和专门的财务管理体系。扶贫社希望在2~3年内实现从项目到独立机构的转变,在这个过程中,最关键的因素是能力建设,使专职的经理和工作人员队伍成为专职且专业的队伍,建立完善的财务管理体系和审计体系,建立有效的内部控制机制。

(二)战略变化与组织结构的关系

组织结构是帮助管理当局实现其目标的手段,如果管理当局对组织的战略做了重大调整,就需要修改结构以适应和支持这一调整变化。根据著名管理学家艾尔弗雷德·钱德勒的研究结论,公司战略的变化先行于并且导致了组织结构的变化。具体来说,钱德勒发现组织通常起始于单一产品或产品线生产。简单的战略只要求一种简单、松散的结构形式来执行这一战略。这时,决策可以集中在高层管理人员手中,组织的复杂性和正规化程度都很低。随着组织战略从单一产品向纵向一体化、再向多样化经营转变,管理当局会将组织从有机式转变为更为机械的形式。

在行动研究计划阶段,扶贫社小额信贷项目追求探索者战略,以创新来求生存。这个阶段员工人数较少,环境是动态的,简单结构效果较好,使非正式沟通更方便,也更有效。所有新的组织都倾向于采用简单结构,因为管理当局一开始并不愿意去发展它们的结构。简单的结构易于把握,其灵活性也使组织对不能预见的环境变化迅速做出反应。扶贫社初期的战略目标是引进一种新的概念和新的模式,需要根据具体实践不断地并且及时地做出调整,因此这一阶段有机式组织能够更好地适应这一战略,因为它很灵活,能保持最大的适应性。

随着初期设定目标的实现,扶贫社对其战略进行了调整,制定了扩大规模战略,工作人员和贷款业务增长很快,这时规范化的运作对扶贫社目标的实现已经十分关键,初期灵活、易于把握、对不能预见的环境变化迅速做出反应的简单的组织结构已经不能满足新战略的要求,扶贫社新型的组织机构就是在这种探索中产生并不断完善的。

(三)扶贫社的组织结构

理事会是扶贫社的最高决策层,扶贫社的重大决策均由理事会决定,同时理事会设监事部和研究开发部。扶贫社的常规管理工作由扶贫社总部执行经理负责,执行经理由理事会任命并在理事会监督下工作。扶贫社总部设审计部、业务部和财务部,这三个部门在执行经理领导下工作。扶贫社在项目县由各县扶贫社经理负责常规管理工作,县扶贫社经理在总部执行经理直接领导下工作。

四、项目管理与项目增长的挑战

(一)管理要求的变化和能力建设的挑战

扶贫社小额信贷项目的增长,以及由课题组这种任务小组的组织结构向独立的小额信贷机构的转制,使扶贫社需要改变其组织结构和经营方针。过去基于非正式的管理机制,用以鼓励创新、敬业以及对集体事业做出奉献的激励,对人际关系具有很大的依赖性。这种经营文化在项目初期非常有效,并且有利于以组织与客户之间的信任为基础的贷款方式。但是,这种非正规的经营文化随着项目规模的扩大渐渐显得不甚适合,扶贫社需要专职的和专业的经理与工作人员,管理层需要更完善的信息系统以处理扩大的业务量,还需要更加标准化的等级模式和联络方式,以及决策过程的更加正式化。这是扶贫社面临的严峻挑战,扶贫社需要有金融管理、人力资源管理、信息管理等方面的专业人才。这意味着扶贫社的管理人员和基层工作人员需要全面的培训和提高能力,否则扶贫社难以满足规模扩大和机构转制的需要,难以满足管理要求的变化,即难以实现长期持续发展的目标。

(二)资金压力的增大和筹资的挑战

扶贫社规模的扩大是以更多的资金来源为前提的。项目初期的资金来源是捐赠资金、无息贷款或贴息贷款。但随着项目的增长,捐赠和贴息贷款不再能满足需求,这时需要拓宽筹资渠道,而商业渠道的资金可能会逐渐增大,这就意味着资金成本的提高并要求机构显现出更好的管理效率。否则,扶贫社可能会因为没有足够和及时的资金而导致机构陷入困境甚至失败。扶贫社必须通过有效的战略管理和成功的机构转制来实现长期持续发展的目标。①

本章小结

　　战略管理是使用战略手段对组织的活动和发展实行总体性管理,是组织制定和实施战略的一系列管理决策与行动。战略管理具有未来导向性、全局性、系统性、稳定性、适应性、层次性等特征。战略管理对于非营利组织的意义主要体现在:有助于明确非营利组织发展的方向和目标;有助于为非营利组织抓住机遇创造良好条件;有助于促进非营利组织决策的科学化;有助于加强非营利组织管理活动的规范性,提高组织工作成效;有助于优化非营利组织的资源配置;有助于调动组织成员的积极性和创造性等。非营利组织战略管理过程划分为战略规划、战略实施和战略评价三个阶段。这三个阶段既相对独立又相辅相成,构成一个有机整体,缺一不可。战略规划的制订是战略实施的前提和基础,战略实施又是战略评价的依据,而战略评价为战略规划的制订和实施提供了一种后续保障机制。

复习思考题

1. 什么是战略管理?战略管理的特征是什么?
2. 非营利组织战略管理的特点是什么?
3. 非营利组织实施战略管理的意义有哪些?
4. 非营利组织战略管理包含哪些基本阶段?简述它们之间的关系。

课后案例

> **环保 NGO——自然之友的战略规划**
>
> 　　2008年4月,环保 NGO 自然之友完成了其自成立以来的第一次战略规划。在前后长达半年的战略规划中,围绕一个共同的话题——自然之友的未来,从理事会成员到一线员工,乃至外部的会员等关注自然之友的不同群体,或是温和建议,或是激烈措辞,以不同的表达方式、不同的角度来审慎对待自然之友的战略规划。

---

① 资料来源:孙若梅. 非政府组织扶贫的战略管理与组织创新——以中国社科院扶贫经济合作社小额信贷扶贫实验项目为例的分析[M]//中国社会科学院农村发展研究所. 中国农村发展研究报告 No.3. 北京:社会科学文献出版社,2002。

1. 战略规划的缘起

2007年8月,自然之友重新改选理事会,新一届理事会的第一次会议决定,自然之友要做战略规划,其目的就是要重新找到自然之友的定位和工作目标。在可供选择的三家战略规划服务的机构名单中,自然之友选择了倍能组织能力建设与评估(倍能中心)。该机构的前身是美国 Pact 在华代表处,后注册成专门为推动本土 NGO 能力建设服务的非营利机构。NGO 组织能力建设专业机构倍能中心的加入,更凸显了自然之友对这次战略规划的重视。

2. 达成共识的过程

为使机构上下对战略规划有一个共同的认识,倍能中心先是为自然之友员工开展了为期三天的非营利组织管理核心知识培训,使大家对目前在国际范围内所认可的非营利组织的管理模式有了一些初步的认识和理解;后来又对自然之友进行了为期三天的战略规划理念和程序方面的培训。在倍能的参与式方法引导下,自然之友还对组织发展的综合能力进行了全面的评估和分析。在对机构未来发展方向和内部管理体系的建立方面,员工共同制定了14大类148个指标,然后对这些指标逐一打分,最终汇成清晰的、有共识的评价结果。

3. 确定会员是服务对象,还是可动员资源

自然之友除了是中国最早的一个民间环保机构,与其他环保NGO的最大的区别在于它还是"一个以会员为基础的环保组织"。

关于会员如何定位的问题,在某种程度上,可以看作自然之友在针对自身的"会员特色"而必须做出的回答和调整,即如何使会员参与到机构的专职团队的各个项目中,发挥他们的主动性,而不仅仅将其当作"服务对象"。虽然对会员定位还没有一个非常清晰的定论,但对会员角色的认识转变以及今后自然之友的工作中会员所表现的参与性等还是初步达成了共识。

4. 部门调整的变化

自然之友不同部门的调整,是按照战略规划,将新的工作内容与原有的工作内容进行重新整合和划分,每个部门的工作职责也比较清晰,从而避免原有部门之间的"扯皮"之事。在未来的3~5年内,自然之友设定了三个战略方向,即环境公共政策倡导、基于改变公众行为的环保教育以及扶持民间环保力量。

5. 项目向机构使命看齐

根据战略规划制定的战略方向,自然之友不仅对各个部门的职责进行了调整,内部的项目也做了相应的改变。

自然之友以往的一个项目往往是随机设立的。这些项目设立时并没有很好地与机构使命有机结合。在对老项目重新做出调整时,自然之友也开始主动设计一些新项

目,如"绿色伙伴计划",邀请有环境保护行动意愿的企业参与进来,设计活动促使企业在不同层面加入环保行动,不仅针对企业的环保行为,也包括企业的志愿者行动、企业的社区服务等内容。

6. 战略规划的实施

此次战略规划结束后,对于这家拥有近15年历史的环保NGO来说,未来3年它将有一个更为清晰、更符合机构愿景使命的战略目标。自然之友关于未来3年的战略规划可以说暂时告一段落,但战略规划触及一些问题,也还没有完全达成一致的共识,还需要时间。后期的执行过程中,将会提出很多问题,还需要进行回应。

对于如何将会员变成财富,目前还在尝试。会员之外的问题,同样重要。当下,自然之友的目光将放在"应优先解决的事情"上。在新任总干事李波看来,首先要让那些做出承诺的、尚未结束的项目如期开展起来。在这些项目有效实施的同时,再从中寻找一些新的增长点。即将迎来15岁生日的自然之友,它面临的挑战远不是一个战略规划就可以搞定的,但在这个过程中获得的明确的方向和目标,终究会帮助它继续前进。

资料来源:王源. 一个环保NGO的战略规划[EB/OL]. (2009-04-28). http://www. chinadevelopmentbrief. org. cn/news-13277. html? from=timeline&isappinstalled=0。

思考题

自然之友环保NGO制订战略规划的经验和启示是什么?

第六章

非营利组织的财务管理

学习目标

  非营利组织的发展需要良好的财务管理,现在很多非营利组织不重视财务管理,出现了财务管理不善的问题,我们认为非营利组织要实现组织目标,必须要重视财务管理,健全财务管理制度。通过本章的学习,学员应该了解非营利组织财务管理的概念和基本内容,非营利组织财务管理的目标、原则和方法,掌握非营利组织的收入、支出、资产、负债等基础管理措施和手段;了解我国目前关于非营利组织财务管理的法律和法规体系;了解并掌握非营利组织财务分析、预算和监督、审计的整个过程和基本内容。

案例导入

威尔森学习中心的失败

威尔森曾是 10 年前创立并推行临近社区课程学习中心的负责人,她有图书馆管理及初级教育硕士学位,自从她的孩子高中毕业后,她就决定为附近有阅读困难的小朋友提供帮助。教书的经验让威尔森很快就了解到,这些小孩的发音有问题,他们的共同特征都是无法辨认文字。有一些小朋友会颠倒字母,有一些小朋友经过数堂课后仍然无法记忆单词,有一些小朋友即使会发音也无法了解单词的意义。而这些孩子的智力都属于正常或高于正常水平。

威尔森学习中心对有阅读障碍的儿童的训练早在"阅读困难症"和"学习障碍"等名词普遍使用之前就开始了。她聘请当地大学毕业的专业人士任教,并在路德教堂的地下室设立了课后训练课程。

为了学习中心的持续发展,威尔森建立了以下模式:邀请学习中心成绩优良的学生家长一同来宣传学习中心的训练成果。这些学生家长都对这个课程的成功推崇备至,筹款志愿者委员会应运而生,筹款基金持续增加,随之这个课程有所扩大。

目前,这个学习中心已经有超过 50 万美元的营业预算,在该地区的名望与日俱增,但也产生了无法预期的问题:大部分有学习困难的小孩都进了公立学校;学习中心的教室内急需精密的计算机设备和学生学习记录设备;有些员工不甘于从事低薪工作;当地报纸甚至报道这个训练中心有 23 万美元的欠款,预计最晚将于学年结束前倒闭。

资料来源:詹姆斯·P.盖拉特.非营利组织管理[M].邓国胜,译.北京:中国人民大学出版社,2017:91。

思考题

大家结合非营利组织财务管理的相关知识思考威尔森学习中心失败的主要原因是什么。

第一节 非营利组织财务管理概述

一、非营利组织财务管理的目标

非营利组织财务管理是指对非营利组织有关资金的筹集、分配、使用等财务活动所进行的计划、组织、协调、控制等工作的总称。一个组织的财务管理目标取决于组织本身的目标。众所周知,作为营利组织的企业,其出发点和归宿都是营利。企业的目标可以概括为生存、发展、获利,企业财务管理的目标也就与获利紧密相连,尽管具体表述有利润最大化、每股盈余最大化、股东财富最大化等不同观点。非营利组织的财务管理目标同样取决于非营利组织本身的目标,那么,非营利组织的目标是什么呢?

美国学者萨拉蒙认为,非营利组织即非营利组织服从于某些公共目的和为公众奉献。可见,非营利组织是不以获取利润为目的的,为社会公益服务的组织。一个非营利组织在一定范围内为社会公益服务,也就是在完成某一社会使命。在当今市场经济社会,非营利组织为完成某一具体的社会使命需要有足够的资金支持,资金的获得和有效使用需要有科学的财务管理。与非营利组织的目标是完成某一具体的社会使命相适应,非营利组织财务管理的目标可以描述为:获取并有效使用资金以最大限度地实现组织的社会使命。具体来说非营利组织财务管理的目标主要包括以下几个方面:

(一)规范非营利组织的财务行为

财务制度是非营利组织财务管理的基本依据和行为规范。收入和支出项目都体现着非营利组织进行活动是否符合其组织的宗旨,是否具有非营利性。建立健全财务制度是非营利组织财务管理的重要任务之一。在很多国家,审计部门通过对非营利组织收支的审计,来判断一个非营利组织是否真正具有非营利性质,从而决定其是否能够享受免税的资格。2008年,我国颁布实施的《中华人民共和国企业所得税法》中就明确指出对非营利组织的收入实行免税待遇,由各级民政部门对各类非营利组织开展评估,加强财务收支情况的审计监督,从而判断该非营利组织是否真正具有非营利性。

(二)从制度上保证公开、透明,预防腐败行为

一个非营利组织的财务收支情况,反映了该组织及其人员的工作规范和作风。混乱的财务管理常常伴随着比较严重的假公济私、滥用公款、贪污腐败行为。非营利组织的资金基本都来自财政拨款或者社会捐助,一旦出现腐败行为,所带来的社会影响尤为恶劣。只有实施健全的财务管理制度,使非营利组织的每一项活动都处在公开和透明的环

境下,才能有效避免公益腐败现象的发生。

(三)加强收支管理,提高资金使用效率

无论是对于营利组织来说,还是对于非营利组织来说,效率都是组织的生命。非营利组织要提高组织的效率,就必须加强财务收支管理,合理安排支出,有效地使用各项资金,提高资金的使用效率,使组织时刻处于安全的运作状态。非营利组织的收入管理,主要是对收入项目、范围、标准和收益分配等进行的管理。非营利组织的支出管理,主要是对支出项目、范围、标准等多方面的内容进行的管理。

(四)提高公信力,增加收入

高效透明的财务管理能提高非营利组织的公信力,使社会捐赠者更加认同组织,更愿意捐献,同时也会吸引更多的捐赠者和志愿者加入。由于各种原因的影响,目前我国的非营利组织在财务透明方面比较保守,不少非营利组织认为财务信息是组织机密,不愿对外公布。其实这是一种错误的行为。在未来的竞争环境下,组织的社会公信力将成为非营利组织发展的关键因素;而且,有效的财务管理也将使得非营利组织实现资产增值,扩大财源。

(五)加强财务分析和财务监督,监督组织运作

财务分析和财务监督是非营利组织财务管理的一项重要任务。加强财务分析和财务监督,可以从一个侧面监督非营利组织的运作,具体来说,包括组织内部监督和组织外部监督两大方面:非营利组织的理事会成员通过定期检查财务状况,对组织内部运作和管理进行监督;社会公众则通过非营利组织的财务报告,间接地监督其活动的非营利性和合法性。

二、非营利组织财务管理的内容

非营利组织财务管理的内容具体包括以下几个方面:

(1)预算管理,主要是通过单位预算的编制、审批和执行,对非营利组织的各项财务收支计划所进行的管理。

(2)收入管理,主要是对非营利组织的收入项目、范围、标准和收益分配等所进行的管理。

(3)支出管理,主要是对非营利组织的支出项目、范围、标准等所进行的管理。

(4)定员定额管理,主要是通过非营利组织的人员编制和支出定额的制定、执行和检查,对其人员配置、支出的分配和使用所进行的管理。

(5)结余及其分配管理,主要是对非营利组织的收支结余及其分配和使用所进行的管理。

(6)专用基金管理,主要是对专用基金的提取和使用所进行的管理。

（7）资产管理，主要是对非营利组织的各种资产、债权及其他有形和无形的财产权利所进行的管理。

（8）负债管理，主要是对非营利组织的借入款项、应付款项、暂存款项、应缴款项等进行的管理。

（9）财务分析，主要是通过运用各种有关资料，对一定时期内非营利组织的财务活动所进行的研究、分析和评价。

（10）财务监督，主要是依据政府有关方针、政策和财务制度对非营利组织各项财务活动所进行的检查和督促。

三、非营利组织财务管理的特征

非营利组织财务管理的特征和企业存在明显的区别，企业是以实现利益最大化为目标，而非营利组织是严格执行预算，组织收入，节约支出，做到收支平衡。因此非营利组织的财务管理具有以下特征：

（一）经费来源的无偿性

非营利组织的资金来源，主要依靠国家财政，由财政部门通过预算向单位分配财政资金。财政分配的无偿性，决定了各非营利组织获得的经费也具有无偿性。非营利组织作为国家职能的承担者，不以营利为目的，它们为社会提供的服务往往是低价的甚至是免费的，它们的各种消耗很难通过自身的经营活动进行补偿，这客观上也决定了它们完成各项任务所需的经费必须由国家无偿供给。虽然也有少数非营利组织通过服务收费、募捐等方式从社会取得资金，而不由国家财政拨款，但它们的经费来源同样具有无偿性。

（二）经费使用方式上的限制性

非营利组织的出资者提供的资金原则上称为基金，基金的特征是要按出资者的意愿完成一定的任务，实现社会效益。非营利组织的财务管理首先表现为基金管理，要能反映各项基金按预算应用的结果。非营利组织的出资者不要求投资回报和投资回收，但要求按法律规定或出资者的意愿把基金用在指定用途上，即要求基金具有限制性。非营利组织的基金具有严格的用途，不能挪作他用。非营利组织基金的限制性体现了非营利组织出资者的权利。为此，非营利组织财务管理要按不同的项目核算基金的使用情况，尽管对各项基金不一定要分别按有关的资产、负债、收入、支出等项目进行管理，但必须提供各项基金的收支结余情况，以便考核各项基金的使用效果。

（三）经费使用的政策性

非营利组织作为国家职能的承担者，它们的各项活动对社会主义物质文明和精神文明建设有举足轻重的影响，与我国的社会主义现代化建设和人民群众的物质文化生活密切相关。同时，各非营利组织的经费主要由财政拨款。因此，非营利组织的财务活动，体现了国家的财政方针政策,体现了国家支持什么、反对什么、鼓励什么、限制什么,还体现了政府的意图。它们的一收一支,都对应着明确的规定,都带有极强的政策性。因此,各非营利组织在办理各项收支业务时,要严格遵守有关的收支范围和收支标准,严格执行各项财务规章制度及财经纪律,依法理财,合理有效地使用每一项资金,保证各项事业的顺利开展。

(四)以预算管理为中心

预算管理是非营利组织财务管理的工作中心。各类非营利组织每年年初都要根据事业发展计划和单位工作任务安排编制单位年度预算,并按一定程序报有关部门审批。审批之后,非营利组织预算就成了财政部门管理各非营利组织财务收支活动的依据。财政部门一方面根据非营利组织的预算向其拨付经费;另一方面又通过预算管理,将非营利组织的各项财务收支纳入预算,统一核算,统一管理。从非营利组织的角度来看,各非营利组织的预算经有关部门审批之后,同样成为本单位办理财务收支及其他各项财务活动的重要依据,非营利组织的各项财务收支都要按预算执行,其他各项财务管理工作也主要是围绕非营利组织预算来展开的。因此,预算是非营利组织财务管理的中心,在非营利组织财务管理中起着主导作用。要提高非营利组织财务的工作质量,必须切实加强对预算的管理。

第二节 非营利组织的收入与支出管理

一、非营利组织的收入管理

非营利组织收入是指非营利组织为了开展业务活动依法取得的非偿还性资金。非营利组织的收入因组织的性质不同,来源渠道比较多,主要有财政补助收入、事业收入、经营收入、社会各界的捐赠收入、政府部门的补贴收入、让渡资产取得的投资收益、销售商品和提供劳务形成的收入、举办各种会议取得的收入、其他收入等。

(一)财政补助收入的管理

1. 严格执行国家预算管理制度

非营利组织在编报单位预算和财政主管部门审批单位预算时,都要明确列出财政拨款的数额。对财政拨款的领用和转拨情况,要单独设置会计账户进行反映。

2. 要建立定期对账制度

财政部门、一级预算单位和所属单位之间,要建立定期对账制度,定期核对预算数字和领拨经费数字,保证各项数据和使用的预算科目准确、一致。在年度决算中,对财政拨款情况和转拨情况要单独反映。

3. 对专项资金要加强管理

对财政预算安排的专项资金拨款,要按照有关规定加强管理和核算,保证专款专用,防止挤占、挪用。

4. 划清行政经费和基本建设拨款的界限

财政补助收入和基本建设拨款,在政府预算中是属于不同性质的预算支出。国家对财政补助和基本建设拨款规定了明确的划分界限,非营利组织不能将它们相互挤占、挪用。因此,财政部门对非营利组织的财政补助经费拨款,不能用于非营利组织开展正常业务工作的消耗性支出,不能用于基本建设。

(二)事业收入的管理

1. 事业收入的内容

事业收入主要包括以下几个方面的内容:①文化事业单位的事业收入,如演出收入、技术服务收入、委托代培收入、复印复制收入、无形资产转让收入、外借劳务人员收入、合作分成收入。②文物事业单位的事业收入,主要包括门票收入、展览收入、文物勘探发掘收入、文物维修设计收入、文物修复复制收入、文物咨询鉴定收入、影视拍摄收入、文物导游收入、无形资产转让收入等。③高等学校和中等专业学校的事业收入,主要包括教学收入,即高等学校和中等专业学校通过学历和非学历教育向单位或学生个人收取的学费、培养费、住宿费和其他教学收入;科研收入,即高等学校和中等专业学校通过承接科研项目、开展科研协作、转让科研成果、进行科技咨询所取得的收入和其他科研收入。④中小学校的事业收入,主要包括科研收入、技术收入、学术活动收入、科普活动收入、试制产品收入等。⑤体育事业单位的事业收入,主要包括竞技体育比赛收入、门票收入、出售广播电视转播权收入、广告赞助收入、体育技术服务收入、体育相关业务收入、无形资产转让收入等。⑥广播电视事业单位的事业收入。⑦科学事业单位的事业收入。⑧计划生育单位的事业收入。

2. 事业收入的管理

事业收入是非营利组织最重要的收入项目,非营利组织应严格遵守财务会计制度,加强对事业收入的管理,为此,必须做到以下几点:

第一,在国家政策允许的范围内,合法地组织收入,坚持把社会效益放在首位,同时注重经济效益。第二,必须使用财政税务部门统一印刷的票据,并建立健全各种专用收款收据、销售发票、门票等票据的管理制度。第三,必须严格执行国家批准的收费项目和收费标准,不得擅自设立收费项目、自定收费标准。第四,应按照规定加强账户的统一管理,收入要及时入账,防止资金流失。第五,各项收入必须全部纳入单位预算,统一核算,统一管理。

(三)经营收入的管理

按照《事业单位会计准则》,经营收入是指在专业业务活动及辅助活动之外开展非独立核算经营活动取得的收入,一般包括以下四项内容:①销售收入,是指各类非营利组织的非独立核算部门销售商品取得的收入;②经营服务收入,是指各类非营利组织的非独立核算部门对外提供经营服务取得的收入;③租赁收入,是指科学、文化、体育等非营利组织对外出租房屋、场地和设备等取得的收入;④其他经营收入。非营利组织从事合法的经营来支持其非营利性的活动,需要符合下列条件:一是利润或收入不可分配给其创立人、会员、干部、董事或员工;二是其主要目的并非单纯从事经济活动,而是实现其非营利宗旨。

对经营收入的管理,要注意以下几点:第一,要正确处理主营业务与附营业务的关系。非营利组织的主要任务是开展主营业务,也就是根据本单位专业特点开展专业业务活动。而经营活动则属于附营业务,是为主营业务服务的,目的在于为主营业务的健康发展创造良好的经济条件,因此,非营利组织的人力、物力、财力等资源首先要用于保证开展专业业务活动的需要,不能影响正常事业计划的完成,在这个前提下,合理配置资源以增加本单位的收入。第二,开展经营收入要履行报批手续,将非经营性资产转作经营性资产,要严格遵守国家规定,按照规定的审批程序办理。第三,要领取营业执照,按照国家有关规定,非营利组织从事经营活动,由该单位申请登记,经登记主管机关核准,领取营业执照,在核准登记的经营范围内从事经营活动。第四,经营收入要纳入单位预算管理。第五,要划清事业收入和经营收入的界限,事业收入和经营收入属于不同性质的收入,要注意划清它们之间的界限,以正确反映非营利组织的业务活动和经营活动的经济成果。

(四)捐赠收入的管理

捐赠收入是指非营利组织接受其他单位或者个人捐赠所取得的收入,不包括非营利组织因受托代理业务而从委托方收到的受托代理资产。按资产提供者对资产的使用是否设置了时间限制或者(和)用途限制,捐赠收入可分为限定性收入和非限定性收入。如果捐赠人对捐赠资产的使用设置了时间限制或者(和)用途限制,则所确认的相关捐赠收入为限定性捐赠收入;如果捐赠方对捐赠资产的使用没有设置时间限制或者(和)用途限制,则所确认的相关捐赠收入为非限定性捐赠收入。捐赠收入属于非交换交易收入。

(五)上级补助收入的管理

非营利组织的上级补助收入是指从主管部门或上级单位取得的非财政补助收入,其管理可比照财政补助收入进行。

（六）其他收入的管理

其他收入是指非营利组织除上述各项收入以外的收入，如对外投资收益、固定资产出租、外单位捐赠未限定用途的财物、其他单位对本单位的补助以及其他杂项收入等。其他收入可比照附属单位上缴收入进行管理。

二、非营利组织的支出管理

非营利组织的支出是指为了开展业务活动和其他活动所发生的各项资金耗费及损失。非营利组织的支出主要包括事业支出、经营支出、上缴上级支出、对附属单位补助以及基本建设支出等。

（一）事业支出的管理

事业支出是指非营利组织开展各项专业业务活动及其辅助活动发生的支出。事业支出可按用途和开支对象进行分类：按照支出用途分类，就是预算支出科目中的"目"级科目的内容；按照开支对象可分为人员经费和公用经费。当前我国非营利组织支出的确认标准主要有以下几点：

（1）对于发给个人的工资、津贴、补贴和抚恤救济费等，应该根据实有人数和实发金额，取得本人签收的凭证后列报支出。

（2）购入办公用品可直接列报支出。购入其他各种材料可在领用时列报支出。

（3）社会保障费用、职工福利费用和管理部门支付的工会经费，按照规定标准和人数每月计数提取，直接列报支出。

（4）固定资产修购基金按核定的比例提取，直接列报支出。

（5）购入固定资产，经验收后列报支出，同时增加本单位"固定资产"和"固定基金"账户。

（6）其他各项费用，均以实际报销数列报支出。

非营利组织在办理各项事业支出时，既要保障组织目标和事业发展计划的需要，又要坚持勤俭节约、提高效益的一贯方针。为此，必须做到"四个坚持"，即坚持按照批准的预算和计划办理，坚持按照规定的定额和开支标准办理，坚持按照合法的原始凭证办理，坚持按照规定的资金渠道办理。

（二）经营支出的管理

经营支出是指非营利组织在专业业务活动及其辅助活动之外开展非独立核算经营活动发生的支出。

非营利组织的经营支出一般比照事业支出进行管理，但需要强调的一点是，在会计核算上，经营支出必须坚持配比原则。《事业单位财务规则》第22条规定："事业单位在开展非独立核算经营活动中，应当正确归集实际发生的各项费用数；不能归集的，应当按照规定的比例合理分摊。"

第三节　非营利组织的财务分析、预算与监督

一、非营利组织的财务分析

非营利组织比较容易受到经济不景气、捐赠骤降、突然得到大笔捐赠等情况的影响，需要根据形势的变化，快速做出反应，因此需要经常进行财务分析。运用财务分析方法解读财务报表，是非营利组织的理事、秘书长、高层管理人员的必修课。

（一）非营利组织财务分析的内容

非营利组织的财务分析是指以财务报表及其他有关资料为依据，运用系统科学的方法对非营利组织的财务状况和业绩成果进行比较与评价，以利于非营利组织的管理者、投资者以及政府宏观管理机构掌握非营利组织的资金活动情况并进行运营决策的一项管理活动。

财务分析是财务管理的一项重要内容，非营利组织的财务分析可以从以下几个方面进行考察：

（1）财务分析的主体，即对非营利组织的财务活动进行分析的机构和个人。现阶段，我国非营利组织财务分析的主体主要有非营利组织的专职业务人员及主管领导、上级主管部门、财务税务部门以及政府的宏观管理机构等。

（2）财务分析的客体，即财务评价的对象，包括非营利组织的财务状况、业绩成果及资金活动情况与趋势。

（3）财务分析的依据，主要是非营利组织编制的财务报表，包括资产负债表、收支总表、支出决算表等。

（4）财务分析的目的，即进行财务分析的最终目标。非营利组织财务分析的最终目标主要有两个方面：一是为财务报表的使用者所要做出的相关决策提供客观、可靠的依据；二是对公共资源的配置使用结果及其效益做出客观评价。此外，财务分析还应促进非营利组织加强和改进财务管理工作。

（二）非营利组织财务分析的方法

在财务管理活动中，最重要的是通过对掌握的财务报表资料的分析发现内在的规律，这就需要学习并掌握一定数量的分析方法。根据财务分析所要达到的目的、不同类型公共部门的资金活动的特征，财务分析可采用对比分析法、比率分析法、因素分析法、结构分析法、量本利分析法等多种技术分析方法。财务分析有四种常用的指标。

(1)比率指标,即两组数据之间的比较,表现为一定的百分比或数值比。比率分析法是最为有效的,也最为常用,主要包括以下几类:

①短期比率 = 短期资产/短期负债

②即时比率 = (现金 + 短期收益 + 市场安全基金)/短期负债

③现金可用日数 = (现金 + 短期收益 + 市场安全基金) × 365/(执行费用 − 折旧费用)

④结余边际比率 = (收入 − 支出)/总收入

⑤工作资本可用日数 = (短期资产 − 短期负债) × 365/(执行费用 − 折旧费用)

⑥净资产比率 = 净资产/总资产

⑦固定资产财务比率 = 长期负债/固定资产净值

通过短期比率和即时比率,可了解现金流量。通过现金可用日数,可了解可用资金及其组织能够维持多久。工作资本可用日数,反映了一年内流动资金能支撑组织运营的边界,一般介于15天到90天。通常把90天作为一个组织的财务安全线。低于90天就要有危机意识,一方面需要通过净资产比率和固定资产财务比率掌握组织的长期资产的负债能力,另一方面要采取措施开源节流,努力改善财务状况,进行财务调整。

(2)动态趋势,表现为以时间为根轴的波形图。

(3)百分比,即部分占全部的百分比,表现为圆形饼图等形式。

(4)差异指标,即比较实际费用与预期费用之间的差异等。

二、非营利组织的财务预算

(一)非营利组织财务预算的内涵和功能

预算是非营利组织财务管理的计划环节,通过预算给出的是一个组织发展的蓝图。然而,不少非营利组织没有对财务预算给予足够的重视,认为非营利组织不是为了营利,只要搞好财务收支平衡就可以了。这种观念极不利于非营利组织的财务稳定。

我们先来看一个因为缺乏财务预算而导致组织失败的例子:

美国一家非营利的学院,以该州政治人物所提供的烹饪方法出版了一本食谱,希望募款并提升该学院的知名度。食谱印制了10万本,总共支出40万美元。但销售情况欠佳,只售出了6000本,该学院不得不削减其正常学术活动的经费。

假如这个学院预先做好财务预算,则可评估其财务可行性,平衡可用的资源,并制定出与其他项目的优先关系。

同样的例子来自1996年2月《时代》杂志的报道:位于巴黎的"美国中心"于成立19个月后倒闭,原因在于该中心的建筑花了4000万美元,几乎耗尽了原始募捐,以致后继项目无法进行。

非营利组织财务预算是对非营利组织未来发展的预测,具有以下四个方面的基本功能：

(1) 为组织将有限的资源合理分配打下基础，便于内部沟通；

(2) 指明了未来筹资需求规模和时限；

(3) 为管理者决策提供依据；

(4) 预算是评估项目绩效的基础。

制定财务预算对于每一个非营利组织都非常重要，一个非营利组织要制定出好的财政预算，一般来说，需要具备三个基本条件：

第一，组织的状况需要稳定。无论是内部的运作管理、外部的环境变化，还是组织领导层的认识格局，都应该是相对稳定的，否则即使做出预算也用处不大。当情况不太稳定的时候，可以考虑采用弹性预算法。

第二，要有好的会计系统，好的会计系统一要账目清楚，二要专人负责，三要有成本分析的概念，熟悉每个方案包含的经费来源、服务量、服务计量单位等。

第三，预算要纳入计划和决策中，预算必须具有权威性、可行性和可操作性，建议组织的财务主管参加到计划和决策的过程中来。编制预算的时候，应当对战略规划中重要的策略给予相对优先权，即使因此可能需要删除或减少其他计划的预算，也必须清楚地估算其执行成本。

(二) 非营利组织财务预算的方法

非营利组织财务预算有许多不同的种类，各个非营利组织可根据自己的情况选择一种或者交叉选择几种预算方法，主要的预算方法包括以下四种：

1. 递增预算法

所谓递增预算法就是在上一年度实际支出的基础上，考虑员工加薪、通货膨胀等因素的影响，结合新计划所需的资金，计算出下一年度的预算计划。这是一种粗略方法，这种方法基本上只是用来预测开支，而没有考虑项目成果和需求变化，最后预测和实际出入往往比较大。尽管如此，由于递增预算法操作简单，因此在实际工作中被大量使用。一种改进的方法是，不仅以上一年度的实际支出为基础，而且综合考虑上一年度的预算、往年的预算和实际支出，进行相应的调整。

2. 项目预算法

项目预算法就是将现有资源按照比例分配于不同的项目，并将预算过程与评估过程紧密结合在一起，借以考核项目运作是否有效，并检查组织是否实现其宗旨与目标。项目预算法主要根据与宗旨结合的程度、项目可行性、费用开支三个指标，来决定排列服务方案的优先顺序。

3. 零基预算法

零基预算法全称为"以零为基础编制计划和预算的方法"。它是指在编制成本费用预算时，不考虑以往会计期间所发生的费用项目或费用数额，而是以零为出发点考虑预算的增减,一切从实际需要与可能出发,逐项审议预算期内各项费用的内容及开支标准是否合理,在综合平衡的基础上编制费用预算。

下面以中国某一城市的社区服务中心为例,说明如何确定决策单位。

(1)确定决策单位。

假定社区服务中心具有以下职能:

①承办本社区待业人员登记,办理求职证。

②举办多种技能培训班,广开就业门路,安置下岗职工。

③负责本社区老龄人员管理,办理敬老优待证。

④开展群众性文体活动。

⑤协助区文体局管理辖区内文化市场。

由于社区服务中心具有这五项职能,而这五项职能的具体内容又各不相同,因此如果把社区服务中心作为一个决策单位就太大了,为了确保对社区服务中心的预算能够按照零基预算法进行编制,最好把社区服务中心按这五项职能分成五个决策单位。

(2)制定一揽子决策。

制定一揽子决策是实行零基预算法的第二个步骤,也是关键的一步。在制定一揽子决策时应注意遵循以下要求:

①选择完成本部门任务的方案。

②预测不同的结果。一旦管理者从各种方案中选择了最好的方案,就应该预测具体实施这一方案的不同方法及所产生的结果和所需要的资金量。

③对每一个服务水平进行分析,并将分析结果写入一揽子决策中。

4. 弹性预算法

弹性预算是为克服固定预算的缺点而设计的,所以它又称变动预算或滑动预算。如果组织在一个不确定的环境下运营,那么,弹性预算尤为重要。此种方法在成本分析的基础上,以业务量、成本和利润之间的依存关系为依据,按照预算期可预见的各种业务量水平,编制能够适应多种情况的预算。

预算的过程包括五个步骤:准备、确认、执行、期中报表和预测。准备阶段的预算可以参考上一年度的预算选择预算方法,不过预算应该交由具有专业知识、经验的专业人员和有足够影响力的领导者来负责。确认阶段是指预算初稿交付预算相关的人员讨论,最后由理事会确认执行。预算被理事会确认后,各个部门就可以按照预算涵盖的项目开展活动,也就是执行阶段。期中报表制度主要用来检验一套预算对组织的运作是否造成影响,期中报表还应依据原财务预算来编制,对预算和实际情况之间的差异进行比较。通过审阅期中报表,可以发现财务预算中的一些问题,如原预算计划是否符合现实、估算值是否需要调整、有没有项目出现资金问题等等。通过审阅期中报表,我们可以确认非营利组织是否按照原定计划运作,同时也能够审视未来,这就是预算的最后一个环节——预测。预测也就是审视未来,是最后一个环节,同时也是很多非营利组织最薄弱的环节。应该清楚地分析未来走向,如:以后的筹款是否会日益困难?今年的收益形态是否同于去年?

三、非营利组织的财务监督

(一)财务监督的概念和特点

非营利组织的财务监督,是指根据国家有关方针、政策和财务制度的规定,对非营利组织的财务活动和其他有关的经济活动所进行的监察与维护。财务监督是保证非营利组织财务活动有序进行的重要手段,是财务管理工作的重要组成部分。

财务监督是财务管理的基本职能之一。任何经济活动都具有目的性,都要围绕既定的目标开展和运作。财务监督就是通过预算、决算、控制、分析、考评等具体方法,促进经济活动按照规定的要求进行,以达到预期的目的。与其他监督形式相比,财务监督具有两个方面的特点:

1. 财务监督主要是通过价值指标来进行的

非营利组织的经济活动都伴随着价值运动,表现为价值量的增减和价值形态的变化。财务监督的主要依据就是日常会计核算和财务管理工作中生成的一系列价值指标体系。有时一些事先制定的可供检查、分析用的指标、比率等,也多以价值指标的形式出现,这有利于财务目标的实现,因此,对于经济活动的监督而言,财务监督是一种更为有效的监督方式。

2. 财务监督是对非营利组织经济活动全过程的监督

在单位的经济活动开始之前,财务部门要开展对未来经济活动是否符合法律法规、是否具有经济效益的事前监督;在单位的经济活动结束以后,财务部门要开展对决算资料是否达到预期目标、是否违反财经纪律的事后监督。对经济活动全过程的监督,是财务监督最具特色之处。

(二)财务监督的内容

非营利组织的财务监督贯穿于非营利组织财务管理的各个环节、各个方面,其内容主要有以下几个方面。

1. 对单位预算的监督

对单位预算的监督,包括对单位预算编制的监督和对预算执行全过程的监督。对预算编制的监督内容主要包括:第一,预算的编制是否符合国家有关方针、政策和财务制度的规定,是否符合主管部门下达的事业计划和任务的要求。第二,收入预算是否稳妥可靠;收费项目是否有相应的政策法规作为依据,是否认真贯彻收支平衡、略有结余的原则等。第三,支出预算的安排是否贯彻了保证重点、兼顾一般的预算编制原则;是否严格按照定员做出的预算;是否严格执行了开支标准;是否贯彻了勤俭节约的方针等。第四,预算的编制是否内容完整、数字准确;预算表格是否齐全、表外项目是否说明清楚;是否严格按照规定的时间和规定的程序报批。

对预算执行的监督内容主要包括:收支预算是否按照计划进度完成,收支预算进度是否与单位事业计划和任务进度相适应;预算执行过程中所发生的追加、追减事项,是否符合预算法以及相关制度的要求;预算支出的执行是否严格按照规定渠道,有无经费留用的现象发生;会计凭证是否真实,有无违反财经纪律的现象,对所发现的问题,是否及时处理;单位年度决算报告是否真实完整、数字准确,各项应缴款项是否及时上缴财政部门,决算报表是否及时报送主管部门和财政部门审核等。

2. 对收入的监督

对收入的监督内容主要包括:各项费用是否按照国家规定的范围和标准收取,有无擅自扩大收费范围或擅自减免一些收费项目,提高或降低收费标准的情况发生;应缴预算款和应缴财政专户款是否按照规定及时、足额上缴,有无故意拖欠、挤占挪用、截留坐支等情况发生;是否按照规定划清了各项收入的界限,并按照规定进行管理和核算;各项应纳入单位预算的收入是否都纳入了单位预算,有无账外账、"小金库"等问题;本单位正常的事业行政经费有无用于基本建设项目的情况。

3. 对支出的监督

对支出的监督内容主要包括:各项支出是否符合国家有关方针、政策和财务制度的规定,支出原始凭证是否真实、合法;是否按照预算规定的范围、内容和开支标准办理各项开支,有无擅自扩大开支范围、提高开支标准,以及乱支乱用、铺张浪费、损公肥私、假公济私等情况;是否按照政策标准划清了各项支出的界限,是否杜绝了经费的留用;对于大宗商品的采购,是否按照采购管理办法具体实施和操作,是否是公开采购,有无弄虚作假的现象;对于资产的支出和存货的支出是否严格区分、管理,有无违章购买的现象。

4. 对财产物资的监督

对财产物资的监督内容主要包括:固定资产的购置、验收、进出库、保管、使用、清查盘点、报损、报废、转让等是否符合国家规定;存货或库存材料的采购有无计划,库存是否合理,有无超储备积压,财产物资的领用出库是否符合财务制度的规定,财务的管理制度是否健全;无形资产的取得与转让是否符合国家规定,无形资产的评估价值与开发成本是否得到真实完整的确认与计量等。

5. 对资金的监督

对资金的监督内容主要包括:现金管理是否符合国家规定,库存现金额是否科学合理,是否得到严格遵守,有无随意借支、非法挪用等;各种存款是否按照国家规定开立账户,办理有关存款、取款和转账结算等业务是否手续完备、数字准确;各项债权及应收款是否及时、足额回收,各种有价证券是否按照规定妥善保管;预收款项是否及时清理、结算,长期不清的是否查明了原因进行了及时处理;对外投资是否按照规定报批,其中的实物和无形资产是否进行了评估;有无擅自增加职工工资、津贴、福利和滥发实物等问题。

(三)财务监督的形式

1. 事前监督、事中监督和事后监督

按监督的时间顺序,财务监督可以划分为事前监督、事中监督和事后监督。

事前监督,是指非营利组织在某项财务活动实施之前对其进行的监督。例如,对非营利组织在预算编制阶段进行的财务监督。事前监督的主要任务是督促单位认真贯彻国家有关方针、政策和财务制度,科学合理地编制单位预算,做好各项财务工作的事前准备和决策工作。事前监督是一种积极的监督,主要是防止决策的失误。

事中监督是指非营利组织在某项财务活动的实施过程中对其进行的财务监督。例如,对单位预算执行情况进行的监督,对专项资金使用情况进行的监督,都属于事中监督。事中监督与单位日常财务管理工作结合在一起,贯穿于财务活动的各个环节。事中监督的主要任务是督促单位正确执行预算和财务制度,确保各项收支按照预算进行安排,促使单位依法组织收入,节约各项支出,确保各项资金安全、节约、有效地使用。

事后监督是指非营利组织在某项财务活动完成以后对其执行结果所进行的监督。例如,对单位决算编报进行的监督,对专项工程完工后资金最终的使用结果进行的监督等,都属于事后监督。事后监督可以定期进行,也可以不定期进行。事后监督的主要任务是检查和审核单位年度决算情况,各项业务活动完成后资金的使用情况及其效益,财务制度贯彻执行情况,以及财务报表及有关资料的真实性、完整性和可靠性等。

2. 全面监督和专题监督

按照监督的范围和内容划分,财务监督可以分为全面监督和专题监督。

全面监督是指对非营利组织一定时期内从事的所有财务活动所进行的监督,如对单位整个预算年度的全部财务活动情况进行的监督等。全面监督的范围涉及预算决算管理、收入与支出管理、定额定员管理、资产管理、负债管理、结余管理、专用基金和专项资金管理等。全面监督一般适宜在年终与决算的编审同时进行,当出现重大事故时也可以随时组织全面监督,全面监督涉及面广,程序复杂,内容繁多,工作量大,需要组织大量的专业人员。

专题监督是指对单位的某一项财务活动所进行的监督。例如,对非营利组织的人员开支情况、公用开支情况、事业收入管理情况的监督等,都属于专题监督的范围。财务制度对专题监督的时间和内容没有统一的要求,主要是根据单位自身加强财务管理的需要,或者针对财务管理中的某个薄弱环节来确定实施的,由于专题监督内容专一、针对性强,所以对执行人员的素质要求较高。

3. 内部监督和外部监督

按照监督的组织方式划分,财务监督可以划分为内部监督和外部监督。

内部监督是指非营利组织自行组织的、以本单位的财务人员为主对本单位财务活动所进行的监督,内部监督是财务监督经常性、制度性的组成部分。内部监督有利于完善单位财务管理的自我监督机制,促使单位自觉地遵守财务规则、财经纪律。同时,有利于各单位及时总结经验、发现问题,及时采取措施堵塞管理漏洞,从而最终提高自身的财务管理水平。

外部监督,是指政府的宏观调控部门、非营利组织的主管机构,以及有关社会中介组织等外部机构对单位财务活动所进行的监督,包括由主管部门或者财政、税务、审计等部门对单位财务活动所进行的监督,由主管部门或者财政部门组织有关单位进行的联审互查,有关社会中介组织如会计师事务所等按照国家规定对单位财务活动所进行的监督。外部监督是财务监督的重要组成部分,更具有客观性和权威性,有利于弥补内部监督的不足,更有效地发挥财务监督的作用。

本章小结

非营利组织是不以谋求利润为目的的组织,作为一种组织,它必须要有健全的财务管理系统,同时财务收支必须实现盈利。非营利组织财务管理是指对非营利组织有关资金的筹集、分配、使用等财务活动所进行的计划、组织、协调、控制等工作的总称。通过本章的学习,应该了解非营利组织财务管理的内容、目标、原则、方法,以及收入支出、资产负债等基础管理措施和手段。由于当前我国的非营利组织财务管理体制、规则等法律、法规体系尚不完善,本章的内容仅以现行行政事业单位财务管理制度为依据。

复习思考题

1. 非营利组织财务管理的内容主要有哪些?
2. 非营利组织在收入管理上有哪些特色?
3. 非营利组织的财务分析主要有哪些方法?
4. 你认为什么样的财务管理对于非营利组织来说才是健全的?

课后案例

以孤儿名义聚敛钱财——透视"胡曼莉事件"

据《南方周末》记者调查,我国第一个私人办起中华绿荫儿童村、12年间收养数百名孤儿的胡曼莉,被他人告上了法庭,指称她以孤儿名义聚敛钱财,账目混乱,借慈善事业图个人的名利双收。

一位跟随胡曼莉10余年的工作人员看完报道后忍不住失声痛哭。更多的人则怒不可遏,甚至决定从此不再捐出一分钱。《新快报》采访普通百姓,他们说:"我们感到善心遭到亵渎。"

继希望工程的"假信"事件后,善良的人们对慈善事业的信心再次受到了挑战。曾经是母爱化身、人称"胡妈妈"的胡曼莉,为什么会走到今天?12年不算短了,如果属实,为什么她的行为到今天才暴露?未来的慈善事业该如何一路走好?

事到如今,我仍然认为,胡曼莉并非从把邻居的一双孤儿领回家那天起——这是她从事慈善事业的起步——就精心策划着今天的"名利双收"。起码在"利"这一点上,12年前的她,很难想象有一天自己可以在手中运转巨额的钱款。随着新闻媒体的宣传,名气越来越大,收养的孩子越来越多,接受的钱物数额不断增长,这对一个人的道德品质和职业素质,的确是巨大的考验。

现在,我们无法揣测胡曼莉所有的心路历程。无论她是魔鬼还是天使,如此复杂繁难的事业完全倚仗一个人的良知去完成,实在是一场可怕的冒险。报道说,12年间,儿童村没有接受过正规的审计,账目从未详细公开。"胡妈妈"是没想到还是不想或者不敢被查账尚无法得知,但是,是不是应该有机构来主动做这项工作?如果没有人来主动做这件事,那么是不是要有相关的制度来保证这件事的落实?

有关胡曼莉的感人事迹,媒体曾经说得太多。报纸、电台、电视台的报道乃至"中国母亲"的公益广告形象,曾经激发了许多人内心的善良。就连记者本人,以前也发表过《我们有个好妈妈》的长篇通讯。现在反思,我们当年在被打动的同时,却没有关注一个简单的问题:钱是怎么来的,有多少,怎么花的?

做慈善事业,仅有彼此间的信任远远不够,法律和制度的规范才是根本保障。捐款人经济实力有限,普通人的爱心有限,慈善事业的持久发展,需要公民的道德素养,更需要理智的探索、规范的管理和法律的监督。

也许,今天的"胡妈妈"能为慈善事业不断成熟、完善提供一个重要的警示。从这个意义上说,她的悲剧,是不是我们必须承担的代价?

无论出于怎样的动机,胡曼莉是付出了巨大代价的。她曾经也是一个普通女人,要操办从未有人做过的事业,遭受的痛苦和委屈、困难和挫折也一言难尽,家庭破裂、女儿辍学、积劳成疾……如果没有坚强的意志和高尚的品质,在经手的巨额善款面前,很难不走向最终的心理失衡乃至行为堕落。

长期以来,社会舆论评判一个"好人",往往更多地关注他的"好",很少想到他是"人"。个人的种种缺点被掩盖,个人的种种合理需求被淡化。"大公无私"是一顶永远的光环,却很少反思这是不是可以一直维持的现实,是不是会最终导致"小公大私"乃至彻底为私。不少名噪一时的精英最终走向末路,都可以找到这样的发展轨迹。

创办儿童村以来,胡曼莉是真的"融"入了这个家庭,包括维持自己和家庭生存乃至发展的各类开销。无论合理合法与否,今天已很难梳理清楚。这为调查儿童村的账目增加了难度。如果从第一天起,就承认公益事业工作者的合理物质需求,严格规定其应得的各种利益,也许今天就不至于痛心地发现这个大窟窿。而我们至今没有类似的"明文规定",仍然只能依赖个人的良心约束。

建立信任很难,受到欺骗之后再建立信任更难。

胡曼莉"出了事",人们议论最多的是,自己还能不能像以往一样去支持慈善事业?有些人显然产生了对慈善事业的信任危机。例如,一些长期给儿童村捐款,或者为它鼎力相助过的人,如今直后悔自己的"傻"。一位长期从事慈善工作的朋友说,虽然这份事业让他感受到人间博大的爱心,但非议和怀疑也一直伴随其间。胡曼莉"出事"对他们是一种打击,今后的工作更难开展。巧的是,在胡曼莉"出事"被披露的同一天,丽江孤儿学校正在深圳进行认养孩子的"寻亲之旅"。据《新快报》报道,由于胡曼莉"出事",一些市民打消了原来的计划。但是,乐于奉献爱心的依然大有人在。深圳市人民医院替孩子们做了免费体检,育才二中的师生捐献了书籍、文具及衣物,许多市民早早到深圳青年旅馆等待认养或助养的孩子。当天下午,丽江孤儿学校的孩子们有33人被认养,余下的全部都有人助养。

孩子不是胡曼莉一个人的,而是无数好心人的奉献在帮助他们健康成长,这点足以让我们欣慰。虽然有关慈善事业和希望工程等的负面报道时有披露,但是,我们不能忽略这样的主流:社会上仍有许多人为慈善事业默默付出,不图私利;许多慈善救助组织每年经过严格审计,公开账目,合法地、负责任地从事着这一崇高事业。在中国,慈善事业将是促进社会发展进步的重要力量,而不仅仅是道德建设的需要。假恶丑的现象并不可怕,它拷问着我们对真善美的信仰是否坚定。相信良知,相信法律,相信进步,让爱心和理智将慈善事业进行到底。

资料来源:以孤儿名义聚敛钱财——透视"胡蔓莉事件"[N].南方周末,2001-12-14。

思考题

结合案例思考非营利组织财务监督的重要性。

第七章

非营利组织的人力资源管理

学习目标

通过本章的学习,应该掌握三个方面的内容:一是关于非营利组织人力资源管理,要求了解人力资源的含义;理解非营利组织人力资源的构成;掌握非营利组织人力资源的特点、非营利组织人力资源管理的含义与特点及基本原则。二是关于非营利组织人力资源管理的内容,要求了解非营利组织人力资源薪酬管理;理解非营利组织人力资源配置管理及绩效考评;掌握非营利组织人力资源培训管理及激励管理。三是关于非营利组织志愿者管理,要求理解非营利组织志愿者管理的流程,了解如何留住志愿者;掌握非营利组织志愿者管理的模式。

案例导入

东南亚海啸

2004年底发生在东南亚的毁灭性的海啸灾难,导致11个国家的超过17万人丧生。海啸灾难发生后,将救援物资收集起来并且空运到受灾地区的主要机场相对比较容易,在此之后,救援人员如何将物资运送到散布在被毁坏道路沿途的偏远居民定居点,则成为各国际救援组织面临的严峻考验。灾难发生时的混乱场面简直令人难以想象,一般人可能会受到极大震撼而不知所措,再加上当地复杂的政治因素和文化因素的影响,没有经验的救援人员可能将局面弄得更糟。当时真正需要的应该是专业的志愿人士,他们知道如何通信、如何组织人们、如何找到合适的避难场所,如有过处理类似事件的经历则更好。经验表明,准确招募、快速培训与合理使用适合救援项目的志愿人员,越来越成为国际救援组织在应对突发灾难中有效发挥作用的关键。

资料来源:李维安. 非营利组织管理学[M]. 北京:高等教育出版社,2013:174。

思考题

非营利组织应如何发挥好志愿人员的作用?

对人的管理是一切管理的核心,彼得·德鲁克认为:"管理的真谛在于它是一门关于人的学问。"对于一个组织而言,人力资源是其核心资源。非营利组织的成功在很大程度上取决于其人力资源,取决于他们的责任感、热情、智慧和进取精神,因此,人力资源管理的成效决定了非营利组织的成效。

第一节 非营利组织人力资源管理概述

一、人力资源与非营利组织人力资源

(一)人力资源的含义

人力资源是各种资源中最为宝贵的资源,它指的是一个国家或地区在一定时期内,能够推动整个国民经济和社会发展的具有智力劳动和体力劳动能力的人们的总称。①

---

① 李和中. 公共部门人力资源管理[M]. 北京:中央广播电视大学出版社,2016:10。

人力资源有两个基本构成要素：一是数量，二是质量。人力资源数量是指一个国家或地区范围内劳动适龄人口总量减去其中丧失劳动能力的人口，加上劳动适龄人口之外具有劳动能力的人口。它是标志人力资源总量的基础性指标，是反映一个国家或地区经济实力的重要指标。人力资源质量指的是人力资源所具有的体质、智力、知识和技能的水平，以及劳动者的劳动态度。人力资源质量是劳动者劳动能力的体现，并在社会生产实践中形成工作技能。它反映了人力资源质的规定性。在现代社会中，人力资源质量对于国家和社会发展的促进作用要远甚于人力资源数量。

（二）非营利组织人力资源的构成与特点

1. 非营利组织人力资源的构成

非营利组织人力资源一般由三种基本人员组成：理事、有酬员工和志愿者。

（1）理事。

非营利组织理事一般包括创始人、发起人、专家学者、员工代表、受益人代表、社区居民代表、社会工作者等。理事（董事）会是非营利组织的最高决策机构，其主要职责是为非营利组织制定组织规划、组织政策，履行监督职能等。

（2）有酬员工。

有酬员工是指非营利组织内职位较固定并领取薪酬的长期工作人员。有酬员工包括专职员工和兼职员工。在专职员工中，又分为管理者和一般员工。管理者通常由秘书长、部门主管和项目主管构成。管理者负责执行理事（董事）会制定的规划与政策、管理机构资源、开发服务项目、拓展外界联系、争取社会捐助等。一般员工的主要职责是在管理者的指导下处理日常事务、开展人员培训、对志愿者进行评价和监督等。

（3）志愿者。

志愿者是指出于自由意志而非基于个人义务或法律责任，秉承以知识、体能、劳力、经验、技术、时间等贡献社会的宗旨，不以获取报酬为目的，为社会提供各项辅助性服务的人员。非营利组织志愿者通常分为管理型志愿者、日常型志愿者和项目型志愿者。管理型志愿者即加入志愿服务组织理事（董事）会或担任其顾问的志愿者。日常型志愿者，即参与志愿服务组织的日常工作并承担一定的组织角色（包括策划、管理、协调等）的志愿者，他们和志愿服务组织的其他成员一样每天工作。项目型志愿者，主要参与各种志愿服务项目或活动，为之提供支持。志愿者也是非营利组织重要的人力资源，非营利组织的很多活动都是依靠志愿者来完成的，但这部分人力资源相对不固定，往往是根据具体的组织活动而临时招募的。志愿者低偿或者无偿且易于流动的特点，决定了非营利组织需要采取特殊的管理模式对志愿者进行管理，志愿者管理是非营利组织人力资源管理中最具特色的一个环节。

需要说明的是，由于理事（董事）会成员并不拿报酬，因而也具有志愿性，所以有人认为，理事（董事）会成员应归为志愿者，这样非营利组织人力资源的构成便分为两部分，即有酬员工和志愿者。本章第二节与第三节将分别介绍对有酬员工和志愿者的管理。

2. 非营利组织人力资源的特点

(1) 成员来源的广泛性。

非营利组织的人力资源系统具有开放性,有酬员工、最高理事会成员及志愿者的招募都面向全社会公开进行,尤其是对志愿者,只要符合条件,一般是"来者不拒"。

(2) 成员目标追逐的非营利性。

一方面,有酬员工收入的分配不与组织盈利挂钩,组织的财务制度以均衡为原则,盈利也要用于事业扩大;另一方面,志愿者加入组织是基于志愿、奉献、爱心、公益等非物质性的驱动,而不是为了获取报酬。

(3) 成员间关系的平等性。

大多数非营利组织的组织结构趋于扁平化,没有严格的等级制度,管理人员和一般员工之间也不是传统意义上的上下级关系。成员之间都是有着共同的使命感和责任感的合作伙伴,彼此之间互相协调、团结合作,为实现组织的目标和宗旨而共同努力。

二、非营利组织人力资源管理的含义与特点

(一) 非营利组织人力资源管理的含义

非营利组织人力资源管理是指非营利组织运用现代人力资源管理理论,通过招募、培训、评估、激励等方式,对非营利组织的人力资源进行有效运用,并对所获得的人力资源进行整合、调控及开发,充分发挥人力资源的积极性和创造性,从而更好地实现非营利组织的宗旨和使命。

(二) 非营利组织人力资源管理的特点

非营利组织人力资源管理是人力资源管理的一个组成部分,所以,非营利组织的人力资源管理首先具有一般人力资源管理的基本性质和特征。然而,非营利组织的人力资源管理相对于其他类型组织的人力资源管理更复杂、更艰巨。因为,非营利组织自身具有的特殊性,譬如志愿性与公益性,使非营利组织员工的工作动机与其他组织中的员工有所不同,特别是志愿者,他们是志愿精神的实践者,是为理想而来,而不仅仅是为了生计,员工带着自己的价值观和理念进入组织,对组织和管理者有着比对其他类型组织更高的期待。这既是非营利组织人力资源管理最大的优点,也是非营利组织人力资源管理的最大特点,这一特色导致非营利组织人力资源管理任务更加艰巨:既要激励员工的工作热情,又要赋予工作以特殊的意义。这一特色也导致非营利组织人力资源管理与其他类型组织人力资源管理相比具有特殊性。

1. 在人力资源管理上注重价值体系和使命感的作用

所谓价值,是指某人或某事对个人有用或重要,它同时也是个人追求的目标,不同的

价值观决定着人们从事各种活动最基本的个人心理倾向,也是决定人们社会行为的最基本的内因。非营利组织具有公益性、慈善性和志愿性的特点,它强调对整个人类的点化和关怀,志愿精神是其灵魂,也是非营利组织凝聚力所在。这一独特的价值体系,不仅赋予非营利组织以明确的目标,使组织具有崇高的使命,而且也激励着每一个员工兢兢业业地工作,并从事业的成功中得到满足,分享快乐。因此,在创建之初,非营利组织都将这种社会使命确定为自己的宗旨和目标,以此表明非营利组织存在的价值与理由,这一宗旨和目标的确定为非营利组织的正常运转定下了基调。因此,在人力资源管理中,应特别强调价值体系和使命感对员工的激励与凝聚作用。

2. 日常管理与伦理管理相结合

伦理是指人与人相处的各种道德准则。在当今社会,非营利组织要想维持较长的生命力,伦理管理是非常重要的。可以说,伦理管理是随着社会经济的发展而被纳入最新管理理论的,它不仅是经济社会和管理理论走向成熟的标志,也同样是非营利组织管理走向成熟的重要标志之一。因此,作为非营利组织的管理者应重视和自觉运用伦理管理,并将其与日常的人力资源管理相结合。

非营利组织应遵循的基本伦理包括四个方面:第一,德行伦理,就是要求管理者以好的人格行事,这是对管理者人格的基本要求。第二,责任伦理,要求非营利组织主动承担更多的社会义务,即非营利组织必须以不污染、不歧视、不欺骗的方式来保护自己赖以生存的社会环境。作为社会大家庭的一员,非营利组织还必须融入自己所在的社区,并在公众中树立良好的形象,从而在改善社会中扮演积极的角色。第三,利益伦理,非营利组织不仅要考虑组织自身的利益,还要考虑所有关系人的利益。第四,权利伦理,非营利组织要尊重和保护个人自由与法律所规定的各种权利。

我们主张将日常管理与伦理管理相结合,就是要有意识地将伦理道德引入管理决策及管理行为中。伦理管理要求非营利组织能够做到无私的社会承诺,恪守法令规章、组织承诺,公益使命优先,尊重个人的价值和尊严,包容社会的多元性并维护社会公平,开诚布公,慎用社会资源等。

3. 在人力资源管理方法上体现了一些特殊性

(1)素质要求的特殊性。

由于非营利组织不是以获取利润为目的的,而是为社会公益或共同利益服务的独立机构,具有较高的社会使命感,因此,对非营利组织的成员素质应该有特殊的要求,即非营利组织的人力资源,其政治觉悟和道德品质要高于社会整体人力资源的平均水平。非营利组织内的领导、计划、经营、组织等活动应该有较高的自愿参与成分,成员之间要有很强的团队合作精神,成员个人要有较高的道德自律。

(2)培训过程的特殊性。

由于对非营利组织人力资源的素质要求不同于一般组织的人力资源,因此,对其培训也必然有所区别。培训内容除了一般意义上的技能培训与岗位培训,更需要侧重于使命感培训、责任感培训和道德感培训。

(3) 激励方式的特殊性。

与营利组织相比,非营利组织的成员个人与组织之间缺乏责任相关性,以及直接的经济利益相关性。因此,在对成员的约束和激励过程中,目标激励、人本管理、文化建设及柔性管理显得更为重要。一方面,要通过倡导组织文化、设定组织目标将个体凝聚起来,以组织行为带动和约束个体行为,呼唤起个体成员的责任感和使命感,并用群体的认同感使其感到自身价值。另一方面,要贯彻人本管理理念,实行柔性管理,激发其内在的积极性,而不是热衷于制度、结构和模式。

(4) 绩效评价的特殊性。

对于非营利组织的人力资源绩效评价与一般组织也有所不同,主要表现在绩效评价不一定与物质激励直接挂钩。在绩效评价过程中,定性的方法一般要多于定量的方法;对于员工贡献的评价,不应看重短期收益,而是要看重长远贡献。

三、非营利组织人力资源管理的基本原则[①]

(一) 人事相宜原则

行为科学研究表明,人是有差异的,具体表现在每一个人的知觉、性格、能力、情感、意志等方面。按照人本管理的思想,每一个人都是有用的,关键在于如何用其所长、避其所短。在非营利组织的人力资源管理中,管理者要围绕组织目标,寻求恰当的人与人、人与事之间的组合方式,通过组织、协调、控制等手段,将具有不同能力的个体以适宜的形式整合在一起,使组织整体功能大于各部分之和,从而有效地实现组织目标。管理者要根据个体能力等差异,为员工提供能够发挥自己特长、与自己能力相适应的岗位,这是发挥人最大价值的前提条件。管理者只有善于分析、掌握员工的个人特征,才能使人的潜能得到有效的开发和利用。能是指人力资源做功的能量。级即位,表示组织内部按照个体能量大小形成的结构、秩序和层次。在组织结构中,同一个人处于不同的管理层次时,所发挥的能量也是不同的。能级匹配是指在人力资源的开发使用中,要把具有不同能力的人安排在适合其发挥才能的岗位上,给予相应的权力和责任,使能力与岗位相匹配。这样组织运行才能稳定有序,才能做到事得其人、人尽其才、人事相宜,做事才能事半功倍。

(二) 德才兼备原则

德与才是非营利组织人力资源素质构成的两个基本要素。德才兼备原则是指在人力资源管理活动中,把组织个体乃至群体人员的德的素质与才的素质有机结合起来,作

---

① 吴东民,董西明.非营利组织管理[M].北京:中国人民大学出版社,2003.

为育才、选才、用才的决定性内涵和标准,使组织人力资源的德、才素质不断优化,发挥其相得益彰的作用。德的素质包括个体与群体的政治品质、道德素质、个性品德三个方面;而才的素质包括智力、知识、专业与综合能力等。德才素质的统一,意味着非营利组织在人力资源开发和管理过程中,组织成员的德、才条件是不可或缺、不可偏废的。德保证组织成员活动的方向,是才发挥的指导方向。有才无德的人,缺乏良好的政治品德和伦理道德,往往会利用职权谋取个人利益,而损害组织和公民的利益。一个人没有才,则难以在为民众服务的活动中有所作为。因此,一个领导者要成功地驾驭部属,必须以德感人,以理服人,以能力和实绩取信于人。这就是为什么我们要求非营利组织选拔德才兼备的人才,做到德以才附、才以德领的根本原因。

(三) 开发与使用并重原则

开发与使用并重原则是指非营利组织在人力资源管理活动中,要根据社会经济及管理的需要,将人力资源的现实使用和不断开发联系在一起,使两者互接互补、相辅相成。非营利组织人力资源开发的目的是使用人力资源,而人力资源的使用又为开发指明了方向。如果我们只注重现实使用,而忽略了其发展,那么,人力资源不可能表现出资本的特性,而且也会导致未来组织的发展缺乏后劲和持续增长的能力。如今,许多非营利组织之所以特别重视人力资源的开发与再开发,就是高度重视人才使用和开发的双效增值作用。有的非营利组织甚至纷纷创立学习型组织,目的就是通过学习创造和完善自我,以扩大创造未来的组织能量,使组织的发展充满活力。

(四) 激励强化原则

激励就是创造满足员工需要的各种条件,激发其动机,使之产生实现组织目标的特定行为的过程。简单地说,激励就是人们常说的调动员工的积极性。它有三层含义:对于个体,即激发动机;对于群体,即鼓舞士气;对于组织,即塑造文化。激励不仅是管理的一项重要职能,也是非营利组织人力资源管理的一项重要内容。非营利组织的管理者要认识到,没有激励和动力源泉,人力资源就无法发展。动力机制一方面来源于组织满足员工不同层次的期望和需求;另一方面来源于组织塑造一种良好的竞争环境,即发展、鼓励人们充分发挥自己的积极性、主动性和创造性,展示自身的潜能。对于非营利组织来讲,其根本的动力源泉就是其价值体系,既包括组织所制定和尊崇的价值体系,也包括员工个人的价值体系。通过激励管理,组织及员工能够实现其价值,并不断创造组织与人力资源发展的生机和活力。

(五) 共同发展原则

非营利组织人力资源管理的第一目标是实现组织的发展,第二目标是促进员工的发展。传统管理只注重组织的发展,而不注重员工的发展,所以生存能力较低。现代人力资源管理既要注重组织目标的实现,同时又要注重员工目标的实现,要认识到双方是一个利益共同体。因此,非营利组织在注重组织发展的同时,还要注重员工个人的发展,二者是相辅相成的:个人的发展要依赖于组织的发展,离开了组织的发展,也就谈不上个人的发展;同样,组织的发展要依赖于个人的发展,离开了个人的进步与创新,组织的发展将失去生机与活力。

第二节　非营利组织人力资源管理的内容

一、非营利组织人力资源配置管理

(一)非营利组织人员配置的含义

非营利组织人员配置指的是非营利组织以科学的测评手段和方法为工具,通过招募、甄选、录用和评估等程序,从组织内外获取合适的人员填补职员空缺,实现组织目标的过程。

按照现代人力资源管理的要求,非营利组织人员配置要从组织和个人的角度考虑。首先,从组织利益出发,要满足组织的需要,同时,考虑到组织成员个人的特点、爱好和需要,在此基础上为每个成员安排适当的工作。通过人员配置可以弥补岗位空缺,及时满足非营利组织发展的需要;通过对应聘者的准确评价,降低非营利组织人员流失率;有效的人员配置有利于树立非营利组织良好的形象。

(二)非营利组织人员配置的程序

1. 准备阶段

在进行人员配置之前,首先需要弄清所需人员的工作岗位具有哪些特征和要求,明确这些工作对应聘者的知识、能力等方面的具体要求,并以此为依据制订人员配置计划,确定最佳的选择程序。这一阶段要解决的问题主要有两个:第一,通过工作分析,确定工作性质及人员录用标准;第二,通过配置方法的研究,确定选择人员的最佳方案。

2. 选择阶段

选择阶段即正式进行人员挑选的阶段,为了保证从众多的求职者中选择出合格的人员,择优录取,需要根据岗位标准进行一系列测验和测评,并进行严格的筛选。非营利组织对应聘人员的甄选标准需要考虑两个方面:①专业能力标准。非营利组织作为专业服务机构,要求其工作人员具备一定的专业能力,这主要通过所学专业、工作能力、所持的证书和专业考核来了解。②价值观的标准。非营利组织的招聘,除强调员工的专业技能以外,应注重考查员工的道德素质、奉献精神、与组织文化的契合度以及团队合作意识。

培养人不如招对人,非营利组织只有先招对人,培养人才有更大的价值。非营利组织员工流失的很大一部分原因在于招聘阶段筛选错误,员工不能适应组织文化。因此,非营利组织在招聘阶段就要遴选价值观与本组织文化相一致的员工。[①]

选择阶段通常包括六个步骤,分别是初步面试、填写申请表、雇用测评、验证推荐材料、最后面试和体检。

3. 录用和评估阶段

一旦非营利组织与应聘者双方都做出了最终决策,即实现了个人与工作的最终匹配,就意味着求职者已被组织聘用,录用关系就算正式建立起来了。录用工作结束后,还应对人员配置成本以及获取质量等内容进行评估,从而对人力资源配置的结果在质量、数量和效度等方面有一个全面的总结,这有利于及时发现问题、分析原因、寻找对策,并相应地调整人力资源配置计划,为今后人员配置工作提供经验和教训。

(三)非营利组织人员配置的方法

1. 内部招聘

内部招聘是指非营利组织出现岗位空缺后从组织内部选择合适人选来填补这个位置。内部招聘是非营利组织填补由于发展或伤老病退而产生空缺的职位的主要方式之一。

内部招聘主要有五种方法:

(1)公开招募。面向组织内部的全体人员进行公开招募。发布招募广告,展示现有职位空缺的信息和要求。凡认为自己合适的人员(只要是组织内的人员)都可以报名。这种方法提供了组织内部公平竞争的机会,有利于调动全体员工的积极性,使每个人都有机会参与竞争,从而找到合适的人选。

(2)工作轮换。工作轮换指从内部的其他部门选择适当的人员安排到需要的岗位上,它多用于对一般员工的培养,既可以让有潜力的员工在各方面积累经验,为晋升做好准备,也可以减少员工因长期从事某项工作而感受到的枯燥、无聊。

(3)工作调换。工作调换也称"平调",指职位级别不发生变化,只是工作岗位发生变化。它一般用于中层管理人员的招募,且在时间上往往是较长的,甚至是永久的。

(4)内部晋升。非营利组织通过建立内部人才库和技能储备,给那些熟悉本组织工作、具有相应能力的员工以升职的机会。

(5)返聘。返聘即在下岗、长期休假、停薪留职和已退休的人员中选择内部空缺职位所需的人员。通过返聘使他们发挥余热,再为组织尽力。

2. 外部招聘

外部招聘是指根据一定的标准和程序,从组织外部的诸多候选人中挑选符合空缺职

---

① 王世强. 非营利组织管理[M]. 北京:首都经贸大学出版社,2018:149-150.

位工作要求的人员。在许多情况下,仅靠内部招聘往往难以满足非营利组织对人员的需求,尤其是在组织建设初期和快速发展期,这时候非营利组织应把目光由内转外,通过外部招聘广泛招揽人才。

外部招聘的主要方法如下:

(1)网络招聘。网络招募是一种新型招募方式,即通过互联网、自媒体、微信公众号、微博等途径向社会公开招聘,这种方式传播速度快、查询方便,是目前非营利组织使用最多的方式,很多非营利组织在自己的网站上设置了招聘专栏。

(2)校园招聘。校园招聘即通过在各高校召开招聘会,直接从学校招聘所需人员的方法,在招聘时,重点从参与过志愿活动的毕业生中招聘。非营利组织也可以与高校的相关院系合作,成为高校的实习基地,或采取定向培养方式获得员工。

(3)中介机构。中介机构即通过人才交流中心、职业介绍所、劳动就业服务中心乃至猎头公司来获取所需人员。由于这些机构扮演着双重角色,既为组织选人,同时也为求职者选单位,因此在这里几乎可以找到所有需要的人才。

(4)熟人推荐。熟人推荐即通过本组织内部员工、客户及合作伙伴等"熟人"推荐人选。

(5)广告招聘。广告招聘即通过报纸、杂志、广播电视等渠道以广告的形式向社会公开招聘所需要的人员,这是传统上非营利组织外聘人员最常用的方法之一。

二、非营利组织人力资源培训管理

非营利组织人力资源素质的高低直接影响到组织的生存和发展。然而,人的素质和能力不是天生的,需要有计划地进行开发,培训是人力资源开发的主要手段,因而,人员培训就成为人力资源管理部门的重要职能。

(一)非营利组织人力资源培训的含义

非营利组织人力资源培训是指非营利组织根据自身实际工作的需要,为提高员工的素质和能力而对其实施的培养和训练。对员工进行培训的主要目的有两个:一是向员工传授技能;二是强化组织宗旨并塑造组织文化。

(二)非营利组织人力资源培训的原则

(1)理论联系实际原则。理论联系实际是非营利组织人力资源培训的基本原则,是辩证唯物主义思想方法和工作方法的体现,也是对员工进行行之有效的培训的基本途径。理论联系实际就是把各种理论和非营利组织工作的实际内容结合起来,注重运用现代理论去解决实际问题。培训中,在推动员工学习理论知识的同时,要重视对他们实际工作能力和适应能力的培养与训练。

(2)学用一致原则。学用一致原则是指把对员工的培训和他们培训后知识的实际运用统一起来,培训的内容要与部门的工作实际相结合。培训本身是为了更好地开发非营利组织的人力资源,使受训者通过培训能够更好地适应职位需要,提高工作能力和工作效率。如果培训与使用脱节,培训便失去了意义。受训者学而无用,不仅造成人力、物力、财力的浪费,也使受训者失去了学习的动力。只有贯彻学用一致原则,做到学以致用,通过培训提高员工的专业知识和岗位技能,培训才能收到实际效果。

(3)按需施教原则。按需施教原则主要针对培训内容和形式而言,即根据组织的需要和员工岗位职责的要求,有针对性地选择培训形式、确定培训内容,对员工进行切合实际需要的培训。此外,在不同层次和不同岗位上任职的员工所需要的知识和技能也不同,因此培训的形式和内容也应有所差别。

(4)讲求实效原则。讲求实效原则主要针对培训的实际效果而言。为了实现提高员工素质和提高管理效能的目标,培训必须保证质量、突出实效。培训质量的高低是衡量培训成败的关键,没有质量,培训也就不可能取得好的效果。

(三)非营利组织人力资源培训的步骤

(1)培训需求评估。培训的第一个步骤是进行培训需求的评估。培训需求评估有多种方法可以选择:①循环评估模型,它对员工培训需求提供一个连续的反馈信息流,用来满足周而复始地评估员工的培训需求;②任务-绩效评估模型,它是根据新员工即将承担的工作任务、对员工的要求来判断员工的培训需求(利用工作说明和工作规范),根据现有员工的实际绩效与目标绩效水平之间的差异来进行培训需求评估;③前瞻性培训需求评估模型,它是根据预期的工作技能,对那些技能不够充分的员工进行培训。此外,还有与员工面谈、员工行为观察、问卷调查、技能测试、历史项目评估、态度调查等办法。培训需求评估为设定培训目标、制定培训方案提供了明确的方向。

(2)设定培训计划。培训的第二个步骤是在培训需求评估的基础上拟订培训计划。培训计划是对员工进行培训的依据。培训计划包括长期培训计划、年度培训计划和单位培训计划。培训计划的内容主要包括培训目标、培训范围、培训对象、培训方式、培训手段和方法(每个组织可以结合自身的条件选用多种不同的方法,如讲授、演示、研讨、角色扮演、案例分析、远程培训、程序化教学等)、培训内容和培训步骤等。培训计划制订得如何直接关系到对员工培训的效果,是培训工作取得实效的首要环节。

(3)开展培训。培训的第三个步骤是开展培训。培训计划的实施通常有两种方式:脱产培训和在职培训。脱产培训有利于把新的知识和理念带入组织,效果也比较好,但是需要员工放下工作,成本比较高,一般适用于较为长期的组织外学习,如定点集训、委托代培等;在职培训通常在组织内部进行,虽然效果不及脱产培训明显,但成本比较低,主要采用的形式有接受有经验的员工或上司的训练、助理制、工作轮换等。

(4)对培训进行评价。培训的第四个步骤是对培训进行评价。对培训的评价可以促进培训质量的提高。对培训的评价是指对在培训中受训者所获得的知识、技能、态度等应用于工作的程度的评估,即对培训效果的评估。具体来说,所要评价的问题包括:培训内容是否易理解、满足需要?培训方式是否有趣、灵活?是否具有激励效果?成本是否合理?员工的工作行为是否发生改变?这些变化是否是培训引起的?这些变化是否有助于组织宗旨的实现?

(四)非营利组织人力资源培训的形式

(1)新员工上岗培训。上岗培训是指为使新员工熟悉组织、适应环境、进入角色进而掌握基本知识和要领而进行的一系列导向性培训活动,一般在新员工报到后进行。通过新员工上岗培训,有助于帮助新员工进入群体,消除现实冲击造成的不确定感和焦虑心理,有助于培养员工对组织的归属感。上岗培训的主要内容包括:介绍组织的总体情况和宗旨,进行相关知识教育(组织的宗旨、理念、历史、特点等,组织的行政程序及内外环境关系等,组织对员工的要求和员工应对组织持有的期望等);新员工所在部门介绍(部门职能、工作职责、地点、安全规定、绩效标准、介绍同事等);引见介绍相关人员,参观组织;接触具体的工作环境和特点;组织对员工的要求和工作纪律。

(2)在职员工的组织内培训。组织内培训主要是指组织内部定期或不定期举办的培训,这种培训侧重于对专门知识技术和能力的培训。这种培训一方面落实工作轮换制度,使员工熟悉不同的工作内容和学习方法等;另一方面聘请专家到组织中,安排集中培训或项目咨询。

(3)在职员工的外派培训。外派培训主要分为两种:一是到全日制大学申请获得学位;二是参加单一学科或讲座的培训班。外派培训较为系统和规范,但费用较高,并且要离职学习。

(4)员工终身教育。终身教育是时代发展的需要,对非营利组织来说尤其重要。要求员工以多元方式开展,包括自学、绩效学习等,请经验丰富的员工为年轻员工授课也是一种有效的形式。

三、非营利组织人力资源绩效考评

(一)绩效考评的含义与目的

绩效考评是一种正式的员工评估制度,即通过系统的方法、原理来评定和测量员工在职务上的工作行为与工作效果。绩效考评是非营利组织管理者与员工之间的一项管理沟通活动。绩效考评的结果可以直接影响到薪酬的调整、奖金发放及职务升降等诸多员工的切身利益。具体来说,绩效考评的目的是:

(1)作为奖励和惩罚的主要依据。非营利组织内的物质利益分配和精神奖励,必须符合贡献与报酬相对应的原则,才能使员工心理平衡,才能激发员工多做贡献。

(2)为具体、全面地了解员工提供依据。非营利组织在发展过程中,要提拔组织内部的一些人员到管理岗位上。提拔谁、不提拔谁,不能根据一时的情况,而应该依据被绩效考评对象的总体情况进行分析。连续的绩效考评记录,可以比较准确地反映总体情况。

(3)便于员工正确地了解自己。使员工知道组织的其他员工和领导对自己的看法及评价,明确自己在哪些方面应该改进或纠正、哪些方面可以继续发扬;同时,了解自己与其他员工尤其是优秀员工之间的差距。

(4)为员工今后的发展提供依据。非营利组织可以根据绩效考评的记录,很方便地了解每个员工的素质、技能、行为、知识等方面同组织要求之间的差距,这样就可以根据组织的要求为他们制订培训计划和发展规划。

(5)可以为非营利组织建立一种有利的工作环境。有效、公平的绩效考评奖惩制度,可以使员工心情舒畅,为员工发挥积极性和创造性提供极为有利的环境。

(二)绩效考评的方法

(1)360度绩效评估。360度绩效评估也称"全方位评估",它是指从员工自己、上司、直接部属、同事甚至客户等各个角度来了解员工个人的绩效沟通技巧和服务、领导能力等,评估主体和考核内容都比较全面。通过这种绩效评估,被评者不仅可以从自己、上下级、顾客、客户处获得多种角度的反馈,也可以从这些不同的反馈中清楚地知道自己的不足、长处与发展需求,使以后的职业发展更为顺畅。对非营利组织来讲,通过这种全方位绩效评估可以解决那些绩效难以量化的专业人才的绩效考核问题,可以通过各方面的反馈来测评员工的工作成果、工作情况并为组织做出培训、薪酬等决策提供依据。这种评估方法的缺点是削弱了重点绩效指标的重要性,需要收集和汇总的信息量过大。

(2)记录考核法。这种方法操作简单,它要求评价者记录下每个员工的强项、弱项、潜力等。老员工、同事的考核记录对员工在提薪、晋升等方面起到举足轻重的作用。这种由相互熟知的人通过口头或书面的形式呈现出来的真实、客观的信息与其他复杂的方法具有同样的说服力。如果为了通过识别有发展潜力的员工或明确他们的发展需求来促进整个非营利组织的绩效,我们可以从记录考核法获得的信息中迅速、准确地捕捉到员工的优缺点、长处和劣势,因而可以根据员工的薄弱环节,有针对性地进行培训,为个人的职业生涯规划提供参考和研究基础。

(3)评级量表法。这种方法并未放弃记录考核法,而是更稳定、更可靠。一般来说,采用这种方法,主要是在一个等级表上对业绩的判断进行记录。这个等级被分成几类,它常用诸如杰出、优秀、一般或不满意等来评价的。根据不同的工作性质,它的考核因素也会发生相应的变化,但一般都包括对个性特征的评价,如诚信和合作精神。

(4)关键事件法。关键事件法要求保存最有利和最不利的工作行为的书面记录。当一种行为对组织的效益产生无论是积极还是消极的重大影响时,管理者应把它记录下来,并把这些资料提供给评价者,用于对员工绩效进行评价。关键事件法在认定员工特殊的良好表现和劣等表现方面是十分有效的,而且对于制订改善不良绩效的规划也是十分方便的,其缺点在于如果考察期较长,则基层主管的工作量较大。此外,由于每一关键事件可能都会对绩效评估结果产生重大影响,因而要求管理者在记录过程中不能带有主观色彩,必须始终如一地坚持客观、全面、精确的原则,这在实际操作过程中往往很难做到。

（5）一对一比较法。在这种方法中,将每个员工的业绩与小组的其他员工相比较,其比较常基于单一的标准,如总业绩,获得有利的对比结果最多的员工,被排列在最高的位置。无论何时制定人力资源决策,该领域的一些专业人员都对使用这种比较方法,诸如排列法,持有异议。例如,这些专业人员感到,员工未能得到提升的原因是,他们要达到自己的目标,而不是他们取得的目标比工作小组中的其他人要好。这种决策的制定已超出个人的业绩,因此,应在一个更广泛的基础上进行考虑。

（6）平衡记分卡。平衡记分卡是把战略放在组织管理过程中的核心地位,以一种深刻而一致的方法描述战略在非营利组织各个层面的具体体现,从而具有独特的贡献和意义。平衡记分卡克服了单纯利用财务手段进行绩效管理的局限,从四个不同的视角提供了一种考察价值创造的战略方法:财务视角,从组织资源所有人的角度来看组织增长、利润率及风险战略;顾客视角,从顾客角度来看组织创造价值和差异化的战略;内部运作流程视角,使各种业务流程满足顾客和所有人需求的战略;学习和成长角度,创造一种支持组织变化、革新和成长的战略。利用平衡记分卡,非营利组织的管理人员可以测量自己的组织如何为当前以及未来的顾客创造价值。在保持对财务业绩关注的同时,平衡记分卡清楚地表明了卓越而长期的价值和竞争业绩的驱动因素。一个平衡记分卡可代替预算成为管理过程的核心。

上述评估方法都可以用于人才的绩效评估,但在评估过程中都无法避免一些个人的主观因素,如评价者的价值观、态度的影响。这就需要人们意识到并纠正这些固有的偏见和缺点,对人才的绩效评估持一种开放的态度。

（三）绩效考评应注意的问题

（1）避免对考评指标理解的误差。考评人对考评指标理解的差异很容易造成考评结果的差异。同样是"优、良、合格、不合格"等标准,但不同的考评人对这些标准的理解会有偏差。为避免这种偏差,可以采取以下三种措施:第一,尽量使考评内容明晰、定量化。第二,避免让不同的考评人对相同职务的员工进行考评,这样员工之间的考评结果就具有可比性。第三,避免对不同职务的员工考评结果进行比较,因为不同职务的考评人不同,所以不同职务之间的比较可靠性较差。

（2）避免光环效应。当一个人有一个显著优点的时候,人们会误以为他在其他方面也有同样的优点,这就是光环效应。一个人由于是劳模,一般会得到考评人较高的评价。这实际上是一种以点带面的错误倾向,在绩效考评时,管理者必须防止光环效应。

（3）避免折中。考评人倾向于将被考评人的考评结果放在中间的位置,就会产生趋中误差。这主要是由于考评人害怕承担责任或对被考评人不熟悉所造成的。在考评前,对考评人员进行必要的绩效考评培训,消除考评人的后顾之忧,同时避免让那些对被考评人不熟悉的考评人进行考评,可以有效防止折中现象。

(4)避免近因效应。由于人们对最近发生的事情常常记忆犹新,而对以前发生的事情印象浅显,所以容易产生近因效应。考评人往往会用被考评人近一段时期的表现来评判一年的绩效,从而产生误差。消除近因效应的最好方法是对被考评人定期进行考评记录,并将每次月度或季度考评的记录作为最终考评的依据。

(5)避免个人偏见。考评人往往会根据个人的喜好,给自己喜欢(或熟悉)的人较高的评价,对自己不喜欢(或不熟悉)的人给予较低的评价,这就是个人偏见对绩效考评的影响。采取小组评价或员工互评的方法可以有效地防止个人偏见误差。

(6)避免压力误差。当考评人了解到本次考评的结果会与被考评人的薪酬或职务变更有直接的关系时,因担心或惧怕被考评人的责难,可能会做出偏高的评价。避免压力误差,一方面考评组织部门要注意对考评结果进行保密;另一方面考评人应掌握必要的沟通技巧,以期实现双方的理解。

(7)避免完美主义倾向。完美主义倾向往往会令考评人夸大被考评人的缺点,从而对被考评人做出较低的评价。避免完美主义倾向,首先要制定考评的原则和操作方法,另外,要把员工自评与考评人考评相结合。如果差异过大,应该对该项考评进行认真分析,看是否出现了完美主义错误。

(8)避免投射。考评人不自觉地将被考评人与自己进行比较,以自己作为衡量被考评人的标准,这种把自己的特征视为他人特征的倾向称为投射。解决办法是将考核内容和考核标准细化与公开化,并要求考评人严格按照考评要求进行考评。

(9)避免视觉盲点。考评人由于自己有某种缺点,而无法看出被考评人也有同样的缺点,这就造成了盲点误差。由于每个人的经历、学识、观察问题的角度等不同,对同一个人、同一件事的评价往往也不同。视觉盲点的解决方法和自我比较误差的解决方法相同。

四、非营利组织人力资源激励

调动人的积极性是非营利组织人力资源管理永恒的话题,也是提高效率和效益的关键环节。所谓激励就是创设满足员工需要的各种条件,激发员工的工作动机,使之产生实现组织目标的特定行为过程。德鲁克指出:"决定非政府组织成败的关键是组织应具备吸引并留住具有奉献精神的成员的能力。一旦丧失了这种能力,组织就会走向衰亡,这是很难挽救的。"[1] 这种能力指的是非政府组织的激励措施。

---

[1] 彼得·德鲁克. 非营利组织管理[M]. 吴振阳,译. 北京:机械工业出版社,2007:118.

(一)非营利组织人力激励的基本原则

激励是把"双刃剑",好的激励可以带来正面影响,使用不当也可能带来负面影响。为了提高激励的效果、避免负面影响,非营利组织在制定和实施激励管理时,首先应遵循激励的基本原则。

1. 按需激励原则

激励员工的起点是满足员工的需要。员工的需要存在个体差异和动态性,管理者的任务就在于找准员工的需要,采取相应的激励措施对其进行满足,以调动员工的积极性,有效地实现组织目标。为此,要做到以下三点:首先,开发测试员工需要的有效方法。测试方法包括问卷测试、投射法测试等。组织要定期对员工的需要进行调查,并就员工的年龄、性别、职务、地位、教育程度等找出各类人员需要的特点。其次,在组织内建立多种多样满足员工不同需要的方法。针对不同层次的需要都要有具体的应对措施。以马斯洛的需要层次论为例,针对员工的生理、安全、归属、尊重和自我实现的需要,组织都应有相应的措施,从而做到对症下药、有的放矢;对同一层次的需要,要有不同的选项,使员工可以根据需要有所选择。例如,对于员工的成就需要,组织可以采用的方式有:给员工安排挑战性的工作、采纳员工的创新建议、鼓励员工自己设置高标准的目标、让员工选择他最愿意做的工作、在组织中多设置一些职位等级等。最后,满足不同人的需要。每个员工的需要层次顺序与主导性需要并不是千篇一律的,有些人的生理需要比安全需要更为重要,有些人的自我实现需要比生理需要更为重要,如此等等。组织应根据员工各个不同时期需要的特点,采取相应的组织措施,调动他们的工作积极性。需要指出的是,满足员工的需要,只限于满足他们正当的、合理的需要,对那些不正当的、不合理的需要,不仅不能满足,而且还要通过细致的工作尽快消除。

2. 组织目标与个人目标相结合原则

在非营利组织人力资源管理中,激励所采用的手段都是从员工自身的目标和需要出发的。而员工之所以能从组织中得到其所需,是因为组织目标的实现。也就是说,个人投入自身的资源给组织,使组织的目标得以实现,员工再从中实现个人目标。所以,组织目标和个人目标是相互依存的。从激励的角度来说,就是要贯彻组织目标与个人目标相结合的原则。

要贯彻组织目标与个人目标相结合的原则,必须真正建立组织目标和个人目标的正相关关系。过去,我们非常强调员工的奉献精神,即为了组织的利益而舍弃个人利益,但我们不能片面强调这一点。我们要强调,在制定激励制度时,应该建立组织目标和个人目标的正相关关系,让所有的员工都看到组织目标实现了,自身的目标也就达到了。达到这一点对人的激励作用将是巨大的、长远的。

要贯彻组织目标与个人目标相结合的原则,除了要建立组织目标和个人目标的正相关关系,还要建立赏罚分明的制度,让每一个员工看到,只要自己为组织的目标做出了贡献,就会得到回报,自身的目标就能实现。因此,建立量化考核制度、提高奖励制度的公开性和透明度,就能使员工抛弃各种顾虑,将所有的精力和能量集中在工作上,有利于组织目标和个人目标的实现。

3. 适时适度原则

在对员工进行激励时,要注意适当的激励强度。要形成合适的激励强度,激励力和激励周期必然要合适。首先,激励要适时,激励必须注意时效性,激励周期不可过短或过长。员工工作表现好,取得良好成绩,或者提出了好的合理化建议等,都应及时给予肯定,使其良好动机得到激励和强化。如果激励过迟则可能会削弱激励的强化作用。其次,激励要适度。无论奖励还是惩罚,激励都有一个适度的问题,心理学上称为"阈值",低于这个阈值的激励是不起作用的,如轻描淡写的批评、漫不经心的表扬等作用都不大。但是激励力度也不能过分,过度奖励和过度惩罚都会增加激励成本,同时产生不良后果。奖励过重会使员工产生骄傲和自满的情绪,失去进一步提高自己的欲望;惩罚过重会让员工感到不公,或者失去对组织的认同,甚至产生怠工情绪。

4. 奖惩相结合原则

奖励指的是组织通过认可、赞赏、增加工资、提升或创造一种令人满足的环境来表示对员工行为的奖励和肯定。而惩罚指的是组织对员工不良的行为或业绩采取诸如批评、扣发或少发工资、降级、处分等来表示对员工的惩罚或批评。

在实际的非营利组织人力资源管理工作中,应该将奖惩结合起来。通过对员工好的工作成绩和行为及时表扬和激励,使他得到大家的认可,从而继续下去;对于员工不利于组织发展的行为,必须严格管理,按组织的制度进行查处,以避免其再次发生,做到防患于未然。

在进行惩罚的过程中,管理者应该认识到员工个体的差异性。当组织不得不使用惩罚方式时,一定要告知员工具体的原因,还要告诉他应该怎么做才是正确的;并将惩罚和奖励结合起来,当员工有所改进时,应及时给予肯定,使好的行为得到巩固。奖惩结合从正反两个角度对员工的工作和行为进行评价和反馈,可以调动他们的积极性,促使他们不断提高自己,从而有利于实现组织目标。

5. 客观公正原则

客观公正是激励的一个基本原则。员工感到的任何不公正待遇都会影响他的工作效率和工作情绪,并且影响激励的效果。也就是说,如果不客观、不公正,奖不当奖、罚不当罚,不仅收不到预期的效果,反而会造成许多消极后果。客观公正的第一层含义是:赏罚严明,并且赏罚适度。所谓赏罚严明就是铁面无私、不论亲疏、不分远近、一视同仁。取得同样成绩的员工,一定要获得同样层次的奖励;同理,犯同等错误的员工,也应受到同等层次的处罚。正如韩非子所说:"诚有功,则虽疏贱必赏;诚有过,则虽近爱必诛。"如果做不到这一点,管理者宁可不奖或不罚。

(二)非营利组织人力激励的基本方法

1. 目标激励

制定目标是非营利组织及其内部协作的出发点,也是一个组织存在的目的。没有明确的目标,就无法进行管理。共同的目标有利于促进组织内部的协作,形成共同的理想和信念。

制定目标不仅是组织发展和管理本身的需要,而且是激励员工的需要。员工参与目标的制定,可以看到自己的价值和责任,感到工作的乐趣,并从实现目标中获得满足感。目标制定还有利于沟通意见,减少完成目标的阻力,保证目标的完成,并使个人利益与组织目标得到统一。

激励理论认为,激励=目标意义×实现可能性。要使目标发挥最大的激励效用,就必须使目标本身具有重要的意义和实现的可能性。

员工对于目标的制定一般有三种需要:需要知道他们该干什么(对目标的理解清晰),需要感到参与了工作标准的制定(对目标价值的认识),需要对他们实际所做的工作进行经常性的信息反馈(对目标实施的了解)。因此,用于激励的目标必须包含三大要素:目标清楚明了,可以传达;实施目标的组织成员要参与目标制定工作;根据结果对履行职责的情况进行评估与反馈。

2. 竞争激励

人都是有自尊心的,因此,管理者要善于有意识地营造一种良好的竞争氛围,巧妙地激发员工的工作热情,从而获得良好的激励效果。要做事,就要有竞争。这不仅是为了获取报酬的竞争,而且是人们出自本能追求卓越的欲望。竞争激励指的是在组织内通过评比竞赛方法进行激励,也就是管理者通过经常性的检查评比和多种形式的竞赛活动,来激发员工的上进心和竞争意识,努力使自己的工作走在他人前面。

竞争激励具体实施方法是:评比竞赛前,拟订好具体的标准和实施细则,提出明确的要求,做好宣传工作;评比竞赛过程中,以事实为根据,坚持标准,客观衡量,秉公办事,并注意克服胜利高于一切的不良倾向;评比竞赛结束之后,及时总结,要做到鼓励先进更先进,帮助后进赶先进。

竞争激励是一种已被实践证明能有效地激励员工上进心和积极性的好方法。应该注意的是,评比和竞赛不能过于频繁,要突出重点,注重实效。

3. 奖罚激励

奖励包括物质奖励和精神奖励,前者主要通过增加工资或奖金等手段,后者主要指通过各种形式的表扬、给予一定的荣誉等手段来调动人的积极性。

在运用奖励时,要根据本组织的实际情况,在调查分析的基础上,制定科学的奖励制度。一般来说,制定奖励制度必须遵守两个重要的原则:

第一,组织为其成员提供的奖励必须对其成员有较高的价值,即组织成员认为这种奖励对他具有重要意义。

第二，组织制定的奖励制度要使其成员得到的报酬与他们的工作绩效相联系，即工资奖金与绩效挂钩。对不同的奖励制度，可以从重要性、数量上的灵活性、使用的频率、可见性、低成本五个方面进行评价。非营利组织常用的奖励方式有：增加报酬、津贴，提升地位和身份象征，颁发特殊奖励证书等。这几种奖励方式并不是相互排斥的，且各有优缺点，可以结合起来运用。

在运用激励措施时，只奖不惩是不行的，只奖不惩在管理上是一种不封闭的表现。适当的惩罚也是一种教育，有时是更实际、更深刻的教育，因为许多健康的行为事实上都是来自惩罚的过程。许多期望行为是从自己和他人非期望行为所得到的惩罚受教育而来的。但是，惩罚容易引起副作用，如产生不满、关系紧张、丧失信心和行为固化等。为消除惩罚产生的副作用，必须正确地使用惩罚手段，如在惩罚之前要发安民告示、奖惩比例要适当、要言行一致、从善意出发等。

4. 感情激励

感情是沟通员工心灵的桥梁，是非营利组织人力资源管理的一种重要的动力和手段，与员工之间加强情感的交流，使之相互了解、相互信任，满足员工情感的需要，是感情激励的重要内容。所谓感情激励是指管理者通过感情的投入和交流，不断增强组织的凝聚力与人际关系的亲和感。情感的投入与交流包含两个方面，即管理者的情感投入和被管理者的情感投入。两种情感投入具有互动效应，只要管理者注重情感投入，必然会激励下属员工对领导"合法权威"的认同，增强员工对组织的归属感，从而激发其主体意识，使其把组织目标与个人目标有机地结合起来，与组织产生相同的目标和价值取向；必然会激发员工的创新意识和创造能力，使其自觉地为组织的发展贡献力量。

管理者情感投入衡量标准：①管理者要率先垂范，要求他人做到的自己首先做到，要他人不得违规的，自己绝不越轨。这是产生感情激励效应的首要条件。②管理者要有高尚的道德情操，常与被管理者进行感情交流与沟通。具有正直、公正、诚信、进取精神等优秀人格品质的管理者必然能潜移默化地影响组织成员，从而将下属人员吸引并凝聚于组织内，增加对组织的认同感和归属感。③管理者要关爱员工，认真帮助他们解决生活与工作中出现的问题。

管理者的感情投入，必然会得到"回报"，管理者感情投入越多，得到的"回报"也越多。所谓"回报"就是被管理者的感情投入。这种管理者的情感"投入"与被管理者的"回报"之间的互动关系，使管理者与被管理者之间情感不断加深，形成了情感"递进效应"。这种情感"递进效应"必然促使被管理者更多地"回报"，更加努力地工作，不断提高绩效水平。

5. 组织文化激励

组织文化是组织员工统一意志的体现，这种意志可以形成自身的发展机制，并产生效应，使员工从内心产生一种动力，形成一种激励。与营利组织相比，非营利组织的员工与组织之间缺乏直接的经济利益关系,从而导致责任感的缺失,因此在对员工的激励过程中,组织文化建设显得极为重要。组织文化的基础是"以人为本",在这种"以人为本"价值观的指导下,员工所受到的激励是传统的激励方法所不能比拟的。要通过倡导组织文化,设定组织目标,将个体成员凝聚起来,以组织行为激励个体行为,唤起成员的责任感和使命感,并用社会成员的认同感使成员感受到自身的价值所在。组织文化所起的激励作用不是被动消极地满足员工对自身价值实现的心理需求,而是通过组织文化的塑造,使员工从内心深处自觉产生为组织努力的精神。组织的价值观一旦被员工认同,就会成为一种黏合剂,从各方面把其成员团结起来,产生一种巨大的向心力和凝聚力。同时,它使个体对外部异质体增强敏感性和竞争性,促使个体凝聚在群体之中,形成"利益共同体",从而大大增强了组织群体内部的一致性,使组织在竞争中形成一股强大的力量。加强组织文化建设能够形成一种有效应对环境因素变化对组织的影响的"内在机制",是组织应对未来环境挑战、形成持久激励力的一种有效的激励手段。

五、非营利组织人力资源薪酬管理

薪酬是组织对员工劳动所给予的回报,是员工劳动价值的表现。员工劳动价值是否实现、在多大程度上得到实现一般要借助于他所获得的薪酬具体表现出来。合理的薪酬体系会促使员工更加专注于工作,更加努力,从而提高劳动生产率,为非营利组织带来发展、增强活力。相反,不合理的薪酬往往带来的是低效率和人员的大量流失。所以,薪酬管理是非营利组织人力资源管理中涉及组织与员工劳资关系的一个关键因素。

(一)薪酬的构成

薪酬的内容十分广泛,既包括现金方式的直接报酬,又包括职工福利方式的间接报酬,还包括激励员工为更高的生产效率而奋斗的各种刺激和奖励。具体地讲,薪酬由两部分组成:

(1)工资。这是员工直接的经济报酬,是薪酬中相对稳定的报酬部分,也是报酬的主体,通常由基本工资、奖金、津贴和补贴构成。基本工资是根据员工所提供的劳动的数量和质量,按事先规定的标准付给员工的劳动报酬,也可以说工资是劳动力的价格;奖金是对员工超额劳动的报酬;津贴和补贴则是对员工在特殊劳动条件、工作环境中的额外劳动消耗和生活费用额外支出的补偿,通常把与生产相联系的补偿称为津贴,把与生活相联系的补偿称为补贴。工资、奖金、津贴等是直接以货币形式支付的报酬。

(2)福利。与薪酬和奖金相比,福利往往采取实物或延期支付的形式,因为与劳动能力、绩效和工作时间的变动无直接关系,所以有固定成本的特征。例如,基本养老保险、失业保险、基本医疗保险等都是根据国家政策而支付的福利,有其强制性和保障性。福利主要用于满足员工对工作本身或者对工作在心理与物质环境上的需要,其形式多种多样,还包括各种带薪假期、教育培训、员工餐厅、员工的健康安全费用、社会保险、文体旅游等在内的间接支付的报酬。

(二)薪酬管理的原则

(1)公平性。公平性包括外部公平性、内部公平性、个人公平性。薪酬的制定既要保持与其他类似的社会组织同等水平,又要体现出内部各个岗位上的不同,要根据人的能力和岗位需求来具体设定,做到基本公平。

(2)竞争性。工资、福利等是吸引人才的重要因素,因此,与其他组织相比要具有一定的吸引力和竞争性。

(3)激励性。组织确定薪金和福利标准的目的应该是对员工有所激励、鞭策、约束、限制。对于非营利组织的员工来说,他们在非营利组织工作,不仅是为了谋生,而且是为了实现某种价值和意义,追求精神上的愉悦和满足。因此,对非营利组织的员工提供精神奖励也是非常必要的。

第三节 非营利组织志愿者管理

志愿者是非营利组织重要的社会资源,是非营利组织的精神所在,是"不发工资的员工"。如果有酬员工的管理与其他类型组织并无显著区别的话,志愿者管理则鲜明地体现了非营利组织的个性,对志愿者的管理不能简单地按照一般人力资源的办法来进行,它是非营利组织特有的人力资源管理。

非营利组织对志愿者进行管理,目的是激励志愿者,促使志愿者高效地投入组织的工作中,以提高志愿服务工作的质量,并帮助志愿者获得发展。简单地说,就是使志愿者能够有效率、有效能地利用各种资源来完成组织的目标和使命。

一、非营利组织志愿者管理的流程

我们通过志愿者管理的流程介绍一下非营利组织志愿者管理的内容,由于招募、培训和评估在整个管理中相对来说比较重要,所以对这三个方面内容的介绍比较详细。

(一)规划

在招募志愿者之前,根据组织的使命与目标,结合现有人力资源的状况做出一个全面的设计与规划,是成功管理志愿者的第一步。非营利组织根据自身的使命和目标,以及要开展的项目或活动,对所需要招募志愿者的岗位和项目进行规划与设计,确定招募者的数量、类型和要求,明确志愿者的招募方法、志愿者培训以及志愿者的未来发展,并编制志愿者工作预算。志愿者工作规划主要包括以下两个方面的内容:

(1)志愿者岗位分析。在志愿者工作规划中,要明确组织在做哪些项目、在做项目的过程中开展了哪些活动、这些活动又需要哪些岗位。对于每个岗位要有一个详细的岗位分析,这是对组织中某个特定职务的工作内容和职务规范的描述和研究过程,即制定职务说明和职务规范的系统过程。在招募志愿者之前,非营利组织应对志愿者岗位进行分析和描述,并决定志愿者职位间的关系及职位的胜任资格。志愿者岗位描述包括:①岗位名称;②志愿者服务的目标和服务人群;③需要投入的工作时间和工作地点;④岗位职责;⑤负责的具体工作;⑥工作内容的期望产出;⑦岗位资格,即完成该工作所需要具备的特殊技能和经验;⑧需要接受的培训;⑨沟通机制,即向谁汇报工作。只有基于这样的岗位描述,非营利组织才能对志愿者进行招募。

(2)志愿者岗位分类。非营利组织要明确对志愿者的要求,明确让每类志愿者做什么工作。因此,要对志愿者的岗位进行分类,清晰界定不同志愿者的职责定位。非营利组织可以将部分岗位设置成体验性岗位,这些岗位不需要进行很多培训,而是将志愿者作为推广普及对象。如果他们真正感兴趣并有意向留下,则可以转至长期需要志愿者的岗位,给管理者和志愿者留一个过渡时间。

(二)招募

志愿者招募的实质是让潜在的合格人员对组织的相关职位产生兴趣并且前来应聘这些职位。志愿者招募是一个寻找能够满足组织要求的志愿人员的过程,这些人被组织设定的岗位所吸引,愿意参与组织设定的工作。所以,招募是一个确定志愿者并把他们安排到适当位置以达到组织目标,同时通过志愿者岗位满足志愿者自身发展目标的过程。

1. 招募的方法

(1)志愿者介绍。志愿者可以与他们身边的亲友分享宝贵的服务经验,这样更能树立典范,激励更多的人投身义务工作的行列。

(2)举办志愿者训练课程。有关机构可通过举办各种形式的个人及团体培训课程,引导及鼓励不同年龄人士,包括青少年、青年、成人及年长者,参与志愿服务工作。

(3)活动现场招募。在所举办的志愿活动现场进行宣传,吸引志愿者现场报名。

(4)宣传招募。利用大众传播媒介(包括互联网、电视、广播、报纸、杂志)、海报、横幅、展览及公交车身广告等各类形式,广泛推广志愿服务工作及宣传志愿者招募的信息。在信息社会,互联网方式更便捷更高效,为众多非营利组织采用。这种方式主要通过在志愿者协会网站、本机构网站、微博、微信公众号上发布志愿者招募信息,在志愿者集中的微信群、QQ群转发,可以有针对性地接触潜在志愿者群体,提高志愿者招募的效率。

(5)校园招募。大学生对志愿活动的热情较高,而且其本身文化素质较高,是主要的志愿者群体,但存在学习时间与志愿活动时间相冲突的问题,易造成服务衔接不好。非营利组织可以考虑校园招募渠道,如高校网上论坛、学校海报栏等。非营利组织还可以与高校的团委、学生会、学生社团合作,共同招募志愿者。

(6)举办志愿者招募周。在地区层面举办定期的志愿者招募活动,并配合对外宣传工作,在街上设立志愿者招募站,派发宣传招募单,为有兴趣参加志愿服务的市民实时办理志愿者登记手续。

(7)印制志愿者服务手册。内容包括志愿服务的意义,志愿者的权利、角色和责任简介,以及现有的志愿服务机会及机构名单,并附设志愿者登记申请表,提供简易的登记手续,让有意参与志愿服务的市民实时填写。

2. 遴选志愿者的技巧

(1)遴选之前的准备事项。第一,事前要清楚考虑机构需要及服务的要求,以便确定理想的志愿者人选,包括兴趣、技能及经验等。第二,遴选会面应由机构员工与资深志愿者共同进行。这样的组合有助于平衡观点,更有利于日后安排工作及进行督导。第三,设计一张完善的志愿者登记表,以便记录有关数据,内容通常包括教育程度、技能及其他(如参加志愿者的动机、原因、期望及可服务的时间)。这些数据有助于了解志愿者的背景。第四,可考虑应用一些简单的测验,帮助准志愿者了解自己的需要。第五,要懂得因才善用,根据应征者的体质、能力及心理状况等方面的不同,分别给他们安排不同的志愿服务岗位。第六,有系统地安排志愿者先熟悉他们将会负责的服务工作的大纲,让志愿者明白非营利组织志愿者小组的期望,使他们有所选择。第七,面见志愿者的地点及时间要做适当安排,以示对他们的尊重,这也有助于他们对机构及职员保留好印象,有利于建立良好合作关系。

(2)遴选会面时的面谈技巧。在招募过程中,志愿者小组或非营利组织的管理人员与志愿者的面谈是一个很重要的环节。通过这个环节,可以增进相互的了解。首先,要求精心设计面谈的提纲,使所要了解的信息尽可能全面。其次,在面谈中应注意以下几点:应预留足够的时间面见志愿者,并减少面谈时受到的外来骚扰,保持会谈畅顺;应保持积极聆听者的角色,留意志愿者的言谈与身体语言及保持敏锐触觉;应详尽介绍机构的服务范围及有关资料;在没有详尽计划或决定前不要随便答应给志愿者委派任何工作;每一次面谈应作独立处理,提醒自己不要被过往的经验或个人主观感受所影响;机构或小组有责任尽早让志愿者知道遴选的结果。

(3)遴选会面时的注意事项。第一,详细解释志愿工作的性质及要求,包括志愿者的权利职责、机构的服务宗旨、服务对象类型等。第二,说明机构与志愿者将共同度过一段适应期,以确定机构所委派的工作是否适合志愿者的志趣,方便他们决定是否继续服务以及是否需要调配到另一工作岗位。第三,坦诚地告诉志愿者将会遇到的挑战,使他们做好心理准备及增加满足感。第四,尽量提供多类工作的选择。第五,说明志愿者必须参加有关训练课程,以增加志愿者对工作的兴趣及了解。第六,机构可于遴选会面后,安排资深的志愿者以过来人的身份,分享志愿服务的乐趣和经验,从而培养新志愿者的投入感。

(4)增进招募效果的方法。如果志愿者小组经常受到人手短缺或组员流失率高等问题的困扰,志愿服务的推行将受到影响。可以根据一些建议或技巧,加强招募的效果:第一,加强培训和发展。如果组员因缺乏持续参与志愿服务的兴趣或动机而流失,机构负责人应经常检讨小组运作情况及加强小组的吸引力。第二,评估招募的途径。小组负责人不要忽视大众传媒的影响力特别是互联网广告宣传,整个广告的设计和安排能影响机构的形象,广告设计要真实、务实以取得公众的信任。第三,评估及反馈。志愿服务负责人必须定期评估整个招募程序。目的是通过评估,反映问题,分析原因,并采取措施加以调整或改进。此外,评估资料还可为小组工作人员检查整个招募程序提供参考。

案例

北京昌平农家女实用技能培训学校

在我国众多非营利组织中,北京昌平农家女实用技能培训学校在志愿者招募方面做得比较出色。农家女实用技能培训学校的志愿者招募程序有四个环节:

首先,在农家女网站发布志愿者的需求信息。希望加入该组织的公众根据网上的联系电话,主动联系学校,确定面试的时间和地点。

其次,请意向志愿者来校参观从而对学校的创业历程、组织愿景有初步的认识。让他们与校工作人员和正式志愿者以及学员进行友好交流,让意向志愿者从内心去体会"予人玫瑰,手有余香"的道理。

再次,学校提出志愿服务的具体工作要求,如志愿服务的时间、服务的内容、服务的要求等。如果志愿者能够认同所从事的工作,可以请他们根据学校的要求列出一个详尽的计划,双方通过讨论后执行。

最后,组织提出可能存在的困难。如志愿者有自己的工作或学业,在志愿服务时间上有冲突及交通方面的障碍等。

如果以上四个环节意向志愿者都没有异议,那就可以录用为学校的志愿者了。

昌平农家女实用技能培训学校的招募机制非常完善,因而录用的志愿者都能胜任本岗位的工作。

资料来源:刘志欣,孙莉莉,杨洪刚.非政府组织管理:结构、功能与制度[M].北京:清华大学出版社,2013:88-89。

(三)培训

志愿者正式上岗前,应该对志愿服务相关知识、岗位情况有所了解,以便志愿者更好地完成任务。因此,对志愿者进行培训是志愿者管理的重要环节。通过培训,可使志愿者了解志愿服务工作,明白工作的意义与使命;可保障志愿者的素质;可根据工作岗位的要求,使志愿者掌握工作所需要的知识、技能及态度,确保服务质量达到应有的水平;可令志愿者对工作更有信心,帮助他们发掘潜能,促进其个人发展;可促进志愿者的工作表现,增进其工作满足感;可增强志愿者与员工之间的合作关系和相互信任。

志愿者培训工作需要符合管理的闭环原则,从分析培训需求,到制订培训计划、开展培训,再到评估反馈,一个环节都不能少。

1. 分析培训需求

在开展培训时,非营利组织要科学分析志愿者的培训需求,设计出完备的培训课程。这项工作包括:建立志愿者培训档案,记载志愿者素质水平、工作变动和培训历史等信息;了解志愿者培训现状,如是否正接受培训、喜欢哪些培训形式等,从志愿者、服务对象和组织长期发展需要等角度分析志愿者培训需求。

2. 制订培训计划

培训活动必须配合工作要求来设计,因此,制订培训计划时必须考虑以下因素:

(1)志愿者参与。让志愿者参与培训活动的策划,这能加深他们对培训的了解,也能增强他们对培训计划的兴趣和认同感。

(2)使用者参与。使用志愿服务的机构如养老院、医院等更能清楚地说明志愿者应具备的条件与能力,此类机构的参与及支持对培训活动的成效起着重要作用。

(3)成本控制。培训活动必须考虑非营利组织或志愿者小组的资源限制。有些活动设计可能很理想却需要昂贵的经费,这并不是每个机构都能负担得起的。

(4)时间配合。即志愿者训练活动的时间安排,应做到志愿者在投入服务前已接受足够的训练,这样更能确保服务质量。

基于以上考虑,培训计划内容一般包括培训原因、培训目标、培训对象、培训规模、培训时间、培训地点、培训内容、培训教师、培训方式和培训费用等。

3. 培训实施

(1)培训内容。

组织在策划志愿者培训活动时,应首先考虑学员所属工作岗位的工作要求,从而帮助他们掌握应有的知识,学习工作技能及培养服务态度。培训内容根据培训需求而定,确定目标必须具体、可衡量、具有可行性,并且符合机构的宗旨。志愿者培训内容可归纳为两个范畴——基础理论和技巧训练。每项培训活动都须平衡两者的比重,避免培训活动流于表面。基础理论内容主要包括志愿服务工作概念和服务对象的相关知识。技巧训练主要包括:志愿服务技巧即人际沟通技巧、自我认识以及活动程序设计技巧;特别技能培训,包括探访技巧、与其他服务提供者的合作技巧、急救训练、带领游戏技巧、小组工作技巧;管理技巧培训,主要有服务策划课程、领袖才能训练、资源管理等。

(2)培训类型。

培训的设计应考虑按志愿者不同阶段的发展需要为基本原则。简单来说,志愿者培训应具有三个持续发展的阶段,对于志愿者的培训也可以分为以下类型:基础培训,对象为刚进入义务工作行列的志愿者,主要培训活动为迎新课程,主要内容包括义务工作须知,了解非营利组织及志愿者小组对义务工作的目标与期望,基本志愿服务技巧如人际沟通、活动程序设计等。专题培训,对象为已委派工作岗位的志愿者,主要培训活动是专门技巧训练,培训内容包括:了解服务对象的特征、需要及期望,特别技能训练如探访技巧、急救知识、摊位设计等。进深训练,对象为资深志愿者,活动形式为领袖训练,内容包括领袖才能、服务策划及评估、团队合作技巧、资源管理等。

(3)培训方式。

培训方式选择必须考虑志愿者的能力、兴趣及成效发挥。可以采取集体讲座、讨论、一对一辅导、以老带新、案例分析、角色扮演、实地参观、志愿者手册阅读、分享会、网络远程培训等方式进行。

(4)培训安排。

成功的培训实施应充分考虑以下事项:通知参与训练的志愿者,内容包括培训计划简介、举行培训活动的地点、培训内容和可预先准备的教材、提示学员准备自己的资料等,并以简短的问卷了解志愿者的经验、兴趣和对培训课程的期望。时间安排,把培训课程分成单元,循序渐进、由浅入深地将单元分几个阶段授课。学员人数,学员人数会影响到培训设备、地点、活动时间及方式等方面的准备。课程讲义,派发讲义可帮助学员重温课程内容。讲义内容最好包括一些练习活动、评估表、作业和参考书目等,让学员有机会思考及找寻更深入的学习资料。

4. 培训评估

并非所有组织都能在培训后取得显著效果,许多组织往往只关注培训前期和培训过程,而忽略了对培训的评估,做了很多工作,却没有达到预期的效果,如表7-1所示。

表7-1 志愿者培训的不同层次与评估内容

评估的四个层次	评估内容
反映	培训对象对培训计划及实施过程的评价如何
学习所得	培训对象从培训中获得了哪些知识和技能
行为表现	培训对象在工作表现上与以往相比有了哪些积极的变化
效果	从降低成本、提高工作质量等方面来看,培训为组织带来哪些影响

资料来源:北京志愿者协会.志愿组织建设与管理[M].北京:中国国际广播出版社,2006:123。

培训评估工作的主要指标包括受训人员合格率、受训人员的社会贡献、受训者参与情况、受训者满意度等。受训人员合格率是合格人数除以培训总人数得到的百分比。受训人员的社会贡献主要从社会使用合格率、社会职务聘用等方面进行评估。受训者参与情况包括受训者在培训期间是否专注、主动发问、投入讨论或者积极响应。受训者满意度是受训者对培训内容、形式,培训实用性,培训师资的表现以及培训各项安排的满意度。

案例

北京星星雨教育研究所

我国非政府组织中,北京星星雨教育研究所是比较重视志愿者培训的代表性组织。星星雨教育研究所每周五下午都进行家长理论学习。家长来自全国各地,一个人带孩子。当他们上课时,一些志愿者的工作任务就是看护小朋友。星星雨教育研究所把对志愿者的培训工作放在志愿者管理工作的首位。对于志愿者管理者,需要掌握志愿者管理知识;对于工作人员,志愿者管理者需要对相关部门进行培训。志愿者管理者还要及时与志愿者沟通和互动,这样就使得志愿者在工作中不断地学习、不断地充实自己,也不断地成长起来。志愿者会感到在组织中有很大的发展空间,有很多要掌握的知识,从而实现了自我发展,同时,这也为志愿者日后从事其他工作提供了丰富的知识和很好的实践经历。

资料来源:刘志欣,孙莉莉,杨洪刚.非政府组织管理:结构、功能与制度[M].北京:清华大学出版社,2013:89。

(四)评估

志愿服务评估的目的是让组织与志愿者总结经验及检讨服务成效。这有助于计划的改善,并且可以将评估结果作为服务发展的参考标准。如果制定的目标能够有效达成,便可再订立新的目标;如果仍未达到评估的目标,便需要找出原因,了解服务目标是否明确,或在推行服务上是否遭遇问题,抑或目标是否定得过高、不符合现实情况等,让小组吸取经验教训,再制定合宜的服务目标。

对志愿服务的评估包括成效和过程两个层面。成效评估是按活动的目标做出评估,主要评估各种资源是否得到了有效的利用,活动推行后有哪些切实效益以及服务受众在活动后的得益等。过程评估主要是根据活动过程及形式做出评估,了解推行服务的手法对目标的完成是否具有效能与效率。过程评估着重评估整个活动过程,由策划、执行到完结。

评估的方法有很多,每种方法都有其优点及局限,主要有以下几种:

(1)访问会面。工作人员使用开放式问题,启发志愿者或参加者对活动的成效做检查,例如:你认为目标怎样达成?活动怎样满足参加者的需要及兴趣?你认为活动最成功的是哪一方面?你认为有何改善之处?这种方法的特点是:能收集较全面及深入的信息;容易与志愿者建立关系;适合小组使用,但需时较长,资料较难归纳。

(2)问卷调查。工作人员若要在短时间内获得志愿者或参加者意见,就可设计一些意见表或问卷让参加者及志愿者填写,了解他们对活动成效的看法。这种方法的特点是:可收集多项数据,进行数据分析;可在任何活动中使用;避免面对面的尴尬情况,但参加者的意见受到局限。

(3)现场观察。现场观察即由小组导师或第三方通过观察去评估成效。其特点是适用于任何活动,但只能了解活动表面的情况,且结果较为主观。

(五)激励

对志愿者的激励,要坚持精神与物质激励并举、突出精神激励的原则。按照现代组织人力资源管理的理念,使员工树立与组织共存亡的观念是一种非常有效的激励方法。世界上最优秀的组织都是靠人奋斗出来的。若要人去奋斗就要有一种信念的激励,作为管理者,就是要培养员工的这种信念。员工一旦建立了这种信念,他的潜能就会被激励而得到发挥。从理论上讲,激励过程是从个人需要出发的。

志愿服务的特性决定了对志愿者的激励具有与企业、政府部门不一样的地方,由于志愿者参与志愿活动并不是为了物质报酬,所以非物质性的精神激励是关键。组织通过运用媒体宣传、激发兴趣、强化宗旨等手段,激发志愿者的光荣感和自豪感,并通过各种手段满足志愿者的需求,是一种行之有效的方法。

在对志愿者进行奖励时要多强调志愿者内在的助人动机以及志愿服务的体验对个人的帮助。非政府组织中的志愿者大都拥有强大的利他动机,这种动机使他们自愿在没有太多实质奖励的情况下提供服务。因此,管理者要经常与志愿者讨论他的个人理想,并通过创造一种以个人理想实现作为动力的组织氛围。

案例

红枫妇女心理咨询服务中心

目前,在我国的非政府组织中,对志愿者的激励工作做得比较好的是红枫妇女心理咨询服务中心。红枫妇女心理咨询服务中心对于出色的志愿者以及他们的优秀事迹,会在热线简报上给予表扬。该中心还对在"红枫热线"服务5年以上的志愿者颁发特制的奖章,给予精神奖励。"红枫热线"还为每个志愿者和工作人员庆祝生日。每当志愿者过生日的时候,都会收到"红枫热线"寄来的精美贺卡。志愿服务工作者感觉到组织如同自己的家,组织中的同事如同自己的亲人,组织的每一个进步都让自己感动和自豪。红枫由此成功地留住了现有的志愿者工作人员并吸引到更多的志愿者来组织工作。

资料来源:刘志欣,孙莉莉,杨洪刚.非政府组织管理:结构、功能与制度[M].北京:清华大学出版社,2013:89-90。

二、非营利组织志愿者管理的模式

根据人员素质和管理要求的不同,非营利组织可以采用以下四种管理模式对志愿者进行管理①:

(一)自主管理模式

在这种管理模式下,志愿者拥有全部的工作决定权,他们可以自主处理他们认为应当处理的事情。这样不仅能够调动志愿者的积极性、提高其工作效率,而且还会增强志愿者工作的主动性,激发其承担更多的责任。在一些实施自主管理的非营利组织中,每位员工的工作能力都会得到较大的锻炼,综合素质较高、创造性较强的员工会脱颖而出,成为独当一面的业务骨干。目前,国内外越来越多的非营利组织开始采取这种管理模式,在为志愿者提供较为宽松的工作环境的同时,通过培养志愿者领袖,实现志愿者的自我管理,有力地促进了志愿者管理工作的效能。

(二)定期报告模式

在这种管理体制中,志愿者是工作的主导,可以亲自处理他们的工作,但需要在某些时候向管理者报告工作的进展及已处理的事项,使管理者获得更多的信息,保证工作朝着正确的方向发展。这种管理模式可以发挥志愿者管理者的监督作用,使他们能对志愿者进行经常的监督和管理,从而保证工作沿着既定的路径进行。这种管理是在传统的自上而下的管理模式外引入自下而上的管理反馈机制的一种控制型管理,志愿者的工作目标及目标的实现等都是由管理者来控制的。

(三)监督工作模式

如果管理者对志愿者缺乏足够的信任,那么他就需要采取行动去监督志愿者工作的进展,并减少其工作自主权。在这种管理模式下,志愿者也是工作的责任人,但在采取行动前,他要向管理者提出采取行动的建议并获得认可。这样管理者便可在工作进展上有较大的控制权,如果管理者认为志愿者所做的决定不恰当,可以在行动前制止。

(四)指令工作模式

如果管理者对志愿者的表现十分担忧,唯一适用的便是不赋予志愿者任何自主权的管理模式。在这种管理模式下,志愿者无须为工作提出建议,也不能自行做出决定,他们只需按照管理者的指令行事。如果志愿者不知道下一步该怎么办,他们必须请示管理者,管理者也必须为志愿者的行动提出方案。当志愿者被安排到这种模式下,他们工作的主动性、积极性和创造性会受到限制,从而产生厌恶感。当志愿者感到不满时,他们对

---

① 张霞,等.非营利组织管理[M].济南:山东人民出版社,2005:218-219.

工作的投入程度会减弱，不易获得令人满意的工作成果，甚至不愿再提供志愿服务。

在志愿活动中，最重要的是志愿者的参与。在上述四种管理模式中，前三种是最为常用和积极的管理模式。但是在以下两种情况下可考虑第四种模式：第一种情况是，志愿者并无相关的工作经验，需要接受训练，对工作没有足够的认识，无法提出有效的建议；第二种情况是，在紧急情况下，没有足够的时间去聆听志愿者的建议。

三、留住志愿者

对于非营利组织而言，如何留住志愿者是其实现人力资源管理的一项重要工作。然而，在现实中，大量非营利组织因志愿者流失而面临志愿活动难以正常开展的现象，除了志愿者自身工作时间限制、个人流动性等原因，还有许多深层次原因值得探究。一项民间调查显示，志愿者流出非营利组织的原因主要有以下几个方面：无事可做，浪费时间；志愿者被当成了勤杂工，召之即来，挥之即去，得不到应有的尊重；干的工作是专职人员不愿意干的；没有明确的岗位说明书；没有专人负责志愿者管理，遇事找不到人；被当成外人，缺乏接纳和认同；缺乏必要的培训和辅导；志愿者的工作没有评估，也缺乏激励；志愿者的责任和义务不明确；志愿活动的安排乏味，缺乏创意；等等。对于以上志愿者流失的原因，概括起来主要有三个方面：志愿者自身的因素、外部环境的因素和组织管理的因素。①

对于上述问题，一个可行的解决办法是：调查"中途退却者"，探明究竟是什么原因使他们退出。例如，可进行与上述民意调查类似的调查研究，然后采取相应对策。另一个可行的办法是：定期测试现有志愿者的满意度和不满意度，定期和志愿者进行交流，从下列问题中分析他们的状态：是否获取了志愿活动的相关知识；是否掌握了一定技能；是否与家庭成员或朋友一起参与志愿活动；是否结交了新朋友；是否与参与志愿活动的老朋友在一起；是否获得了新的知识；是否有乐趣；是否与特定客户群体在一起；是否负责一些事情；是否自我感觉成为群体的一员；是否从志愿工作中获得了经验；是否结交到重要人物；是否获得新的地位；是否获得认同；等等。

要使志愿者保持积极的工作心态，需要非营利组织和管理者通过各种方式激励志愿者，满足他们的各种需求，为此要考虑以下问题②：

（1）认同需求。志愿者需要别人对他们的工作给予认同。虽然非营利组织不能将利润分给志愿者，但是可以通过精神激励等其他的方式对志愿者的工作给予认同和表扬。

（2）确认成功。要让志愿者感到他们已经完成了一些事情，这样的事情往往发生在一些目标比较明确的活动中。非营利组织通过定期的会议，汇报总结志愿者的工作，使他们能在比较短的时间内感知自己的工作成果，从而获得成功的满足感。

---

① 李玫. 非营利组织管理学[M]. 北京：高等教育出版社，2016：212.
② 王名. 非营利组织管理[M]. 北京：中国人民大学出版社，2002：152-154.

(3) 自主性需求。让志愿者感到他们有一定的独立性,他们能决定自己的活动。这些往往发生在那些需要他们自己做出决定的活动中。非营利组织是自治性的组织,为此要避免组织中出现压制组织活力的官僚体系,从而更多地通过对志愿者的授权,实现他们的自主管理,使他们对组织有更高的认同感。

(4) 变换需求。让志愿者的活动丰富多彩,防止出现志愿者厌烦他们工作的情形。

(5) 提高需求。让志愿者感到自己所从事的工作有发展的空间,可以增长知识和才能,丰富人生,这些可以通过培训、指导、咨询、示范等手段来实现。

(6) 归属感。通过一定的方式让志愿者产生归属感,感到被组织接受、得到组织的关爱、享受与人合作,分享组织的忧愁与喜悦,与组织专职员工建立密切的关系。

(7) 权力需求。创造一定的条件让志愿者能够通过自己的努力担任一定的领导职务,提升他们在组织中的地位,如参加理事会、充当发言人、协调活动等。

(8) 兴趣需求。一个志愿者无法在一个不喜欢的岗位上服务,组织必须让他们感到志愿活动充满乐趣和享受。

在所有的需求中,得到认同无疑是极为重要的。这种认同在非营利组织的志愿者管理中可以采取两种方式:正式认同和非正式认同。正式认同的方式有很多,例如奖励、颁发证书、颁发纪念品、举行表彰宴会等,通过这些方式对志愿者的工作与贡献表示认同。非正式的认同发生在日常生活和活动中,包括鼓励组织专职员工和志愿者之间的相互欣赏与合作,这种认同可能更为有效,因为一年一次的庆祝餐不会比365天的融洽关系效果更好。日常的认同包括:说声谢谢;介入志愿活动协助他们做出决策;关心志愿者的家庭和兴趣;平等对待志愿者;邮寄感谢信给志愿者家庭;提供培训活动;记住志愿者的生日;庆祝志愿者参加非营利组织周年纪念等。

本章小结

非营利组织人力资源管理对于非营利组织的发展具有至关重要的作用,非营利组织的特殊性,使得其人力资源管理更复杂、更艰巨。本章主要围绕非营利组织如何完成这一艰巨的任务展开论述:首先介绍了非营利组织人力资源的基础性内容,包括其构成与特点、非营利组织人力资源管理的含义及其特殊性、非营利组织人力资源管理的基本原则;其次对非营利组织如何对其人力资源进行管理做了详细的介绍;最后介绍了如何对志愿者进行管理的问题。

复习思考题

1. 简述非营利组织人力资源的构成。
2. 非营利组织人力资源具有哪些特点?
3. 非营利组织人力资源管理具有哪些特点?
4. 非营利组织人力资源管理需要遵循哪些基本原则?

5. 非营利组织人力资源培训需要遵循哪些原则?
6. 简述非营利组织志愿者管理的模式。

课后案例

新加坡非营利组织志愿者管理

新加坡志愿服务组织的专职人员与志愿者的比例为 1∶20 到 1∶40,如人民协会有专职雇员 1500 人,稳定的志愿者超过 3 万人。志愿者管理主要内容有:①教育培训机制。他们根据志愿者来自不同行业、不同阶层的特点和提供志愿服务的具体需要,开展一系列组织价值观和服务技能培训。如新加坡人民协会专门创办的国家社区领袖训练学院就是为了让志愿者即民众俱乐部职员适应不同环境的需要,更好地掌握服务技能,从而提高民众俱乐部等基层组织的绩效。②激励与考核机制。新加坡政府在每年国庆日,根据志愿者服务时间、绩效的不同,给予其不同等级的勋章。最高级别的可得到由总统亲自颁发的公共服务勋章和公共服务星条勋章。新加坡公民十分珍视这种荣耀,它成为志愿者社会地位的象征和个人价值通过对社会的贡献得到社会承认和尊重的重要标志。

资料参考:陈力. 新加坡和谐社会构建:新加坡社区建设与管理有感[EB/OL]. (2012-05-03). http://www.360doc.com/content/12/0503/00/5719126_208252285.shtml。

思考题

新加坡非营利组织志愿者管理对我国非营利组织有何借鉴意义和价值?

第八章

非营利组织的项目管理

学习目标

通过本章学习,学生应掌握的内容有四个方面:一是关于非营利组织的项目管理及其原则,要求了解项目与项目管理;理解非营利组织的项目管理;掌握非营利组织项目管理的原则。二是关于项目的申请,要求了解项目的遴选、设计、选择;理解项目设计阶段的步骤、项目的可行性研究;掌握项目可行性分析研究的过程、如何编制可行性研究报告、项目建议书的内容。三是关于项目运作管理的程序,要求了解项目管理过程的五种类型、项目计划;理解项目计划的原则、项目执行及其工作步骤、项目控制;掌握项目监控和项目申请。四是关于项目评估,要求理解项目评估及其原则、评估报告;掌握项目评估的内容及基本程序。

案例导入

中国国际民间组织合作促进会

中国国际民间组织合作促进会(http://www.cango.org/)是一个全国性、非营利性、联合性、自愿结成的独立社团法人。1992年7月22日,民促会由原外经贸部(现商务部)正式批准成立,于1993年在民政部登记注册。民促会的宗旨是加强与国内外民间组织、企业、政府和热心公益事业人士在社会发展、扶贫济困和公民社会互动方面的交流与合作,支持基层民间组织能力建设,提供技术支持服务和咨询,促进社会建设的协调和发展。

成立以来,民促会与182个国外民间组织和国际多双边机构建立了项目合作关系,其中已有21个国家或地区的98个国外民间组织和国际多双边机构通过民促会向我国提供了超过9亿元人民币的资金援助,从国内各方筹集项目配套资金超过5亿元人民币。民促会的援助项目遍及全国31个省、自治区、直辖市中122个贫困区县,项目范围覆盖扶贫济困、妇女发展、环境保护、医疗卫生等多个领域。

资料来源:中国国际民间组织合作促进会官方网站。

思考题

非营利组织应如何开展项目管理?

第一节 非营利组织的项目管理及其原则

一、项目与项目管理

从人类开始出现有组织、有目的的活动,项目就随之产生了。从我国万里长城,到北京申奥活动,都可以称为"项目"。有许多组织对项目下了不同的定义。如:美国项目管理协会(Project Management Institute)就认为,"项目是为提供某项独特的产品、服务或成果所做的临时性努力";世界银行(World Bank)则认为,"所谓项目,一般是指同一性质的投资,或同一部门内一系列有关或相同的投资,或不同部门内的一系列投资"。

从非营利组织的项目管理的角度而言,项目的定义应该从学术的角度出发,注重定义的共用性。因此,项目应当是指为完成某些特定目标所做的一系列活动。具体而言,项目应当是围绕着某一特定的目标所展开的,在特定的组织内部,在现有的资源条件下,在规定的时间内,完成任务的一系列活动。

项目管理最早作为一门学科出现是在美国,所研究的对象主要是运用科学的运筹和管理,来优化定量的资金,以达到既定的工程项目目标,满足建设和管理大型工程项目的需要。美国项目管理协会在制定美国项目管理的国家标准之一——项目管理知识体系(project management body of knowledge, PMBOK)时认为:"项目管理是指把各种系统、方法和人员结合在一起,在规定的时间、预算和质量目标范围内完成项目的各种工作。有效的项目管理就是在规定用来实现具体目标和指标的时间内,对组织机构资源进行计划、引导和控制工作。"因此,我们认为项目管理就是在有限的时间、预算等现有资源的条件下,将各种知识、技能、手段、技术应用到项目中,对项目涉及的资源进行计划、组织、指挥、协调和控制,以达到项目要求的管理活动。它贯穿于整个项目开始、执行到评估的全过程。

有些人认为,项目管理的目标是完成工作,因此项目管理就是按照拟定好的项目计划进行管理的活动。也有另一种观点认为,项目管理就是目标管理,项目管理就是风险管理。这些说法都有一定的道理,但都不全面。因此,我们有必要对这几个名词进行辨析。

1. 项目管理与目标管理

我们知道,项目管理是基于目标开展管理活动的,具体来说,就是把项目分为若干大项目,再把大项目分解为若干子项目,进而分解为具体的工作包,在管理时依据不同层次的工作包来制定各自的目标,实施目标管理。

二者的区别在于:目标管理是一种范围更大、更抽象的管理模式,而项目管理针对的是一个具体的项目。

2. 项目管理与企业管理

项目管理和企业管理的不同,体现在企业管理的范围更大一些。

现代的项目管理具有如下特点:

(1)项目管理的复杂性。一般来说,项目都是由多个部分组成,工作的跨度涉及多个部门和机构,在实施过程中也存在很多不确定的因素和风险等问题。

(2)项目管理的周期性。一般而言,非营利组织的项目管理始于项目申请,终于项目评估;大型的非营利组织在上次项目评估结果的基础上,再开始新一轮项目申请。

(3)项目管理需要协调和沟通。这主要是由项目管理的复杂性决定的,项目在运作过程中通常需要组织内外部多个部门、机构的配合才能进行下去。

非营利组织的项目,按照不同的标准有不同的分类。按照项目资源来源的国别划分,可分为国际项目和国内项目;按照项目的来源划分,可分为组织外部项目和组织内部项目;按照项目涉及的领域划分,可分为扶贫项目、环保项目、教育项目和医疗卫生项目等。

二、非营利组织的项目管理

综观世界,绝大多数非营利组织都是采用项目管理的运作方式。项目管理知识体系(PMBOK)总结了项目管理实践中成熟的理论、方法、工具和技术,把项目管理知识划分为九个知识领域(集成、范围、时间、成本、质量、人力资源、沟通、风险和采购),每个知识领域包括数量不等的项目管理过程。

非营利组织的项目管理活动遍布社会的各个主要方面,主要集中在六个领域:①慈善救济领域;②对人权和弱势群体的权益倡导与保护领域;③救助贫困和促进发展中国家的经济社会发展领域;④城乡社区服务领域;⑤以行会、商会、企业家协会和专业性事务所为代表的经济中介领域;⑥环境保护、生态和资源的保护领域等。

由此可知,非营利组织的项目管理以服务类项目为主、其他项目为辅。相应的,非营利组织的项目管理就有各种不同的分类方法。按照资源来源,可分为组织内部项目和组织外部项目;按照项目资源来源的国别,可以分为国内项目和国际项目等;按照不同的领域划分,可分为扶贫项目、医疗卫生项目、环保项目和教育培训项目等。从这些类型的项目可以归纳出非营利组织的项目管理的定义。

所谓非营利组织的项目管理是指:非营利组织为了实现其宗旨,通过项目申请的形式获取资金、人力等资源,并优化配置所获得的资源,组织、计划、控制项目的运作过程,达到项目的既定目标。[①]

非营利组织的项目管理与工程类等主流项目,在管理侧重点、申请对象和营利性方面存在区别:

(1)非营利组织的项目管理侧重于服务类项目,满足于特定群体的服务需求;主流项目管理更多地侧重于工程类项目,满足于完成既定的工程项目目标。

(2)非营利组织的项目大多数是向组织外部进行申请,内部申请的项目较少;主流项目管理主要以组织内部申请为主。

(3)非营利组织的项目管理,主要目的是实现其组织的宗旨和理念;主流项目管理看重盈利,更多地考虑如何优化定量的资金。

三、非营利组织项目管理的原则

由于非营利组织的特性,在进行非营利组织项目管理的时候,应当遵循以下原则:

(1)围绕组织宗旨开展项目管理活动。非营利组织的宗旨是其存在的依据和行动的最高纲领,在进行项目管理的过程中,所有活动都必须以符合组织宗旨为最优先考虑的因素。当然,如果组织在实现其宗旨的基础上还有所余力,可以适当考虑参与与组织本身宗旨相关性不大或并不相关的项目。

---

① 王名.非营利组织管理概论(修订版)[M].北京:中国人民大学出版社,2010:190-191.

(2)坚持组织项目管理的可持续性。因为许多非营利组织的项目都需要比较长的时间,只有坚持项目管理的可持续性和长效性,才能将人事变动、现实情况发生变化等突发事件所带来的危害降到最低。

(3)项目管理过程重视项目申请环节。前面我们讲过,非营利组织的项目管理始于项目申请,终于项目评估。能否申请到项目,关系到非营利组织的生存和发展。重视组织项目申请的环节,有助于提高组织的竞争力,更好地保障项目运作过程所需要的各种资源,从而实现非营利组织的宗旨。

(4)项目管理过程注重运作效率。非营利组织虽然不以营利为目的,但是由于组织内部资源的有限性,还是要注重项目运作的效率,尽可能地控制成本、优化资源,提高效率和效能。

第二节 项目申请

项目申请是非营利组织进行项目管理时的首要环节,只有项目申请成功了,才会有一系列的后续运作程序。

一、项目选择

1. 项目的遴选阶段

非营利组织的项目选择涉及一系列的决策活动。非营利组织资源的有限性,使得并不是所有的项目都值得或者有能力实施。这时非营利组织就需要借助某种方法从中选择对非营利组织宗旨的实现最有利的项目。因为每个项目都可能存在其独特的优势和劣势,那么非营利组织就必须根据组织宗旨能否顺利实现来对各个项目进行横向比较。这就是非营利组织在项目选择阶段所要做的第一件事情——项目的遴选。

2. 项目的设计阶段

项目遴选之后,就要开展项目的设计。这个阶段可以通过以下步骤来实现:

(1)分析组织自身与合作对象的现实情况。主要是分析组织的近期战略目标,并总结以往项目所积累的经验。我们知道,宗旨是非营利组织存在的依据和行动的最高纲领,而组织的宗旨是通过一系列战略规划来实现的,那么,近期的战略目标就显得尤为关键。在非营利组织进行项目设计的时候,就必须充分考虑如何与组织近期的战略目标结合起来。

非营利组织的项目,一般都需要找合作对象(即资助方),向其申请所需的资金等。在项目设计阶段,对合作对象的情况进行深入分析,有利于提高项目申请的中标率。一般而言,分析的内容包括过往的合作经历、高层领导变更的情况、合作对象的合作意向以及一些其他的必要资料等。

（2）分析当地实际情况。每个地方都有自己独特的自然地理环境与人文环境，只有根据当地的情况和特色设计出来的项目才能顺利实施。因此，非营利组织在设计项目时要有充分利用当地各种资源和分析所提供服务的市场需求的意识。

（3）项目选题。非营利组织项目选题是根据非营利组织和资助机构的关系来划分的，主要有三种形式——命题式选题、非命题式选题和合作式选题。命题式选题是项目资助机构有明确的项目指南，非营利组织必须在资助机构的项目指南的范围内进行；非命题式选题是资助机构没有明确的项目指南，但是非营利组织和资助机构有明确的申请意向，选题只是一个磋商和调整的过程；而合作式选题则是非营利组织和资助机构有明确的合作意向和经费意向，但还未有明确的项目指向，选题是为了在合作的基础上明确项目指向的过程。

（4）可替代方案的设计。对于合作方而言，仅有一套方案是远远不够的。因此，对一个项目而言，非营利组织在进行项目设计时，必须有若干套不同的可供选择的方案供合作方进行挑选。因此，要求在进行项目设计时，把各种思路都罗列出来，为项目的可行性论证和最终方案的确定提供素材及决策依据。

3. 项目的选择阶段

项目的选择，是指在前面各个备选方案中挑选技术上可行的、投入和产出比例最优的以及可以实现非营利组织宗旨的方案的过程。

二、项目可行性分析

通过前面的项目选择环节，运用项目方案选择方法对各个项目进行初步遴选后，就可以运用可行性研究来对项目进行最后的选择。项目可行性分析对项目是否合理、是否可行进行了深入论证，既是项目决策的主要依据，也是项目建议书和项目实施的依据。

可行性研究（feasibility study, FS）最早起源于美国，是美国在 20 世纪 30 年代开发田纳西流域时开始推行的一种技术方法。二战以后，西方工业发达国家纷纷采用这一方法，并不断充实完善，被广泛应用于各领域，逐步形成了一整套系统的科学研究方法。

1. 项目可行性研究的过程

一般来讲，项目可行性研究的过程包括机会研究、方案策划、初步可行性研究和详细可行性研究四部分。

（1）机会研究。

项目机会研究包括一般机会研究和特定项目机会研究两种。一般机会研究主要是鉴别与发掘投资的机会、找到资助方达成投资意向，并形成可供选择的项目发展方向和投资领域，如地区研究、资源研究、政策研究和部门研究等。特定项目机会研究则主要用于筛选项目，提出具体的项目建议。对比而言，特定项目机会研究比一般机会研究要更深入、更具体，包括环境分析、市场研究、优势分析、论证结论等。

(2)方案策划。

项目可行性研究小组根据项目的目标与组织的宗旨,进行总体规划与设计,主要包括总体方案设想与规划、各部分功能设计和方案选择等方面。总体方案设想主要包括概念创新、方案设想等内容;总体方案规划则包括布局、规模、指标等方面;各部分功能设计包括子系统功能、子系统联系等内容;方案选择与确定主要是对经济、环境、技术、风险及周期等方面进行比较,从而确定1~2个方案做进一步研究与论证等。

(3)初步可行性研究。

这个阶段主要是对项目进行初步的论证和估计,分析项目的发展前景、关键技术管理方面的问题以及相关研究并确定工作内容。初步可行性研究要回答该项目的必要性、所需的时间周期、资源需求、资金筹措来源、所得利益以及可能存在的风险等问题。初步可行性研究报告主要包括以下几个方面的内容:初步估算市场潜力与组织能力;对项目建设和运行过程的资源需求做出预测性研究;对技术、进度、投资额、成本等内容形成项目总设计;最后是项目收益的估算,主要包括经济性、技术性、环境结论等内容。

(4)详细可行性研究。

在决策前对与项目相关的经济、技术、环境、政策等方面的条件和情况再次做出详尽、系统而全面的调查、研究与分析,对各种可能的建设方案和技术方案进行充分的比较论证,对项目完成后所获得的组织目标达成情况、经济效益和社会效益做出预测和评价。详细可行性研究是项目评估和决策的依据,主要内容包括项目总论(介绍项目背景、实施必要性、项目依据和范围需求预测)、项目规模(包括市场需求、实现能力、项目竞争力以及技术经济分析等内容)、资源情况(包括资源到位情况、人员配备、技术具备等内容)、设计方案(包括项目范围、运作方法、时间进度和工作量安排等内容)、组织建设方案(包括合作机构配置、人员配备与培训方案等内容)、投资估算与资金筹措方案、社会及经济效果评价等内容。

2. 编制可行性研究报告

项目可行性研究是项目投资决策前对项目进行技术经济论证的项目阶段,通过对项目的主要内容和配套条件,如市场需求、项目规模、环境影响、资金筹措、组织宗旨实现的程度及能力等,从技术和经济等方面进行调查研究和分析比较,并对项目完成后可能取得的经济效益及社会影响进行预测,从而提出该项目是否值得投资和如何进行建设的咨询意见,为项目决策提供依据的一种综合性的分析方法。可行性研究具有预见性、公正性、可靠性、科学性等特点。

可行性研究的成果最终要形成可行性研究报告。针对不同类型、不同规模的项目,可行性研究报告会依据实际情况有所增删。一般来讲,项目可行性研究报告包括以下几个部分:

(1)项目总论部分,主要包括项目的基本情况、可行性研究结论、存在的问题及建议等内容。

(2)项目背景和发展概况,主要是论述项目提出的背景、项目发展的概况以及项目投资的必要性等内容。

(3)项目的对象、市场分析,主要是对服务对象和市场进行调查,了解服务对象和市场的现实需求,从而决定项目实施的方案和建设的规模。

(4)建设条件,主要是论述现有的和需要的资源情况,并对建设区域等环境进行选择。

(5)技术方案,包括项目的组成、具体的生产技术方案和其他工程等方面。

(6)项目组织,包括主持该项目组织的组织形式、工作制度、与合作机构的合作方式以及组织人员培训等方面。

(7)项目实施的进度安排,主要是对项目实施的各阶段进行确定,形成项目实施进度表,并将实施过程中所需要的费用罗列出来。

(8)投资估算和资金筹措,主要包括项目总投资的估算、分析资金筹措的途径,以及资金的投资使用计划等。

(9)可行性研究结论与建议,主要包括项目可行性研究之后形成的结论、一些附件和附图等。

项目可行性报告编制的思路是要能给项目资助方一个系统而完整的思路,项目可行性研究的结论和实施的要点,关键内容要有较高的信度和效度。

三、形成项目建议书

项目建议书是在对前期工作总结的基础上形成的向资助方提交的正式文件。项目能否申请成功,很大程度上取决于所形成的项目建议书能否打动资助方。

项目建议书的目的都是打动资助方,让其为本组织提供需要的资源,但不同的资助方对项目建议书有不同的要求。所以,非营利组织的项目建议书并没有规定的统一要求和格式,但还是有许多共性的方面。下面就对这些共性的方面进行介绍。

1. 项目基本情况介绍

项目基本情况介绍主要包括项目名称、项目单位基本情况、实施地点、项目时间、项目负责人、联系方式和项目简介等基本资料。这部分不需要太多的篇幅,简要介绍就可以。

2. 项目建议书主体部分

项目建议书主体部分的内容可以参考前面所形成的可行性报告,主要包括以下几个方面的内容:

(1)项目建设背景。主要解释两个问题:第一,已经具备的项目建设条件。主要说明该项目是否符合相关产业政策,是否具备相应的建设条件。如对项目所在地域的政治、经济、文化、生态和社会情况进行介绍,并分析这些要素有助于项目运作的情况。第二,进行项目建设的必要性。分析通过该项目的实施,项目资助方会有何种收益、项目受益人群将出现何种变化、项目所在区域将会出现何种改观,论证项目目标的实现程度等。

(2)项目建设的主要内容。这部分是整个项目建议书的核心内容,主要说明如何完成项目。概括来说,包括陈述项目目标、完成目标的具体方案,项目运作的方式,项目运作的简单计划等方面的内容。

(3)项目的时间安排。主要是明确交代整个项目实施的具体进度计划,要求附上详细的日程安排、阶段划分等具体的时间安排,如项目何时启动、何时截止、共有几个阶段等。

(4)投资估算与资金筹措。这部分的内容主要包括投资估算的依据和计划的资金来源。所有的项目建议书都要求列出清楚详细的预算计划,以便资助方提供资金支持和资金使用监控。因此,要求在形成项目建议书的时候,要注意提出项目投资估算的理论和现实依据,强调投资估算的科学性。同时,要相应附上计划需要的资金共有哪些来源、需要资助方提供哪些部分资金。这样的项目预算才更有说服力,更容易让资助方信服并支持。

(5)项目成果分析。主要阐述该项目运作后最终可能产生的成果。有许多非营利组织的项目申请是在其前一项目运作基础上提出的再申请,因此,有必要将该组织之前项目中已经取得的成果进行展示,加强期望项目成果实现的可信度。

(6)风险应对措施。这部分内容也非常重要,可以增强资助方资助的信心,主要探讨项目在运作过程中的潜在风险以及应对措施。

3. 人员配备

人员配备主要包括参与人员基本情况和合作机构两部分。在人员配备方面,要对项目的主持人和具体执行负责人的情况进行详细介绍,并重点强调其职业经历、项目运作经验和在该领域内的研究经历等。需要有合作机构参与到项目中的情况,应该在项目建议书中列出合作机构的基本情况及双方合作形式和合作内容,并附上相应的书面合作承诺。

4. 附件部分

附件部分主要包括一些证明材料、建议书中涉及的数据来源等文字材料。如合作机构的意向书、市场需求情况的初步调研和预测报告、有关部门对资金安排的意向书,或相关主管部门对该组织项目的意见等。

第三节 项目运作管理的程序

项目的运作管理,是非营利组织项目管理的核心环节。根据项目管理知识体系把项目管理过程分为五类:

(1)启动。成立项目组开始项目或进入项目的新阶段。启动是一种认可过程,用来正式认可一个新项目或新阶段的存在。

(2)计划。定义和评估项目目标,选择实现项目目标的最佳策略,制订项目计划。

(3)执行。调动资源,执行项目计划。

(4)控制。监控和评估项目偏差,必要时采取纠正行动,保证项目计划的执行,实现项目目标。

(5)结束。正式验收项目或阶段,使其按程序结束。

虽然各种组织进行项目管理的方法和程序都有所差异,但共同目标都是优化项目资源的使用,强化项目各种活动的管理,进而实现计划的目标。根据非营利组织项目管理的特点,我们将非营利组织项目运作管理的程序总结为:启动和计划、执行、控制三个部分。

一、项目启动与计划

项目启动,是指由于项目中的一般项目工作人员对项目的具体实施细则了解程度不高,因此需要一个带有动员会和培训会性质的项目启动会议,来加强每个参与项目工作人员的素质和能力。这种类型的项目启动会议,可以使项目工作人员明确自己的职责和项目的实施方案,并对项目的运作方式有相应的了解,更好地发挥其积极性和主观能动性。

"凡事预则立,不预则废。"这句中国古话告诉我们,每做一件事,都要有预备、有计划,才能逐步完成。要制订一个计划,把人力、财力、时空、人事等关系,都能预算到计划之中,这样计划的实现就自然有望。

项目计划(project plan)就是为了完成项目目标而对项目所需的人力、财力、物力和宣传活动等进行合理的安排和落实。而非营利组织的项目计划则是围绕着非营利组织本身的项目目标展开的,通过确定项目的各项工作任务、项目进度等活动,保证组织能在规定的时间内,尽可能有效率地完成。项目计划的繁简程度根据项目的性质和执行人员的经验确定。

项目计划可以分为项目总计划和年度工作计划。项目总计划一般由项目经理来完成,其制订流程为:首先再次确定项目目标、资金到位情况、各项活动达到预期情况,经过项目参与人员的充分讨论之后,最终制订出项目总计划。制订项目总计划是为了减少不确定性和无把握性,进一步明确项目目标,提高项目运行效果,并为项目控制和项目评估提供基础。年度工作计划则是在项目总计划和项目预算的基础上制定,主要明确年度的工作内容、工作方法、工作量、时间控制、参与人员详细分工、预期效果及详细的报告程序,以及所需资金的年度预算等。

项目计划是整个项目管理的一个重要阶段,在项目中起到承上启下的作用,因此在制订过程中要按照非营利组织的宗旨、项目总目标进行计划制订。项目计划经批准后将

作为项目的工作指南。在项目计划制订过程中,一般应遵循以下四个原则:

(1)目的性。项目都有一个或数个确定的目标,因此任何项目计划的制订都必须围绕项目目标的实现展开。在制订项目计划时,首先必须分析目标,弄清任务。

(2)系统性。所有的项目计划都是由一系列子计划组成的,各组成部分彼此之间相对独立,又紧密相关。因此制订项目计划的时候也要考虑到系统具有的目的性、相关性、整体性等特征,尽可能使项目计划成为一个有机协调的整体。

(3)效益性。虽然非营利组织并不以营利为目的,但是由于组织资源的有限性,因此,其项目计划的目标不仅要有较高的效率,同时还要求有较高的效益。

(4)动态性。一个项目的周期往往会持续较长时间,在此期间,项目的内外部环境常常处于不断变化的过程中。要保证按时保质地完成组织的项目目标,就要求制订出来的项目计划具有动态性,这样才能适应不断变化的环境。

二、项目执行

项目的执行,是指调动资源、执行项目计划的具体过程。项目执行(project execution)是指正式开始为完成项目而进行的活动或努力的工作过程。由于项目最终可交付的成果是在这个过程中产生的,所以该过程是项目管理应用领域中最为重要的环节。在这个过程中,项目经理是一个至关重要的角色,应该赋予其项目运作过程中足够的自主权,在项目总计划和年度工作计划的框架下,自主安排调整工作,确保项目的有效运作和管理。项目经理要协调和管理项目中存在的各种技术和组织等方面的问题,因此,项目经理要求具有丰富的项目运作经验和强大的组织协调能力。在执行一个项目之前,项目经理要做好一系列准备工作,尽量为后续的项目执行工作过程创造有利的环境。

一般来讲,项目执行需准备的工作内容有:项目计划的核实;项目参与人员的确认;项目团队的组建;项目具体规章制度的实施和项目的执行动员等。在项目执行过程中,要注意做好以下工作:尽量按原定计划执行;确认任务范围;保证工作质量;建设好项目团队;信息沟通和合同管理等。

项目执行的工作步骤如下:

(1)安排即将进行的工作;

(2)对进行工作的人员授权;

(3)时间控制和管理;

(4)项目费用预算管理;

(5)组织项目团队按照项目计划完成预定的工作。

三、项目控制

我们经常说:"计划往往赶不上变化。"在项目实施的过程中,经常会因为对周围环境的掌握程度不高和相关信息的搜集不足而面临不可预料的变化,导致项目的实际结果与项目设计中期望达到的效果有所偏差。因此,非常有必要对项目的实施实行项目控制。

项目控制(project control)是以事先制订的项目计划和各项指标为依据,定期或不定期地对项目实施的所有环节与工作情况进行调查与分析,发现项目活动与标准之间的偏离,分析成因,研究纠偏措施,并提出切实可行的实施方案,供项目管理层决策的过程。

项目控制的内容包括项目监测和项目控制两个方面。

1. 项目监测

项目监测也称项目跟踪,是指项目的管理人员根据项目的计划和目标,在项目实施的过程中对项目状态以及影响项目进展的内外部因素,进行及时、连续、系统记录和报告的活动过程。

项目监测是十分必要的,因为它可以验证项目计划是否可执行和是否可以被完成。现实中,有许多项目因为对周围环境和其他变数掌握不足,项目计划往往会考虑得不够全面,这就有必要对其进行改进和完善。

项目监测的实施主体是项目经理。项目经理不仅负责制订项目计划,同时还有职责对项目的实施工作进行协调和调配,及时根据监测得到的数据,调整项目计划的实施,确保项目目标的实现。

项目监测是为了解项目的实际进展情况而进行的,主要针对计划、任务和项目成员三个方面。如了解成员工作的完成情况、整个项目计划完成情况等内容。项目监测的基本目标是,找出项目实施过程中潜在的问题,采取相应措施或制订修复计划。

项目的监测,主要包括以下内容:评价项目实施的实际情况和计划的完成程度、检验各项指标、进行需求和变更批准、检查工期进展与项目要求是否一致、监视资源的使用情况、项目成本监控等。

项目内部评估、项目计划和项目监测的关系如图8-1所示。

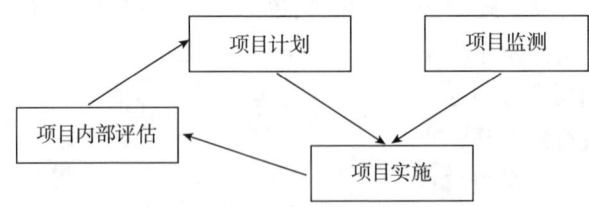

图8-1 项目内部评估、项目计划和项目监测的关系

2. 项目控制

非营利组织项目控制是指项目在运作过程中,项目的管理者对项目的实施情况进行跟踪监测,把握项目的实施情况和实际进展,并采用各种控制方法,保证项目计划预期目标的顺利实现。在这个阶段,首先要做的是根据项目计划对项目目标和方向进行设定,尽量使项目朝着项目计划所确定的目标和方向前进。其次是更加有效地利用资源,进一

步提高项目资源的使用效率。

制订项目计划是在预见问题、预测问题,而项目实施阶段则是通过对项目的监测和控制去判断问题、纠正偏差,进而对计划做出适当变更,更好地完成项目目标。

项目控制的重点在于项目的范围、质量、时间和成本控制。

项目的范围控制,是识别项目出现异常或不利变更的位置,在可能的地方对这些变更进行收缩和限制。范围的变更往往直接影响到项目的工期和成本,因此控制项目范围变更可以起到控制工期和成本的重要作用。项目范围变更控制主要通过变更控制系统和配置管理来实现。

项目的质量控制,是保证项目最终成果和项目的工作过程符合项目预期计划所要达到的目标。在项目管理的过程中,各级项目负责人需要采取各种预防措施去防止工作失误或错误,避免错误重复发生。进行项目质量控制的主要做法是在书写项目计划阶段制订一个质量管理规划或计划。

项目的时间和成本控制,是为了使项目在预算的时间和成本内完成,使项目的工期超标和费用超预算降到最低。因为即使项目经过最细致的规划和估算,也可能因为意料外的或者超出人力控制的因素而出现工期落后和成本超支的情况。例如,项目范围的改变、天气突变、运输的中断等不可预料因素。

第四节　项目评估

评估,原意是指评价、估量。根据不同的划分标准,评估可以划分为多种类型。如按时间顺序,可分为预评估、过程评估和效果评估;按评估的内容,可以分为量化评估、登记评估、单项评估和整体评估;按来源划分,可分为项目内部自我评估和外部专家评估等。

项目评估(project evaluation),是指直接项目投资活动中,在项目可行性研究的基础上,从整体的角度对拟建设项目的计划、实施方案等进行全面的技术、经济论证和评价,从而确定该项目未来发展的前景。这种论证和评价将为决策者选择项目及实施方案提供多方面的建议,客观、准确地将与项目执行有关的资源、技术、经济、社会各方面的数据和资料完整地呈现于项目决策者面前,使其能够做出正确决策。

一、项目评估的原则

非营利组织项目的评估原则主要包括如下几个方面:

(1)项目评估的客观、公正且科学原则。非营利组织项目评估必须保证评估的客观性、科学性和公正性,评估的过程中必须用数据和事实说话,避免在分析原因和形成结论时做出不客观的评价,最好是让没有参加该项目的第三方人员担任项目评估者。

(2)项目评估的可比性原则。评估的目的在于通过比较判断、综合评价之后选出较优者。因此,在项目评估的指标设置上,应该强调可比性原则,采用含义明确、口径一致的评估指标。

(3)定量分析与定性分析相结合的原则。非营利组织项目目标以提供服务为主,导致其项目评估的测量指标较难量化,因此,在项目评估的评估指标设置过程中,必须采用定量分析与定性分析相结合的方式,才能客观公正且科学地做出评价。

(4)公开性和反馈性相结合的原则。项目评估结果的公开有助于提高非营利组织的社会公信力,也有助于资助方和社会公众对非营利组织及其项目活动进行监督和建议。同时,项目评估结果往往会作为下一个阶段工作的起点或新项目申请工作的基础,因此必须注重项目评估的反馈性。

(5)微观效益分析与宏观效益分析相结合的原则。既要分析项目实施过程中组织宏观效益情况,也要分析各个项目组具体的效益情况。在此基础上,不断地提高各项目小组的效益,从而实现项目的整体效益。

二、项目评估的内容

非营利组织不以营利为目的,且大多以提供服务为主要目的。因此,非营利组织项目评估主要可以通过诚信度评估指标、使命与战略评估指标、项目绩效评估指标和组织能力评估指标四大评估指标来进行。

一般而言,在进行正式的项目评估之前,必须先拟定一个评估提纲。评估提纲主要包括项目背景、项目目标、项目主要内容、各阶段实施情况、评估目的、评估问题、评估成员、评估时间和评估报告等内容。评估提纲是项目评估的依据和基础。

在评估提纲的基础上,各方面的评估内容主要有以下几个方面:

1. 项目目标和投资必要性的评估

主要分析:项目是否符合组织宗旨和行业规划;拟投资项目对组织发展和宗旨实现的作用如何;拟投资项目的规模经济性如何。

2. 项目的设计和建设条件评估

主要评估:该项目是否和组织宗旨紧密相关;可使用资源是否齐备;周围地域和环境是否适合实行项目;原材料、人力和资金等供应是否充足;交通运输是否可以保证项目的顺利进行;相关的协作配套项目是否已经落实;等等。

3. 项目财务情况评估

主要评估:项目的投资估算与实际资金使用是否符合;项目总的收支是否平衡;各项目进行过程中有无出现超支或者支出失控的情况。

4. 项目成果评估

主要评估:项目预期目标是否实现;现实成果和目标成果的差距;项目各项指标的完

成情况如何;等等。

5. 项目组织和管理能力评估

主要评估:项目组织机构的设置情况是否科学、合理;项目实施过程中遇到何种问题以及解决问题的能力;项目的进度与项目计划设定有何偏差;项目管理者是否能够调动项目工作人员的积极性和创造性;等等。

6. 受益对象评估

鉴于非营利组织的非营利性,在进行项目评估时,要把对受益对象的评估放在比较重要的位置。主要评估项目是否覆盖到预计的受益群体、受益群体的参与程度等方面。

7. 总体评估

在以上各项评估的基础上,结合投资宏观的政治、经济和社会状况对该项目进行总体评价。

三、项目评估的基本程序

在进行项目评估的时候,可以遵循以下基本程序。

1. 项目评估组织安排

在开始进行项目评估之前,组织安排是项目评估工作的第一步,主要是做好组织评估力量和制订评估计划两个方面的工作。

2. 项目评估资料收集

收集与项目实施有关的各种资料数据,并进行查证核实,在此基础上做进一步的分析研究;根据评估内容和分析要求,通过项目调查和受益群体调查,进一步收集一些必要的数据和资料;根据查证后发现的问题和疑问,进行调查核实;将收集到的大量资料加工整理,最终汇总归类,供评估中审查分析或编制调查表和文字说明材料使用。

3. 项目审查分析

审查分析是在项目评估资料收集阶段收集到必要的资料后开始的工作,主要包括项目基本情况审查和项目财务分析两个方面。具体内容有:组织和项目概况审查;项目规模分析;项目设计分析;项目财务预测;项目财务效益分析和项目经济效益分析。

4. 项目评估报告的编写

在对项目的各项情况进行调查和分析之后,由评估机构编写项目评估报告。项目评估报告主要是对项目进行的过程和可行性研究中的多项方案,进行比较评估,对比出最优方案,最后提出对该项目的评估结论。

四、评估报告

评估报告是项目评估的成果,有相对固定的格式,内容一般包括项目摘要、项目概况、项目实施时的内外部影响因素、评估方法说明、评价指标、经验教训、最终结论和意见、参考资料等内容。评估报告的文字应力求准确清晰,尽可能不用过于专业化的词汇。

本章小结

当今世界各国的非营利组织,绝大多数都是采用项目运作的方式进行管理。本章全面介绍了非营利组织项目管理及其主要原则,并对非营利组织项目申请,项目运作管理和项目评估的概念、过程和实施步骤等内容做了系统而深入的分析。非营利组织的项目管理主要围绕非营利组织的宗旨展开。在项目管理的过程中,项目申请是工作的开始,其关键是编制可行性研究报告和项目建议书;在项目运作的过程中,核心在于做好项目控制的工作,包括项目监测和项目控制;项目结束后的评估工作也同样重要,因为它将是下一个项目申请的开端。

复习思考题

1. 非营利组织项目选择阶段,如何对各个备选项目进行遴选?
2. 可行性研究报告在编制的过程中要考虑到哪些因素?
3. 我们经常说"计划往往赶不上变化",如何理解项目计划的必要性以及与项目执行之间的关系?
4. 非营利组织的项目评估应该注意哪些问题?

课后案例

世界宣明会的评估标准

世界宣明会(World Vision International)由卜皮尔(Dr. Robert Pierce)于1950年成立,是一个以儿童为本的国际救援、发展及公共教育机构,致力于为贫困地区的儿童及其家庭、社区服务。目前在全球约100个国家或地区开展工作。1993年正式成立中国办事处,在中国拓展各项扶贫及社区发展工作。2017年按照《中华人民共和国境外非政府组织境内活动管理法》,世界宣明会以"世界宣明会中国基金有限公司"作为独立机构进行申请,继续为有需要的社区及儿童提供服务。

世界宣明会在非洲WASH项目(一项为非洲当地社区提供获取清洁卫生水源的项目)中,采用了一套虽然简单但有意义的评估标准。国际非政府组织制定衡量项目效果的评估标准时,往往会遇到很多实际操作层面的问题,例如,项目的评估通常都是由执行项目的当地社区付诸实践,而提供运作基金的资助人却远在大洋彼岸等地方。因此,在制定评估标准的时候,要求标准必须简明,且同时对资助方和被资助方都有意义,以实现共同的愿景和良好的成效。

世界宣明会的项目评估的做法分三步进行:

第一步,对参与项目的需求采用统一的评估标准。世界宣明会明确界定该项目可量化的评估标准是:在一年12个月之内,人们从家中出发,在30分钟以内可以到达清洁的水源地获取水源。以痢疾和腹泻症状下降的发生率,以及因不再需要离家取水而重返校园的女童的数量,作为项目影响力评估的标准。

第二步,保证资源获取的可持续性。该项目重要的评估标准包括构建社区水源委员会以管理水源点,向使用该水源的人收取一定的低廉费用用于日后的维修和日常维护人员的培训。该项目在5年多的时间里筹集了350万美元用于聘用更多的技术专家、雇用项目承包人、购买设备以及落实持续性的评估体系,将非洲10个国家范围内获取水源的速度加速5倍。

第三步,衡量有效性与结果。在项目实施的最初两年,由于开发了供水能力更强的水源点,同时根据地形需求调整钻井方式,获取水源的成本由80美元减至50美元。

世界宣明会通过以上可操作性、可量化的评估标准,对项目的挑战和潜在影响力进行充分评估和有效沟通,使受益人、掘井队和资助方(潜在资助方)等项目相关主体都能深切感到自身与该项目的密切关系。

资料来源:拉里·普罗帕斯. 影响力评估:让公益项目惠及更多人[N]. 公益时报,2013-05-15。

思考题

世界宣明会的项目评估法有哪些值得借鉴的地方?

第九章

非营利组织营销

学习目标

通过本章学习,学生应达到以下学习目标:一是非营利组织营销的概念,要求理解非营利组织营销概念的核心,即产品、价格、推广和渠道。二是非营利组织营销的特征与意义,要求了解非营利组织营销的意义;理解其目标的多重性、营销的社会化、服务的广泛性及营销的伦理性等特征。三是非营利组织与营利组织营销的异同点,要求了解非营利组织与营利组织营销的相同点,掌握二者的差异。四是非营利组织营销策略,要求掌握如何进行非营利组织的内外部环境分析和非营利组织营销组合所包含的策略。五是非营利组织营销的理念优化与发展趋势,要求理解非营利组织营销的理念优化与发展趋势。

案例导入

"瓷娃娃"罕见病关爱中心的品牌建设

"瓷娃娃"罕见病关爱中心自 2008 年 5 月发起，2011 年正式注册。该组织前身是由"脆骨症"等罕见病群体自发形成的非营利民间的公益组织。以为罕见病群体建立平等、受尊敬的社会环境为愿景，以"还好，我们的爱并不脆弱"为口号，以为脆骨症为主的罕见病群体给予关爱、医疗救护，并提供能力培养与社会参与的平台等为基本工作内容。该组织目前拥有实习生、志愿者以及其他工作人员，并且设有专门的形象大使，顾问团队的构成也涉及医务、法律、财务以及整个机构发展方面，都由各行业较为优秀的专业人士担任。

"瓷娃娃"罕见病关爱中心的品牌定位主要经历了以下过程：从一开始以寻找病友进行交流而创建的名为"玻璃之城"的论坛，而后在交流过程中发现自身生活的共同障碍而建立的瓷娃娃关爱协会和改版的瓷娃娃网站，以及后期以对罕见病人群开展各方面的救护服务、使其得到社会的认可和尊重以及能够在一定程度上享受与普通人平等的权益为主旨，建立了如今的"瓷娃娃"罕见病关爱中心。目标受众也就由脆骨症病友拓展到了以脆骨症为代表的罕见病群体。

组织在品牌推广方式上的变化以 2008 年 5 月瓷娃娃关怀协会建立后的首份杂志创刊为起点，从脆骨症患者绘画作品巡回展览活动、设立相关基金、举办病人大会并使之成为组织具有延续性的传统、建立关爱之家等实体宣传推广方式，到诸如联合央视《经济半小时》录制主题节目、参与央视《梦想合唱团》录制以国内主流媒体为平台进行推广使其进入更多人的视野，再到利用微信、微博公共账号，参与微公益以及陈坤"行走的力量"主题系列活动，将"瓷娃娃"公益品牌推向更广阔的舞台。在"瓷娃娃"公益品牌的建设过程中，体现得最明显的莫过于"瓷娃娃"公益品牌再定位方面，表现为目标群体的调整，由脆骨病病友拓宽到罕见病病友以及到现在的残障人士；服务内容也由最初的医疗救护，拓展到了关爱服务、能力培养、公众参与、政策研究，呈现全方位、多层次的特点，保证了组织自身的社会地位与在公众心目中的公益形象。

资料来源：郁可. 公益组织品牌建设研究——以瓷娃娃罕见病关爱中心为例[J]. 现代交际, 2016(21): 35-36。

思考题

"瓷娃娃"罕见病关爱中心在品牌推广中运用哪些方式将自身的价值观念传递给受众？

第一节 非营利组织营销的概念

营销（marketing）一词来自私营领域，是关于需求和市场的学问。非营利组织是否也需要营销管理？人们的结论至今莫衷一是。然而，通过现实我们看到，营销实际上是一种涉及甚广的社会活动。营销不仅限于企业的产品和服务，也同样适用于非政府领域：招生是学校的营销行为，服务患者是医院的营销表现，募捐是社会行为的营销活动，等等。而且，在长期的实践中，我们更加深刻地意识到：只有建立起面向需求、面向受益者、面向市场的健全的营销体制，实施积极创新的营销策略，在组织运作和管理的全过程中坚持营销导向，非营利组织才能在不断变化和充满竞争的社会现实中立于不败之地。

一、非营利组织营销的定义

营销学大师科特勒对营销有一个经典的论述：营销是"分析、规划、执行与控制一套精心的制作的机会，借以达成企业所预设的目标；为了达到企业的这个目标，组织本身也必须根据目标市场的需求以及期望来提供产品，同时组织也要运用有效的定价、沟通以及分配技巧，来告知、刺激以及服务目标市场"[1]。

本书中非营利组织营销是指：在达成组织目标、满足消费者需要的交换过程中，非营利组织通过创造、提供及与他人交换有价值的准公共产品而满足自身的需要与欲望。

非营利组织要达成组织目标、满足受众需求，就必须进行营销，而且必须进行有效的营销。每一个非营利组织都应当意识到营销是目前必须进行的变革。随着社会经济的发展，非营利组织只有将公益性和市场性相结合，发展面向社会、群众、市场的机制，不断地了解社会需求，改变运作方式和管理模式，坚持运用营销理念，才能有效地获取资源、提高管理效率、提高核心竞争力、促进民众的认可和支持，非营利组织才能完成自身的使命，更好地发展。

二、非营利组织营销的核心

营销的核心是所谓"4P"，即产品、价格、推广、渠道。对于非营利组织营销来说，同样遵从这样的核心。

1. 产品（product）

营销的第一个概念是产品。对于一个非营利组织来说，产品就是它所提供的服务或公共物品，而尤以服务为主。非营利组织的产品质量体现在服务中，提供的服务质量如

---

[1] 王彦彦.非营利组织营销研究[D].昆明：云南财经大学，2015.

何要以公众的标准进行衡量。非营利组织要向目标群体充分展示产品的核心利益,增强公众的信心,通过使目标群体满意来维系其忠诚度。为此,要求非营利组织在调查分析的基础上开发并创造出公众所接受的产品,通过由指导到引导的过程来满足公众的需求。例如,北京市政府为方便市民出游,推出便民旅游工程,开通18条旅游专线直通北京市的各主要景点,并且费用支出经济合理。人们可以自由选择,尽情享受清新自然之风,领略田园郊野情趣,追寻名胜古迹神韵。

2. 价格(price)

营销的第二个核心概念是价格。对于一个非营利组织来说,价格意味着对公共服务的收费。任何服务都包含着成本,需要通过收费来弥补成本,非营利组织虽然不以营利为目的,但是如果任何服务都分文不取,那么非营利组织将很难持续发展。不以营利为目的,是非营利组织应该具有的组织理念和宗旨,但是,不以营利为目的,并不说明非营利组织不能盈利,相反,如果非营利组织通过提供合适的公共服务得到一定的盈利,可以支持组织发展壮大,从而为社会提供更多更好的服务。事实上,服务收费是非营利组织资金的重要来源之一,而非营利组织营销的一项重要任务就是确定合适的价格。在一些国家,来自会费、收费活动和商业经营的收入超过了所有其他来源的收入,构成了非营利组织总收入的最大部分。与之相关,合理的服务定价也成为非营利组织必须面对的重要问题。但需要注意的是,由于非营利组织的非营利性,其定价机制并非利润导向,而是侧重于满足顾客的利益需求。

非营利组织营销中的价格是由多种因素决定的,包括服务开发和让渡的成本、客户的支付能力、竞争对手的定价以及相关产品定位等。例如,中国不同高校的MBA学费从3万元到20多万元不等。其定价过程表现为:首先,非营利组织必须要确定自己的产品或服务的成本,包括直接成本和间接成本;其次,根据自己的资金来源,确定自身能够承担多少成本;再次,估计有多少客户,他们的支付能力如何;最后,了解竞争者的定价是多少。

3. 推广(promotion)

营销的第三个概念是推广。推广是指,如何让顾客知道你的产品正是他所需要的、如何扩大顾客群体、如何扩大组织本身的影响力等。对于一个非营利组织来说,推广意味着积极地宣传自己,扩大组织的社会公信度,让社会更多、更全面地了解组织,吸引公众对于组织提供的公共服务的注意力,让公众认识到这些服务的重要性,努力获得公众的支持、关注和热忱。大多数非营利组织是利用营销沟通来影响其目标群体行为的,它们选择公众乐于接受的媒体并传播针对目标市场的相关信息,以让客户了解其服务项目的价值所在。非营利组织常见的推广方式包括广告、宣传活动、人员销售。此外,通过邮递宣传材料来进行推广,最近几年也越来越常见。这些推广方式既可以单独使用,也可以组合运用。

广告在顾客认知的早期阶段是一种主要的推广手段。这时,非营利组织主要是介绍自己和提供相关信息。而选择价格适当的媒体、将重要信息传递给目标市场则显得尤为重要。人员销售主要用于对重要客户以及有明显消费意向的客户,或者当客户的购买行为比较复杂时,通常采用人员销售方式。宣传活动是一种普遍的营销方式。非营利组织通常会选择这种方式。例如,各个大学的招生宣传以及图书馆的学者讲座前期宣传等。

值得一提的是,在推广过程中,非营利组织在宣传产品与服务的同时,更重要的是将自己的价值观念、道德行为准则传递给顾客,使顾客能够理解、信任、监督、支持并参与到非营利组织的经营管理工作中。这恰恰超出了推广产品本身的意义。

从非营利组织营销的服务角度来看,其推广工作需要注意以下四个方面:

(1) 致力于开发和维护良好的、持久的顾客关系。在顾客需要的时候,员工以顾客期待的方式提供服务。

(2) 员工在与顾客接触过程中,当顾客的需求、价值、期望和愿望发生改变时必须做出快速反应。

(3) 与顾客接触的员工在提供服务时,必须担负控制质量的责任。

(4) 与顾客接触的员工在提供服务时,还要尽可能地推销服务。

4. 渠道(channel)

营销的第四个概念是渠道。对于非营利组织而言,渠道主要是指其产品或服务所覆盖的范围。非营利组织应将自己的产品和服务以最便捷的方式提供给目标群体,但大多数非营利组织都相对缺少资源,靠组织或机构自身无法完成渠道计划,因此,它们必须求助于人以获得其他机构的支持与协助。非营利组织要善于利用渠道分担成本,尽可能采取发展中介机构的一些有效措施,提供时空上的便利性,使少量的资源能够充分发挥效用。例如,非营利性的出版社,其图书销售就需要借助书店或书报亭等渠道。但是,部分组织也采取了直销形式(如邮购、网络销售等)。提供服务的非营利组织则大多采取直销的方式,例如,中欧工商管理学院的 CEO 课程采用直销的方式,向特定客户群体发出邀请,而且是非请勿到。这样,在不打广告、不开推介会的情况下,也收到了很好的效果。

第二节　非营利组织营销的特征与意义

一、非营利组织营销的特征

非营利组织营销具有与企业营销显著不同的特征。1978 年,克里斯托弗·H. 勒夫洛克和查理·B. 温伯格在《公共及非营利销售》中将其特征作以归纳。本书在此基础上将其总结为以下四个方面:

1. 目标的多重性

非营利组织倾向于追求多重目标。这与仅追求利润为目标的营利企业是有区别的。

企业虽然也存在多重目标,然而追求利润无疑是一切工作的中心。非营利组织实施营销管理,虽然不以营利为目标,但其追求的目标至少有两个:对内谋求本组织的发展壮大,对外为目标顾客提供最大利益。对其而言,利润不是第一目标。它倾向于追求多重目标,其中最主要的目标是实现组织的使命,造福整个社会,当然同时要尽可能地增加收入,使组织生存、发展、壮大。例如,一所大学要以未来学生、现有学生、学生家长、教职员工、当地企业、当地政府等为目标来开展其营销活动,对内实现学校组织结构的完善和组织效率的提升,履行办学宗旨,对外提升学校影响力和社会信誉度。需要注意的是,捐助者(特别是主要捐助者)的要求通常也会影响非营利组织的目标。因此,在非营利组织营销中,捐助者是组织要特别重视的服务对象。

对于非营利组织的营销人员来说,要想实现所有的目标是很困难的,因此,必须善于选择较为重要的目标,对多重目标进行重要程度排序,以便有效地配置组织资源。以红十字会为例,其以"保护人的生命和健康,促进人类和平进步"为宗旨,既要对自然灾害开展救助,又要开展普及卫生知识等人道主义活动。由于非营利组织目标具有多样性,所有目标同时实现较为困难,在管理过程中往往要根据现实情况分清主次,选择较为重要且紧急的目标优先配置资源。[①]

2. 营销的社会化

非营利组织的营销是一项非常复杂的社会化系统工程。非营利组织的营销不仅要考虑组织自身的因素,还要考虑组织与外部社会环境的关系与互动。20 世纪 70 年代,一些学者如杰拉尔德·蔡尔曼和菲利普·科特勒等提出了社会营销的概念。社会营销强调社会效益最大化。非营利组织的营销注重客户的长远利益和长期社会福利,因此,在其营销活动和计划中含有较多的社会营销成分,有的非营利组织还设置了社会营销经理(manager of social marketing)这一职务。另外,志愿者等的社会参与,可以降低非营利组织的营销成本,提高组织营销的效率。

在非营利组织的营销中要格外注重其形象与公关。非营利组织的营销具有社会化的特征,因此,在实施过程中,组织形象的塑造和公关手段的运用就成为两个十分重要的方面。组织形象的塑造是为了包装非营利组织,提升组织的声誉,而公共关系则是要通过有计划、持续的努力,建立并维持组织与公众之间良好的相互理解和沟通,它们在非营利组织的营销中居于突出地位。另外,公共关系还是维护组织形象的重要手段。例如,随着公费医疗改革的发展,我国的一些医院也开始重视市场营销,其基本特点就是注重形象塑造和公关宣传。[②]

3. 服务的广泛性

营利组织服务的对象是顾客,所以要以顾客为中心进行营销。而非营利组织不仅要

---

① 廖仲启. 官办社会组织功能转型与服务创新[D]. 南京:南京大学,2014.
② 李亚. 非营利组织的市场营销[N]. 天津日报,2004 – 09 – 03.

服务顾客,同时也要对捐助者营销。因为捐助者是非营利组织的资金来源,缺少了捐助,非营利组织将无法运作。另外,还要处理好与其他利益相关者的关系,要运用好公共关系营销手段,维护好自身的公众形象。唯有如此,才能获得更多的外界资源,形成较强的竞争力。

作为非营利组织,要树立营销导向,组织内部的每个人都要"想顾客所想",并且尽其所能地帮助营造并让渡优质的顾客价值。要树立全员营销、全过程营销的理念,从组织最顶层的高级主管到一般工作人员,每个人都要关注营销,例如,愿意倾听顾客,如学生、观众、病人、家庭、机构、捐助人等对组织的意见和建议,主动探索顾客的愿望与需求,识别组织应该提供的价值,创造由市场力量驱动的营销创新等。所有成员都应熟悉组织营销,经常思考客户需要组织提供哪些服务或项目。

此外,由于非营利组织提供的是公共服务,接受的是无偿捐助并免税,因此其行为将受到严格的公众监督,其活动必须要服从公众利益,承受着较大的压力。一旦出现不良事件,将产生严重的负面影响。如郭美美的炫富事件,虽然最终查明与红十字会无关,但对红十字会造成了很大的影响,导致其社会捐款锐减。[①]

4. 营销的伦理性

除上述特征以外,非营利组织营销还具有伦理性特征。现代医疗、教育、福利、科技等非营利活动,无不受到伦理的制约与影响。因此,非营利组织在进行营销活动时,要以人为本,要求员工不仅具有深厚的专业知识、高超的技能,而且具有高度的责任感和崇高的个人道德。例如,医务人员要发扬救死扶伤、人道主义精神及对医疗事业无私奉献的价值观、高尚的医德等。医疗营销与服务道德强调的是社会效益,医院要服务于全社会,使社会效益与经济效益有机统一。良好的声望与信用有助于非营利组织吸引顾客、捐赠者、潜在的志愿者和其他部门的支持者。例如,名牌大学与名牌医疗机构等比其他二、三流的大学、医疗机构所拥有的学生与患者要多,主要原因在于越来越多的学生及学生的家长、患者及患者的家属不仅对名牌大学、名牌医疗机构的教育与医疗感兴趣,而且他们在选择学校与医院时更多考虑名牌大学与名牌医疗机构的声望和伦理水平。因此,非营利组织在进行营销策划、制定营销战略、改善组织形象、提高服务质量时,千万不要忘记非营利组织的"大义性",要记住"义利共生"的道理。[②]

二、非营利组织营销的意义

一直以来,每当提到营销,人们往往认为它是企业所特有的,与非营利组织无关。事实上,几乎所有的非营利组织都在或多或少地使用营销的理念、方法和技巧。

20世纪70年代后期,在发达国家的非营利组织发展进程中,一部分非营利组织开始

---

① 王玲.非营利组织的社会营销探析[J].经济师,2015(2):30-31.
② 陈晓春,张彪.非营利组织营销的特征与原则[J].湖湘论坛,2004(1):84-85.

认识到，为实现其宗旨和目标需要应用营销理论，如大学、医院、慈善机构等。于是，非营利组织开展了一些尝试性的"营销"活动。例如，通过直接的邮寄宣传来筹集资金，通过公告和广告等形式刺激更多的社会群体选择非营利组织的服务。非营利组织力求在营销导向的指引下，增强人们的认同意识，从而增加政府和社会对非营利组织发展的支持。在此期间，有相当一部分非营利组织开始运用公共关系理论和方法，用于唤醒人们的公益意识，以增加政治与社会对本组织的支持。与之相对应，1969—1973年，几位著名的学者先后阐述了市场营销理论也能应用于非政府公共组织，认为市场营销是一种涉及方方面面的社会活动，并不局限于传统产品推销。各个大学的招生活动和出于各种目的的募捐都说明非营利组织的营销活动是客观存在的。

管理大师彼得·德鲁克对营销有着深刻的论述，他认为，通过营销，非营利组织对它们的服务对象的需求有了足够深入的了解，根据了解的信息，调整自身的公共服务产品以符合受益者的需求，从而使它们的服务无须销售就自行"卖"出去了。随着非营利组织之间的竞争日益激烈，加之非营利组织还受到来自营利组织的压力，人们更加明确地意识到，非营利组织也需要采用营销的手段参与竞争。

经验表明，营销可以帮助非营利组织更好地运作，其意义在于：

1. 营销是非营利组织生存与发展的需要

非营利组织存在"志愿者主义神话"，这也使一些非营利组织长期存在资金短缺、人力资源匮乏等现象，一些非营利组织甚至不能维持生存，只能解散。

非营利组织不能像其他企业一样通过出售商品赚取收入，只能通过政府支持、企业家和社会人士捐赠、会员缴费等形式筹集资金。它只是一个单纯的非营利机构，却也面临政府投入日益减少、机构运行成本上升、捐赠和资助减少、竞争对手增加等挑战。非营利组织管理者可以运用市场营销的理论和方法，确定非营利组织经营的战略目标和发展方向，制订实施战略目标的战术计划，从而促使非营利组织在全面了解预期的结果之后，采取准确的战术行动，以确保在取得短期业绩的同时实现非营利组织原定的战略目标和发展方向。[①]

2. 营销是非营利组织提高管理效率的需要

随着政府职能的不断转变，原来单一的组织不再能完成所有的工作，工作的范围不断扩大，使非营利组织的服务范围不断扩大，涉及的领域也在增加。在这种情况下，非营利组织应该不断加强自身的管理，适应时代的需求，提高管理效率。例如，非营利组织要雇用员工，对他们进行培训、安置、晋升，在公共关系方面，要花费人力、财力、物力与政府、企业及社会各界建立良好关系，还要注重财务管理、后勤管理等方面的工作。在这个过程中，非营利组织必须不断地规范化、市场化、高效化，打造专业团队，实现信息的全球

---

① 武志伟. 当前我国非营利组织实施战略管理面临的问题与对策分析[J]. 生产力研究, 2003(2): 176 - 177, 180.

共享,对资源进行最优化配置,高效率地实现组织目标。①

3. 营销是非营利组织提高核心竞争力的需要

一个企业要想立于不败之地,在内部需要良好的管理机制和对内凝聚力,在外部则需要强大的核心竞争力,只有与众不同才能适应当代激烈的市场竞争。对于何为竞争力、如何实现竞争力,不同企业拥有不同的标准,但是竞争力必须满足使企业不断发展、获得独特的优势并长久保持这样优势的特性。非营利组织与企业相似,要想发展壮大、持续发展,必须找到自己的核心竞争力。从组织自身出发考虑,非营利组织不具有营利性,是一个奉献性、志愿性的组织,主要为人们提供满足自身利益的服务和公共产品。有些非营利组织认为自身发展优越,无可取代,不需要通过营销来加强竞争力,从而导致组织缺乏透明度,公平性、公开性受到质疑,群众对组织的认知度、认可度和参与度降低的现象。② 因此,只有通过营销,与群众接触,了解大家的需求和愿望,不断研发新的项目满足大众需求,同时扩大知名度,吸引更多机构和民众的关注和支持,才能使非营利组织提高核心竞争力,实现可持续发展。

4. 营销可以促进组织获得公众认可与支持

非营利组织是一项在市场体制和国家体制之外的重大的社会治理中的组织创新和制度创新,尤其是我国的非营利组织,目前正处于经济发展的转型时期,在政府和社会的选择阶段,发展不成熟,力量较小,认可度不高,宣传也不到位,致使人们对非营利组织的概念、活动和产品缺乏理解,再加上政府支持日渐减少,人们对非营利组织产生一定的偏见,表现出冷漠、不支持的态度。因此,通过营销手段的运用,充分展现组织的目标、使命和愿景,打造更好的公众形象,增加知名度,鼓舞员工特别是志愿者的士气,是非营利组织获得民众认同和社会支持的有效途径。

第三节　非营利组织与营利组织营销的异同点

一、非营利组织与营利组织营销的相同点

1. 环境相同

非营利组织的管理者很早就开始了会计制度、财务制度、人事管理、战略计划等传统企业职能的导入,市场营销是在所有企业职能中最后一个被非营利组织采纳的职能。20世纪60年代以前,在卖方市场条件下,市场营销往往为非营利组织所忽略。而当这些

---

① 程秀丽. 我国非营利组织的营销研究[D]. 北京:中国地质大学,2007.
② 王彦彦. 非营利组织营销研究[D]. 昆明:云南财经大学,2015.

组织面临顾客背弃、会员减少、赞助金缩减等挑战时,就不得不开始考虑市场问题了。也就是说,非营利组织同样是由于所处环境的变化(由卖方市场变为买方市场)而引入市场营销的。

2. 作用相同

与营利组织相似,非营利组织在市场竞争中同样面临机构成本与来自竞争者的压力。市场营销为组织与其环境之间的联系架起桥梁,使组织对环境变化和顾客需求及时做出反应,在确保组织目标与战略的实现方面起着十分重要的作用。例如,许多大专院校纷纷运用市场营销原理分析自己所处的环境、所面对的市场和服务的顾客及其特性,评估现有资源状况及资源趋势,明确自己的使命、目标及市场定位。通过对市场、资源及使命的分析运作,不少大学做出了明确的营销决策,招生数量不断增加,教授招聘进展顺利,资金的募集日见成效且趋于制度化。

3. 过程相同

与营利组织相似,非营利组织"创造实现组织目标交换"的过程也是由一系列营销活动组成的,包括四个环节:分析非营利组织的营销环境—市场细分与选择目标市场—制定4Ps策略—实施和控制非营利组织活动。

二、非营利组织与营利组织营销的差异

非营利组织营销与营利组织营销有着很多相似之处,但是,由于非营利组织不仅要谋求自己组织的利益,更重要的是还要谋求目标群体的利益,为整个社会造福,因此,非营利组织营销又呈现出与营利组织营销明显不同的特征。

1. 客体不同

与营利组织不同的是,非营利组织不仅要对顾客进行营销,还要考虑对捐助者的营销。前者涉及资源的吸引和配置,而后者仅涉及资源吸引问题。另外,非营利组织还要妥善处理与其他各种利益相关者的关系。例如,美国一家知名度不高的医院想提高自己的顾客量,于是它聘请名医出诊、建立特色门诊、组织一系列水平较高的手术,然后将这些素材编集成册广为散发、报道,并在报纸杂志的专栏中发表文章,以此来吸引公众的注意。由于公共关系的合理利用,这家医院获得了很多的捐助和就诊顾客。从中我们可以清楚地看到,非营利组织应该充分运用好公共关系这一营销手段,并以此来获得良好的外界资源和强大的竞争力。

2. 目标或使命不同

利润最大化是营利组织所追求的目标,而非营利组织所追求的是经济效益、社会效益、生态效益的最佳整合。营利组织营销奉行的核心理念是"以顾客为中心,顾客永远是对的",但在非营利组织中这并不正确。例如,在戒烟运动中,由于找不到有效的戒烟方法,目标顾客很难接受"不吸烟"这种观念,但是非营利组织还是要大力宣传吸烟的害处。因此,非营利组织进行营销有时得不到公众的支持,而且还会影响相关群体的利

益。尽管如此,受使命的驱策,非营利组织还应积极参与到改造社会不良习惯的营销活动中。

3. 非营利组织产品多为服务

大多数非营利组织提供的产品主要是服务和社会行为,而服务与商品是有一定区别的,它具有无形性、不可分离性、可变性、不可储存性和无权性等特征。因此,非营利组织营销具有明显的服务营销的特点,强调人是服务产品的构成因素,重视内部营销管理,更加强调顾客的时间成本等。另外,非营利组织营销与服务营销一样,并不仅仅以财务指标作为评判依据,它还要考虑"使生活变得更好""提高人们的居住环境和水平""改变人们的不良观念"等社会指标,这就要求非营利组织拓展思路,以更开阔的眼光来审视营销的效果。例如,学校的体育馆常常是学校严重亏损的部门之一,但由于它又是学校不可缺少的基础设施,可以使学生身心健康,因此,学校不能仅凭财务上的亏损而撤销体育馆的建设。

4. 非营利组织要接受更严格的公众监督

由于非营利组织有税收上的优惠并能获得无偿资助,而且很多工作人员都是志愿者,因此,它开展营销活动时往往要接受更严格的公众监督,它的一举一动也常常引起大众媒体、捐助者和顾客的关注。正因如此,非营利组织受到的公众压力远远大于营利组织,有时还会带来负面影响。如美国联合道路(美国最大的非营利组织)前任主席因为诈骗锒铛入狱,其高达46.3万美元的工资也随之曝光,造成该组织收入急剧下降,100多名员工被解雇。[①]

第四节　非营利组织营销策略

非营利组织营销策略包括三个方面:非营利组织营销的内外部环境分析、非营利组织营销策略的主要内容、非营利组织营销策略实施的过程。

一、非营利组织营销的内外部环境分析

非营利组织的内外部环境分析是指对其具有的组织条件和面临的市场环境的分析。这是策略性营销的第一步。非营利组织该如何做好市场环境和组织条件的分析?其主要内容包括三个方面:重温组织的宗旨、分析组织面对的环境、分析组织的优势和劣势。

1. 重温组织的宗旨

彼得·德鲁克指出,宗旨明确与否是影响非营利组织存亡的关键。当一个组织要开

---

① 马莉,宁德煌. 非营利组织与营利组织营销的比较[J]. 昆明理工大学学报(社会科学版),2004(1):65-68.

展营销活动的时候,首先,要考虑到组织的宗旨。宗旨是非营利组织的灵魂,它明确地界定了一个组织的受益群体及其利益和需要,规定了组织如何去满足这些利益和需要。非营利组织的宗旨和营利性组织的截然不同,它更倾向于实现社会福利,为社会造福而不是创造利润,例如,血站的宗旨可以是"为需要用血的人们提供优质、安全的血液"。宗旨为组织制定营销目标提供了方向。其次,应确立组织文化,这是一个组织成功的最重要的决定因素之一。非营利组织的组织文化更加注重奉献、爱心、无私等精神,更加强调社会价值的实现。最后,还应评价组织在市场中的优势和劣势,以便于组织能够抓住良好的市场机遇。

重温组织的宗旨,能够把组织置身于超越现实的市场行为之上的崇高境界,激发和调动所有员工的工作热情和积极性,同时能够以宗旨为目标,形成积极向上的凝聚力和向心力,使组织上下团结一致,形成强烈的团队精神。另外,宗旨赋予了非营利组织一定的公益使命,这种使命要求非营利组织不能以谋取私利为目的,而要通过积极的营销和市场活动来服务于社会大众,为改善人类生存条件做出贡献。一个组织的宗旨代表了它的世界观和价值观,反映组织的最终目标和理想,除非组织进行重大改革,否则不能轻易改变宗旨。

然而,宗旨只是一个总纲领,并非具体的目标、措施和方法。任何组织都是处在经常变化的现实中的,组织为谋求发展,就必须适应现实,从组织的宗旨出发,经常对其所处的外部环境和内部条件做出分析,并制定切实可行的目标和对策。①

2. 分析组织面对的环境

在分析非营利组织的营销环境前,要进行一定的市场调查和预测,了解顾客需求变化的发展趋势。在此基础上,非营利组织需要分析市场环境的各个基本因素,如经济、政治等,研究其对营销的影响,从中发掘出市场机会和威胁,以便采取相应的措施和策略来实现营销目标。以加拿大反毒品协会为例,协会除研究历次反滥用毒品运动外,还分析了当前的经济、政治、人口等状况,最终发现,解决问题的关键是对滥用毒品最严重的11~17岁青少年及他们的父母进行宣传教育。正是由于加拿大反毒品协会对营销环境做了充分的分析,才找到了整个营销活动的突破口,并为后续营销活动的成功奠定了基础。因此,分析营销环境是整个营销过程中最基本也是十分重要的环节。②

非营利组织进行营销时应仔细分析各种环境因素,以便选择正确的目标市场。

(1) 一般环境。这里的环境主要是指直接和间接影响组织活动与发展的各种因素,包括两个方面:一是组织发展的社会环境,诸如政治、法律、经济、社会、文化、科技、教育等现状,针对特定时期,非营利组织需要分析这些因素的变化、发展及趋势,总结出这些变化对组织发展造成的直接影响或间接影响。二是组织发展的外部条件,诸如资助者、

---

① 何春奇,石陈华,李晓涛. 营销:有效促进 NGO 的发展[J]. 经营管理者,2008(17):160-160.
② 余娟. 非营利组织营销:一个崭新的营销观念[J]. 科学·经济·社会,2002(2):43-46.

政府、媒体、受益者、合作伙伴、竞争对手、社区居民,需要分析这些因素和非营利组织的关系。

(2)市场状态。这里的市场指的是非营利组织开展活动及其服务的主要场所或空间。目前市场是怎样划分的?市场由哪些部分构成?市场的结构和层次如何?市场进出有哪些规则和惯例?交易成本如何?市场上有没有类似的服务或商品?如果有的话,其优势和劣势何在?等等。

(3)受益者。如果把非营利组织比作市场上的卖者,受益者就是买者。谁是直接和间接的受益者?谁是潜在的受益者?受益者的需求及其潜在的需求是什么?受益者的购买能力和支付能力如何?受益者有哪些重要的行为特征及其文化、传统、宗教上的特征?等等。

(4)竞争者。非营利组织在市场上会面对各种竞争者。谁是直接的或现在的竞争者?谁是间接的或潜在的竞争者?竞争者的规模如何?优势和劣势何在?竞争者拥有多大的市场份额?竞争者所采取的是怎样的市场战略?等等。

(5)其他人群。非营利组织提供具有公益性或互益性的公共物品,在市场上还会遇到许多其他相关人群,如志愿者、资助者、专业团体、政府各级机构、非受益人群的普通民众、评价者、旁观者等。这些人群的存在以及他们组织各自的行为、意见、偏好等特征及其变化,都会影响非营利组织。

以上五个方面构成了非营利组织对市场环境进行分析的基本方面。一般环境是制约因素,市场状态是结构因素,受益者是对象,竞争者是对手,其他人群则是不可忽视的力量。通过对这些方面进行全面和系统的分析,非营利组织可以有效地把握组织所面临的各种外部机遇和挑战。

3. 分析组织的优势和劣势

分析组织的优势和劣势,就是要通过分析组织当前和今后各种主要的内部条件,把握组织存在和发展的优势和劣势。主要包括以下三方面内容。

(1)明确组织的目标。在重温组织的宗旨和分析组织面对的市场环境的基础上,要明确组织开展营销活动的具体目标。例如:推广新的产品或服务;扩大受益者范围;为受益者提供更多和优质的服务等。明确组织的目标,应使组织中从上到下每一个成员都加深理解,并积极地结合自身职责去贯彻实施。同时,要建立绩效评估制度,以保证在目标实现的过程中能有效地对其进行监督。

(2)明晰定义组织的资源。组织资源在财力、人力、物力、信息之外,还包括技术、经验、管理、计划、人文环境、凝聚力等要素。分析的过程中要明确:组织的资源优势和资源约束在哪里?现有可支配资源有哪些?这些资源通过合理配置和利用能给组织带来哪些方面的利益?组织内部是否具有管理优势和凝聚力?如何从竞争者那里争取资源?在未来几年的发展中,哪些资源具有潜在性和预期收益?哪些资源将会逐步失去意义?

(3)政策。这里的政策指的是除营销战略以外的组织发展政策,包括针对主要的受益人群、资助者、社区居民以及其他顾客所采取的政策,在人力资源、志愿者、资源分配方面采取的政策等。它具体包括,组织是否制订了专门针对顾客的计划?是否需要扩大受益者人群?是否有了解受益者需求的措施?在组织的人力资源、志愿者、资源分配等政策方面,有没有和营销战略不相一致的地方?如果有的话如何调整?

二、非营利组织营销策略的主要内容

著名营销大师菲利普·科特勒强调,营销中最重要的任务是研究市场,进行市场区分,锁定想要服务的目标市场,并做好市场定位,从而创造出满足市场需要的服务。营销策略主要包括目标市场选择、市场定位及营销组合。

1. 目标市场选择

目标市场是指在需求异质性市场上,企业根据自身能力所确定和满足的现有和潜在的消费者群体的需求。对非营利组织来说,市场指向最终的受益者或服务对象,营销的首要步骤就是界定这个市场。非营利组织目标市场选择的主要步骤如下:

(1)市场界定。非营利组织营销策略面对的市场包括四种主要对象:投入者,指捐款人、资助者等;内部人员,指管理者、工作人员、决策者、志愿者等;中介者,指提供各种信息、帮助或中介服务的人;消费者,指项目受益者、居民、购买者、媒体、一般公众等。

(2)市场细分。市场细分的角度很多,但遵循的标准包括以下几个:互相排斥,即细分后的市场彼此完全分离;毫无遗漏,即每一个目标的人群都能够被包括在各个细分市场之内;可以衡量,即每个细分市场的大小、购买能力及组成都是可以衡量的;可实现,即每个细分市场都不是抽象的,可提供具体服务的;数量足够,即各细分市场规模足够大,值得去开发;差异反应,即各细分市场对营销策略的反应具有差异性。

常见的市场细分包括:按地理分区,即依据所在的空间地理位置分区,主要指标包括国家、地区、地方、乡、镇、市、邻里、城市的规模,城乡的交通和网络构成,以及人口密度、气候特征、位置特征等;按人口和社会经济分区,即根据人口统计学和社会经济统计资料分区,主要指标包括年龄、性别、婚姻、家庭大小、家庭组成、收入、职业等;按心理分区,即依据心理形态进行分区,主要指标包括人格特质、生活形态、价值观、性格、动机、承诺等;按功能分区,即依据组织管理目的进行分区,主要指标包括咨询、医疗、家庭教育等。

非营利组织不仅可以使用年龄、收入、地理位置等一般的标准细分市场,还可使用一些特殊的标准来细分市场,如交换时机、使用者状态、忠诚度等。非营利组织在选择目标市场时,应该根据自身的条件选择其最适合的服务对象。例如,MBA 学位的求学者,有的希望获得最高质量的教育,有的渴望成为管理领域的专家,有的希望 MBA 教育能给他们带来升迁或跳槽机会,还有的认为毕业于 MBA 将会增加他们的收入和声望。学校就可以根据这些不同的需求进行市场细分,这样一方面有利于发掘新的市场机会,另一方面也有利于合理配置和运用资源。

(3)目标市场战略。主要包括:无差异市场营销,是指组织在市场细分之后,不考虑

各子市场的特性,而只注重子市场的共性,决定只推出某种单一产品,运用某种单一的市场营销组合,力求在一定程度上适合尽可能多的顾客的需求;差异性市场营销,是指组织同时为几个子市场服务,设计不同的产品,并在渠道、促销和定价方面都做出相应的改变,以适应各个子市场的需要;集中性市场营销,是指组织集中所有的力量,以一个或少数几个性质相似的子市场作为目标市场,试图在较少的子市场里取得较大的市场占有率。

借助目标市场战略,通过市场细分,非营利组织很容易选择组织想要且能为之提供服务的人群。以他们为对象,他们就是组织的目标市场。

2. 市场定位

市场定位又称竞争定位。非营利组织的市场定位是指组织根据自身的优势,在市场上寻找一个独特的位置,进而扮演一定的角色,其目的在于使组织与其他相互竞争的组织有明显的差异,也让目标市场正确认识组织的独特性。

非营利组织进行市场定位的依据包括:产品的特色定位,即服务特色;顾客利益定位,即突出产品能给予顾客某一方面更多的利益;使用者定位,即把产品引导给某一特定的顾客群体;竞争定位,即突出组织产品与其他竞争者同类产品的不同特点,通过评估选择,确定对本组织最有利的竞争优势并加以开发。

非营利组织市场定位的关键在于确定独特的形象和价值,在公众中确定与众不同的地位,树立组织在社会上的良好形象。非营利组织要确立的是一种让公众认可的公益形象,通过塑造组织形象、员工形象、服务形象来确立自己的良好公益形象和亲民形象,在社会上产生强烈的辐射作用,塑造一种形象感染力,扩大组织的知名度,提高组织的美誉度,增强公众对组织的信任和好感。

3. 营销组合

非营利组织通过营销组合在目标市场上开展活动以实现自己的目标。营销组合的四个要素是非营利组织营销的核心,即"4P",包括产品、价格、推广和渠道。

(1)产品策略。产品是市场营销中最重要的因素,它直接影响和决定着产品定价、渠道等其他市场营销组合因素的管理。所以,对产品进行研究是非营利组织营销的关键所在。

由于非营利组织的产品主要是无形的观念和实践,所以非营利组织在制定产品策略时,要注意以下三个方面:

第一,非营利组织要根据顾客对产品的需求情况来开展营销任务。非营利组织产品的每一种类型都对应着顾客的某种需要或需求,同时又对应着某种营销任务。非营利组织产品的需求包括双重需求、抽象需求、非常规需求、渐弱的需求、没有充分满足的需求和不健康的需求。非营利组织产品的需求不同,所要开展的营销任务就不同。例如,红十字会推销献血时往往要求顾客做出非常规的单一行动,在固定献血者不能满足需求的时候,红十字会在非常规需求期必须找到其他方法来吸引献血者。

第二,非营利组织必须做好与产品相关的社会服务。社会服务是非营利组织产品的一种工具和附属物。非营利组织不仅要推销一种观念,如无偿献血,还要为献血者提供良好的献血场所。要对献血服务进行有效的管理,包括对直接与献血者接触的医师和志愿人员的管理。因为他们的态度和行为直接影响了顾客对该组织产品的接受程度。所以,非营利组织不仅要掌握推销观念和实践的技巧,还需要掌握推销服务的技巧。

第三,非营利组织要为产品设计独特的品牌。品牌在营销活动中有独特的魅力,非营利组织同样也要注重品牌的建设。品牌对非营利组织的作用日益明显,它是建立顾客忠诚度的最有力、最简便的工具。品牌已经成为联系顾客和非营利组织的桥梁和纽带,顾客通过品牌来了解组织,组织通过品牌来更好地满足顾客的需求。例如,"希望工程"就是一个成功的品牌,它的名字家喻户晓,多年来"希望工程"所获得的巨大成功,与其品牌的塑造是分不开的。

(2)定价策略。价格在非营利组织的营销组合中也是一个重要的组成部分。非营利组织在制定产品定价策略时,首先要以组织的宗旨为中心进行评估。宗旨赋予了非营利组织一定的公益使命,这种使命要求非营利组织不能以谋取私利为目的,所以非营利组织的定价策略要为组织的使命服务。虽然非营利组织具有"非营利"的特性,但这并不是说非营利组织不能通过定价策略来获得剩余收入,只是这部分收入不能在个人之间进行分配。非营利组织可以用这部分收入来扩大组织的规模、促进事业的发展,从而更好地为人民和社会服务。

非营利组织在制定定价策略时,还要考虑到影响定价的非货币成本。对顾客来说,让其接受一个产品的总成本不仅包括货币成本,还包括非货币成本,如时间成本和顾客感知风险。非营利组织可以通过减少顾客的交通时间和等候时间,以及向顾客提供高质量的人际交流和广泛的信息指导等方式来尽量降低顾客的时间成本和顾客感知风险。

(3)分销策略。非营利组织在给产品定价之后,应将自己的产品和服务以最便捷的方式提供给目标群体。非营利组织可以通过以下渠道分配组织的产品:①传媒。主要包括电视、收音机、报纸、户外广告、网络等各种类型。②志愿者。非营利组织的一个特点就是有大量的志愿人员加入,因此志愿人员与顾客的交流是非营利组织独特的传播渠道。志愿者往往站在非营利组织产品分配的最前沿,他们代表了整个组织的形象,他们与顾客的交流决定着组织的成败。③专业人员。分销无形产品还会涉及诸如医生等专业人士,他们也是分销无形产品的重要渠道。专业人士在产品分配中也扮演着重要的角色。例如,在戒烟运动中,作为专业人士的医生就是最主要的分销渠道,他们肩负着改变吸烟行为的重要责任。非营利组织在分配产品时可以通过奖励和营销计划来吸引专业人士的加盟,使他们觉得参加非营利组织的活动可以得到资金的赠予和声誉的提高。

当然,无形产品的分销中媒体、志愿者、专业人士的运用并不是孤立的,许多非营利组织多采取大众媒体、专业人士以及人际交往的渠道相互结合的方式来实现产品分配的最大化。有时以大众传媒为主、人际渠道为辅;有时以人际渠道为主、大众传媒为辅。这都需要非营利组织根据组织的实际情况灵活运用。

(4)促销策略。非营利组织除针对顾客外,还要对外界公众和新闻媒体政府机关进行产品宣传。非营利组织主要利用广告和公共关系来传播有关信息,常用的方法包括:①通过公益广告、慈善广告等,宣传组织的产品,提高组织的知名度,如电视上经常出现的安全驾驶、节约水资源、保护环境的广告。②通过邮寄的方式有针对性地使顾客了解组织产品的信息,如向某些艾滋病病毒的携带者邮寄信息资料。③借助各种媒体发表关于非营利组织的各种正面新闻、非营利组织营销问题研究。④经常组织一些由志愿者参加的公关活动,通过这些活动引起公众的注意,树立组织的形象。对提供多种服务的 NPO,应采取优化产品组合策略,不断改进和提高产品服务结构,做出最佳产品服务决策。

三、非营利组织营销策略实施的过程

1. 制定策略

依据目标市场、市场定位和营销组合,首先,确定特定的方案,方案要针对不同的需求对象,满足顾客的不同需求;其次,设计组织制度,制度要考虑以何种组织与管理制度来提供产品或服务;最后,要决定衡量成果的标准,否则无法了解是否满足了顾客的需求,也无法评估资源投入与产出的关系,更无法找到改进的方法。

2. 执行策略

策略的执行是一个具体而专业的过程,非营利组织的各个部门要进一步将营销策略细化为详细的执行计划,包括服务或产品的供应、场所或提供方式的选择、费用与成本、推广或促销所需的媒体广告、公关等计划。

3. 评估策略

一是过程评估,要求逐日或逐步地监督执行情况。这种评估侧重对过程的控制与修正,以免发生误差。在非营利组织内部,营销控制的衡量方法应着眼于衡量顾客满意程度,以及组织形象的改进程度。

二是结果评估,主要是评估组织各方面的工作成果。在评估成果之前,应首先对成果做一个预估,同时应评估是否合乎组织的使命和目标。

第五节　非营利组织营销的理念优化与发展趋势

一、非营利组织营销的理念优化

对于非营利组织而言,需要改变传统的营销无用论甚至拒绝营销的错误观念,接纳和树立正确的市场营销观念,并结合实际情况,不断更新营销观念。具体应从下列几个方面更新:

1. 树立以顾客为中心的营销理念

以满足顾客需求为中心的观念是非营利组织营销的核心思想和理论基础,它贯穿于非营利组织营销各部分内容的始终。

在任何交换关系中,只有顾客才是主宰,只有顾客的需求才是财源。顾客是一个组织所有事务的中心。营销既不能胁迫也不能强迫,更不是"硬销"和虚假广告,而是一种合理、有效的技术手段,从而创造交换和影响交易行为。正确运用营销意味着营销必须有利于社会,不断满足顾客的需求和欲望。营销的核心是交换,而交换的核心要素是人的需求。非营利组织开展营销,首先必须牢固树立以顾客为中心的现代营销观念。以顾客为导向的直接结果就是顾客满意,那些感到满意的顾客会将组织良好的声誉和口碑传到他人耳中,成为最好的广告,使组织更容易吸引人,为更多的人提供服务,组织也更为高效。

以顾客为导向并不是要迁就每一个顾客的各种想法,而是指营销规划应从顾客观念、需求和欲望开始研究,对市场进行细分,满足顾客的需求。从组织的领导人、理事会成员,到部门主管、资深员工,以及每一个员工和志愿者,每一个人都要树立积极的营销意识,立足营销,开展各项活动。为此要求做到以下几点:

(1)广泛倾听各类顾客对组织发展的意见。包括在校学生和教师、社区居民、一般客户、医院的患者、家庭主妇、来访者、机关干部、企业员工、离退休人员、资助者等。

(2)了解顾客的愿望和需求。非营利组织需要经常采取各种形式,了解顾客对组织活动的评价,了解他们觉得哪些活动有价值,哪些活动应该开展但是还没有开展。

(3)任命适当的员工专职负责营销业务,即设立专门的营销职位或营销小组。

(4)在组织内部形成一种遵循市场规律并以市场为导向的决策氛围,引导组织内部的顾客导向意识。

(5)鼓励员工的创新和冒险精神。

2. 增强以人为本的内部营销理念

内部营销,即针对员工和组织成员的营销。与针对服务对象和捐助对象的外部营销相比,非营利组织的内部营销强调公益性、慈善性、志愿性。价值体系和使命感成为其凝聚力和向心力所在。非营利组织的管理不是靠利润动机的驱使,要使员工牢固树立"顾客第一"的服务理念,确保其能够采取必要行动,很好地满足顾客需求。为此,非营利组织内部营销要更加强调道德感与组织伦理。组织员工要有献身精神、恪守道德、关怀互助、公益使命优先、不以权谋私。非营利组织应要求员工不仅具有深厚的专业知识、高超的技能,而且具有高度的责任感和崇高的个人道德。例如,医务人员要深度发扬救死扶伤的人道主义精神和对医疗事业无私奉献的价值观、高尚的医德等。

为增强非营利组织的内部营销,有效的交流和沟通是关键。员工给顾客留下的印象很大程度上由组织对待他们的方式决定。如果员工与组织勤于沟通,就会减少不满情绪,优化其与顾客的沟通。而他们给顾客留下的良好印象也决定了非营利组织在顾客心中的形象。非营利组织更应强调以人为本,把员工视为组织宝贵的财产,强调员工自我价值的实现。为此,非营利组织要制定一整套内部沟通规划与战略安排,不断调整、权衡、整合员工的价值追求和责、权、利的关系,培养员工对组织的忠诚度,使组织的发展与顾客和员工紧密相连。

对非营利组织而言,建立有效的内部沟通机制主要包括以下几种方式:

(1)沟通调查。成立由各部门以及不同级别员工代表组成的沟通改善小组,通过发放调查问卷、查找总结问题、解决问题、公布调查结果等环节增强沟通效果。

(2)座谈会。定期召开员工座谈会。营造轻松、友好的氛围,让更多的员工倾吐心声,从中查找问题。

(3)员工集体活动。通过在内部组织举行集体活动,把更多的成员召集起来,共同探讨某一方面的问题。

(4)员工例会。确定例会的沟通主题,让员工表达个人意见。时间以一月一次或一季度一次为最佳。

(5)内部刊物。借助这样一种内部传播媒介,由员工亲自参与,发表心声。

3. 深化自强自立的竞争意识

随着竞争范围不断扩大,非营利组织面临各种挑战。不仅非营利组织之间有潜在的竞争(如血站之间竞争献血者),而且非营利组织与营利组织之间也存在着一定的竞争。竞争迫使非营利组织只有不断地改进技术、改善管理,不断创新,才能向顾客提供更受欢迎的产品或服务,才能立足市场。非营利组织的生存和发展要求构筑自己牢固的经济平台。面临各种竞争的日益加剧,以及政府财政或其他捐赠的不断减少,非营利组织必须自强自立,不能仅依靠传统的经济来源,而必须自己筹措资金。当然,非营利组织创造财富是本着造福社会的组织目标去奋斗的。资金的积累、使用和分配绝不是为了替经营者谋取私利,而是为组织的生存发展奠定稳固的根基,更好地服务社会。

二、非营利组织营销的发展趋势

随着非营利组织的自身发展和社会需求的多元化及复杂化,非营利组织的营销也出现了一些新的发展趋势。非营利组织需要关注这些趋势,并结合自身的内外部环境,适当调整营销策略。

1. 非营利组织的多元化经营

非营利组织多元化经营是指非营利组织为满足市场的需求,同时提供多种准公共产品或服务的经营方式。与营利组织不同,非营利组织多元化经营并不以获取投资的最高回报率为最终目的,而是以实现其社会使命和共同愿景为宗旨。因此,在实施多元化经营时,非营利组织更多考虑的是其社会使命。

非营利组织多元化经营受以下几个重要因素的影响:

(1)顾客关注因素的多样化。例如,由于社会富裕阶层的扩大,价格对于他们来说已经不是十分重要的因素了。他们开始提出各种问题,要求也变得更为苛刻,同时这些富裕阶层的人们也愿意为他们认为值得的服务支付更多的费用。这就要求非营利组织的营销者在营销组合中不仅要考虑价格问题,还要精心设计一些非价格的元素,来满足各种阶层人士的需求。

(2)顾客更重视服务品质的趋势。市场竞争的加剧,表明顾客的选择也更多,顾客不仅可以选择非营利组织的服务,也可以选择企业的一些服务。顾客在购买服务或捐赠的时候,越来越不愿意采取被动的行为,他们会进一步要求更好的服务。高服务质量,本身就是非营利组织的一个核心竞争优势。

(3)社会文化的多元化。全球化潮流带来了社会文化的多元化,非营利组织正是带动全球化的弄潮儿之一,这一点体现得更为明显。在许多国家中,原来一统天下的文化氛围被打破,取而代之的是各种文化并存。所以,如果组织的营销仍然只针对一种文化,恐怕就会有些力不从心。

非营利组织多元化经营主要是出于满足社会需求、实现社会使命的需要,同时也是为取得范围经济和规模经济、提升产品的生命周期曲线的需要。非营利组织多元化经营应以相关多元化为起点。核心竞争力是非营利组织多元化经营的依托,战略性资产则是构建核心竞争力的基本元件,所以非营利组织应注重战略性资产的积累,要通过选择可使本部门能力得到充分发挥的广阔领域来从事多元化经营活动,要把握住有助于建立有利竞争优势的品牌、组织形象、特殊营销技能和管理方式等关键因素。在组织内部,不断地要求员工学习各种新的知识与技能,对有贡献的员工进行物质与精神方面的激励,从而不断地生产出新的准公共产品,提高准公共产品的质量。非营利组织应以需求为导向,挖掘消费者的潜在需求,开拓新的市场,在不断满足顾客所需的基础上,展开多元化经营,通过共享非营利组织的价值链活动,提高差异化,完成其社会使命。[1]

2. 主动寻找企业合作伙伴

就目前来看,非营利组织营销受到来自营利组织的竞争压力越来越大。企业之间的竞争使企业的利润减少,精明的企业家纷纷转向与非营利组织合作,并展开竞争。企业家发现,教育、医疗等非营利组织的传统领域,实际上都是可以和非营利组织公平竞争的市场,通过合理的价格提供高品质的服务,同样具有盈利的空间。非营利组织受到这种来自企业界的压力,迫使它们不得不考虑如何提高服务的质量,不得不考虑如何与企业展开竞争。

面对这样的竞争局面,非营利组织和企业合作是一个双赢的选择。非营利组织可以通过企业,获得自身需要的资金和援助,加强公众对问题的关注;企业可以通过参与非营利组织的活动实现更多的销售,打造一个更好的公众形象,提升知名度,获得更多公关机会,同时提高雇员的士气等。在美国,非营利组织和营利组织之间的联盟自美国运通信

---

[1] 陈晓春,颜克高.非营利组织多元化经营探析[J].财经理论与实践,2004(2):108–111.

用卡公司最先采用以来迅猛发展,雅芳、宝丽来、沃尔玛、美洲航空公司等许多公司,已与全国性的非营利组织建立了协作关系,这些组织包括美国红十字会、青年基督教组织、自然保护组织以及一些关注社区问题的地方机构。在超市、快餐店或杂货店,私营组织赞助的社会性项目的海报或其他广告资料几乎随处可见。①

在国内,这样的合作也越来越多。例如,农夫山泉与希望工程的合作:每卖一瓶农夫山泉就有一分钱捐给希望工程。这种合作的主要形式有:①公益推广活动,这是最常见的一种形式。公司将销售利润的一定比例,以现金、实物或设备的形式捐赠给非营利组织。②共同的主题营销,在这种合作关系中,公司与一个或多个非营利组织达成协议,通过分发产品和宣传资料以及广告宣传等形式,共同解决某个社会问题。双方之间可能有资金流通,也可能没有。③合法许可证方式的营销,是指非营利组织在收取一定的费用或提取部分收入的条件下批准营利性公司使用其名称和商标。②

营利性领域显然是最有前景的资金来源,非营利组织要继续生存下去,必须与营利公司发展明确关系,必须与公司主动合作,发展以公益事业为目的的营销联盟。前提是非营利组织必须精通自己组织的业务,了解自身组织的规模、知名度、对哪些人群有影响力、形象如何等,主动出击,了解能增加合作企业价值的所有途径,知己知彼,同时采取一系列行动使合作的双方受益,不能寄希望于坐享其成。③

3. 确立与政府的新关系

政府是非营利组织的主要资源依赖主体之一。非营利组织本身为了弥补"志愿失灵",必须与政府和其他经济组织相互合作,取长补短,因此在这个过程中形成了非营利组织与政府的新关系。④

特别是在非营利组织营销过程中,二者更多地倾向于民办官助的形式,这有助于形成非营利组织的民间性、自治性的本性,也使二者的关系由原来的管与被管朝着平等合作的伙伴机制发展。

在当今我国社会转型期,依然存在某种程度的政府垄断和由此导致的不完全竞争环境。为了推动资源的合理配置,应把原来由政府职能部门承担的公共服务交给非营利组织承担,并增强公共服务生产者的可选择性和价格机制的导向作用。在这条路径中,政府改革的力度将起关键作用。加快改革步伐,实行政事、政社分离,让民间组织承担更多的公共服务职责,发挥原来由政府承担的公共服务职能,就是对非营利组织的经费支持和资源配置,这实际上是要求我们加快政治体制改革的步伐。

在政府资助中,关键是尽量减少政府的任性和随意,体现客观和平等,采取现在盛行

---

① 陈凡. 筹资方式多样化:非营利组织的生存之道[J]. 行政论坛,2005(2):27-29.
② 裴杰. 以科学营销打造非营利组织公信力的思考[J]. 价格月刊,2007(11):87-89.
③ 周映华. 扩大我国非营利组织收入探析[J]. 广东行政学院学报,2004(4):89-91,96.
④ 时立荣. 非营利组织运行机制的转变与社会性企业的公益效率[J]. 北京科技大学学报(社会科学版),2003(4):1-7.

的政府采购的方式,选择承接政府转让出去的公共服务的非营利组织。但是,也要体现政府扶助的导向性,把社会急需、公益性强、活动能力强的非营利组织作为重点扶持对象。目前我国社区服务型及促进劳动就业、环保、教育等类型的非营利组织应当成为政府扶持的重点。

本章小结

　　非营利组织营销是指在达成组织目标、满足消费者需要的交换过程中,非营利组织通过创造、提供及与他人交换有价值的准公共产品而满足自身的需要与欲望。非营利组织营销是一个社会管理过程。非营利组织要达成组织目标、满足受众需求,就必须进行营销,而且必须进行有效的营销。每一个非营利组织都应当意识到营销是目前必须进行的变革。营销的核心("4P"),即产品、价格、推广、渠道,对于非营利组织营销同样适用。非营利组织营销具有与企业营销显著不同的特征。我们将其归纳为目标的多重性、营销的社会化、服务的广泛性及营销的伦理性。营销可以帮助非营利组织更好地运作,其意义体现在:营销是非营利组织生存与发展的需要;营销是非营利组织提高管理效率的需要;营销是非营利组织提高核心竞争力的需要;营销可以促进组织获得公众认可与支持。非营利组织与营利组织营销具有一定的异同点。相同点体现在:环境相同、作用相同、过程相同。不同点体现在:客体不同、目标或使命不同、非营利组织产品多为服务、非营利组织要接受更严格的公众监督。非营利组织营销策略包括三个方面:非营利组织营销的内外部环境分析、非营利组织营销策略的主要内容、非营利组织营销策略实施的过程。其中,作为核心的营销策略的主要内容包括目标市场选择、市场定位及营销组合。对于非营利组织而言,需要改变传统的营销观念,并结合实际情况,从以下几个方面优化理念:树立以顾客为中心的营销理念;增强以人为本的内部营销理念;深化自强自立的竞争意识。同时,随着市场需求的多元化和复杂化及非营利组织的自身发展,非营利组织也表现出以下几个比较明显的发展趋势:非营利组织的多元化经营;主动寻找企业合作伙伴;确立与政府的新关系。

复习思考题

1. 非营利组织营销主要包括哪些特征?
2. 非营利组织营销和营利组织营销的不同点有哪些?
3. 如何做好非营利组织营销的内外部环境分析?
4. 非营利组织营销组合包括哪些策略?
5. 非营利组织营销理念如何优化?
6. 如何理解非营利组织营销的发展趋势?

课后案例

杭州工艺美术博物馆的市场定位

杭州工艺美术博物馆(中国刀剪剑博物馆、中国扇博物馆、中国伞博物馆)是由杭州市政府出资建设的群落式博物馆,坐落于浙江省杭州市桥西历史文化街区内,以拱宸桥为地标,具有浓郁的历史文化特色,是杭州城北新人文景观,属于典型的非营利组织。博物馆群落总占地面积 47309 平方米,总建筑面积 37862 平方米,展厅面积 14264 平方米。四大博物馆建筑由杭州第一棉纺厂(通益公纱厂)、红蕾丝织厂、桥西土特产仓库改建而成,是杭州保护与利用工业遗产的典型范例。这给杭州工艺美术博物馆带来一定的文化基因。

博物馆应该在社会公众心目中建立一种身份,使其拥有清晰的特点,不会混同于其他博物馆或者文化休闲组织。因此,博物馆必须依据它所服务的细分市场进行准确的定位,从而吸引这部分人群。杭州工艺美术博物馆并不像历史博物馆一样用丰富的历史文物述说城市前世今生的变化,也不像自然博物馆一样让观众处于原始生态环境中感受大自然的神秘,更不像科技馆一样展示人类科学发明、智慧造物,作为工艺美术类博物馆自有其非常鲜明的主题。毗邻运河的地理位置以及依托工业遗存的主体建筑决定了杭州工艺美术博物馆的独特个性及历史文化韵味。大师工作室内的工艺美术大师资源为杭州工艺美术博物馆提供了独有的活态技艺展示与互动体验资源。这是杭州工艺美术博物馆与其他博物馆以及其他文化娱乐场最大的不同之处,应该围绕这种特有资源做好博物馆定位。

杭州工艺美术博物馆的目标市场是以休闲型青少年群体、休闲型中年群体及学习型青年群体为主。如何使博物馆既符合当初成立的组织目标与使命,又能够吸引其目标观众群体?对于这三种人群杭州工艺美术博物馆应该有三种不同的定位:对于休闲型青少年群体杭州工艺美术博物馆应该定位为具有丰富多元化体验的、青少年寓教于乐的场所;对于休闲型中年群体,应该定位为便利安全、适合家庭休闲娱乐的场所;对于学习型青年群体,应该定位为工美艺术大师聚集的、具有创新展览和交流互动平台的场所。因此,杭州工艺美术博物馆应该向这三类观众定位为工美大师聚集的、具有多元化体验的、青少年寓教于乐的、适合家庭休闲的博物馆。

资料来源:吴冕.杭州工艺美术博物馆营销策略研究[D].杭州:浙江工业大学,2017。

讨论题

结合杭州工艺美术博物馆实例分析非营利组织营销中应如何进行目标市场选择及市场定位。

第十章

非营利组织的评估

学习目标

通过本章的学习,学生应该掌握三个方面的内容:一是关于评估的概念与类型,要求了解评估的概念,理解评估与监测、审计的区别;掌握评估的类型。二是关于非营利组织的评估理论框架与评估指标,要求了解指标的概念与类型、指标体系的功能、指标权数的确定;理解"APC"评估理论框架与指标体系;掌握建立指标体系的原则。三是关于非营利组织评估的程序与方法,要求了解逻辑框架法、对比法、快速农村评估法和参与式评估法等评估方法;理解非营利组织评估的程序。

案例导入

> **广东全省性社会组织评估等级揭晓 36 家获 5A**
>
> 　　随着社会组织年检制度改革,评估成为社会组织监管的重要手段之一。7月20日,2016年度广东省社会组织评估等级授牌仪式在广州举行,共有36家社会组织获得该等级5A评估。本次社会组织评估主要根据《评估指标》进行,共有1000分值,这些指标基本覆盖社会组织的基础条件、内部治理、工作绩效、社会评价等社会组织日常运作的各个方面,为社会组织内部治理提供制度遵循。
>
> 　　据悉,社会组织获得的评估等级,已明确作为制定承接政府转移职能和购买服务的社会组织推荐性目录的参考依据。《社会组织评估管理办法》规定,获得3A以上评估等级的社会组织,可以优先获得政府奖励。广东省社会组织管理局局长、全省性社会组织评估委员会副主任刘平波表示,在未来的社会发展中,各级政府购买社会力量服务将成为一种常态,社会组织评估结果,既为政府向社会组织购买服务提供依据,也为社会组织承接政府职能转移做好准备。据悉,目前,广东省正在研究制定与评估结果挂钩的激励措施,提倡把评估结果作为社会组织承接政府转移职能、接受政府购买服务、享受税收优惠、参与协商民主、优化年检程序参考依据。
>
> 　　资料来源:吴珊. 广东全省性社会组织评估等级揭晓36家获5A[EB/OL]. (2017−07−08). http://news.ycwb.com/2017-07/21/content_25251750.htm?from=singlemessage。
>
> **思考题**
>
> 　　广州市社会组织评估的内容是什么?评估结果如何运用?

第一节　评估的概念与类型

一、评估的定义

　　评估是一个仁者见仁、智者见智的概念。一般认为,评估是一种对评估客体的价值的评价和判断活动。《项目评估:方法与技术》一书的作者罗西等认为:"评估的广义定义包括所有探讨事件、事物、过程或人的价值的努力。"[①]《社会研究方法》一书的作者巴比

---

① 彼特·罗西,等. 项目评估:方法与技术(第6版)[M]. 邱泽奇,译. 北京:华夏出版社,2002:4.

认为:"评估研究是一种应用性研究,它研究的是社会干预的效果。"[1] 评估是指一项研究,其设计及实施是协助阅读评估报告者评价任一对象的优点与价值。

总的来说,评估是指对评估客体的价值进行判断和评价,或者对社会干预的效果进行考察和研究。

二、评估与监测、审计的区别

(一)评估(evaluation)与监测(monitoring)的区别

监测与评估是人们在实际工作或研究过程中经常混淆的两个概念。

监测是一种持续性的职能,它是指收集信息数据,了解工作是否按原计划进行,即检查工作是否按原计划投入资源、开展活动、产出成果的过程。这种职能主要是为了给管理部门和主要利益相关群体及时提供项目、计划或政策的进展状况,如果发现项目的执行与原计划不符,就要采取措施纠正偏差,使其恢复到原计划设定好的轨道。其着眼点不在于项目、计划或政策的目标结果上。

评估与监测的主要区别在于:

第一,评估是一定时限内的工作,而监测是连续性的职能,它贯穿于计划、项目或政策过程的始终。

第二,评估是根据具体情况,有选择地进行。也就是说,并不是每一个项目、计划或政策都需要进行评估,而监测活动原则上需要对所有项目、计划或政策都执行。

第三,监测是针对单个项目进行,而评估可以针对一个或几个项目、计划或政策进行,如行业评估。

第四,监测只需要记录实际的数据,用于与计划数据对比,而评估不仅可以利用监测数据,通常也需要进行一些项目、计划或政策以外的数据对比。例如,与行业标准规范对比,或与同类同规模的项目、计划或政策的数据对比。

第五,监测通常通过定期的报告、报表、考察等方式,向项目、计划或政策的执行人员了解投入、活动和产出情况;而评估主要通过阶段性的座谈、考察或问卷调查等方式向服务对象了解工作的效果、效率、影响和持续性。

(二)评估(evaluation)与审计(auditing)的区别

审计是一种审查或复核,即对条件、过程或工作完成情况与预定的标准或规范的差距做出评判。它包括对公共部门(即政府部门或非政府部门)财务与符合性审计、管理与经营审计和效果的审计。审计在定位和目标上都不同于评估。审计的重点是判断与现有的规划和规定是否相符,而不是要建立与计划、项目或政策的相关性,确定可能产生的

---

[1] 艾尔·巴比.社会研究方法(第10版)[M].邱泽奇,译.北京:华夏出版社,2005:356.

影响或结果的可持续性。而评估的重点在于判断计划、项目或政策的相关性,及效果、效率、影响和可持续性。

审计是以法律和有关规定为准绳,其侧重点是财务方面的审计。它的目的在于确认公共部门的管理人员是否遵守各种法律、规定、合同,是否履行了其职责;了解公共部门是否经济、有效地使用了资源,达到向公众提供服务的目的。

另外,审计的目的不在于通过审计总结计划、项目、政策实施的经验,而评估的目的之一在于通过评估进行学习,获取知识与经验。因此,有专家认为评估减去学习等于审计。①

三、评估的类型

根据不同的标准,可以将评估分成多种类型。根据评估者的工作内容,可以分为形成性评估和累计性评估;根据被评估项目所处的阶段,可以分为过程评估和结果评估;根据评估相对于项目的时间,可以分为前评估、中评估和后评估;根据评估者的来源,又可以分为自我评估和外部专家评估;根据评估者的组成情况,还可以分为独立评估和参与性或合作性评估。

(一) 形成性评估和累计性评估

大多数撰文论述评估的学者都把评估方法分成两大基本类别:形成性评估和累计性评估。Weiss(1998)指出,形成性评估是那些提供有关项目活动信息的方法。他们告诉评估者(并最终告诉评估报告的读者)项目的进展如何。有些案例中,这类信息被用于中期评估,评估项目在标准和类似要求方面的执行情况。从这个意义上看,大多数资格认定活动都是形成性评估。累计性评估考察的是项目完成目标的情况。这类信息对资助机构决定是否重新立项或继续向项目拨款非常有用。这对想了解某个特定项目有效性的人来说也是非常有价值的信息。

形成性评估和累计性评估的区别在于它们为使用者提供了不同的信息,形成性评估提供有关项目进展情况的信息,理论上有助于机构的发展和项目的改进;而累计性评估主要提供有关项目完成目标情况的信息,是对项目结果的整体评判,有助于关于是否重新立项或追加投资的决策。大多数关于评估的文献也都提出,形成性评估在项目运行阶段进行,而不一定能显示项目是否成功。另外,累计性评估被用于根据其目标来评估项目的成果。

(二) 过程评估、结果评估和效率评估

过程评估回答项目的操作、实施以及服务送达问题。结果评估回答项目结果和影响等问题。过程评估回答项目的过程、活动和项目的操作状况。如果项目正在进行中,则称为"项目调整"。过程评估致力于解决那些和项目运作相关的问题,包括服务和项目目

---

① 联合国开发计划署评估办公室.计划管理者手册:面向结果的监督与评估[M].北京:科学出版社,1999.

标一致程度、服务送达的组织情况、项目管理绩效、项目资源使用情况以及其他类似的情况。结果评估是评价在一定社会环境中的项目产生了哪些预先设想的对环境的改进。组织影响评估的基本问题,涉及如下内容:是否获得了预期的项目结果,项目对社会环境的干预是否发生了作用,以及项目影响中是否包含意想不到的效果。影响评估的基本目标是对某项目干预活动的净效果进行评估,也就是说,评估在没有其他过程和事件影响的情况下,干预的纯粹效果。①

对于这两个概念,Weiss(1998)认为,过程和结果涉及被评估项目的阶段性。过程评估发生于处于运作阶段的项目,而结果评估涉及项目对案主和社区产生的结果。她指出,评估者的意图可能随其工作的变化而发生变化。起初的累计性评估后来可能转变为形成性评估,用来帮助项目改善,而不是用来总结其取得的成果或者没有成果。她还指出,形成性和过程性评估发生于项目运作的同一阶段,累计性评估和结果评估也是如此。但是,这两类评估的精神和性质是相当不同的。②

除过程评估和结果评估以外,还有一类建立在这两个评估基础上的评估——效率评估。如果能够确定项目执行无误并取得了预期的效果,也要考虑相关的效率问题。这类评估的典型问题包括:"相对于付出的成本而言,项目是否产生了足够的收益?"以及"项目创造的收益是否比其他致力于相同目标的干预或送达系统所消耗的单位成本要低一些?"解决这类问题的技巧有两类密切关联的方法:成本—收益和成本—绩效分析。成本—收益分析研究项目成本和结果之间的关系,成本和结果都是以货币方式表现。成本—绩效分析也检验项目成本和结果之间的关系,但结果是以单位成本所获得的结果来表现的。与影响评估一样,效率评估最适用于成熟稳定的项目,稳定的项目是经过高度组织化并且有许多文件证明的项目模式。③

(三)前评估、中评估和后评估

前评估是指项目、计划或政策开始实施之前所进行的评估,也称预评估、事前评估。由于是在实施之前进行,因此实际上是对项目、计划或政策可行性分析的评估。前评估一方面可以决定项目、计划或政策是否实施;另一方面其取得的数据可以作为基准线,在项目、计划或政策完成后进行对比。

中评估是指在项目、计划或政策开始后到完成前之间的任何一个时点进行的评估。它的目的在于检查项目、计划或政策的设计和前评估的质量,或者评估实施过程中的重大变更及其影响,或诊断实施过程中的困难和问题,寻求对策与出路。

后评估是在项目、计划或政策结束后,根据原目标和实际情况的比较而进行的全面、

---

① 彼得·罗西,等.项目评估:方法与技术(第6版)[M].邱泽奇,译.北京:华夏出版社,2002:49-51.
② 金斯伯格.社会工作评估——原理与方法[M].黄晨熹,译.上海:华东理工大学出版社,2005:19.
③ 彼得·罗西,等.项目评估:方法与技术(第6版)[M].邱泽奇,译.北京:华夏出版社,2002:53-54.

系统的评估。

这种评估是以评估相对于项目开展的时间划分的,时间不同,评估的内容也不同,因此评估的目的、要解决的问题也就不尽相同。

(四)自我评估和外部专家评估

根据评估者的来源,评估又可以分为自我评估和外部专家评估。自我评估即项目、计划或政策的实施者进行的内部自我评估;而专家评估则是指项目、计划或政策的实施机构聘请科研单位或专门评估机构的外部专家进行的评估。

自我评估的优点在于评估者对组织内部结构、运行机制、项目实施的过程较为熟悉,对当地的社会经济背景、文化风俗习惯较为了解;评估的成本较低;自我评估的结果或建议容易在执行过程中得到实现。其缺点是评估的结果往往缺乏客观公正性;公众不容易相信自我评估的结果;而且由于自我评估者的日常工作较多,难以集中精力进行评估,评估的专业性不强,因此评估较为粗略。

外部专家评估往往较为客观公正,评估结果易于被公众接受;专家的专业评估知识也可以增进评估的科学性与规范性;而且专家评估往往是集中一段时间进行评估,效率较高。但是,专家评估也存在缺陷,不仅成本较高,而且外部专家对非营利组织的运行机制、项目实施的过程和当地社会经济文化背景并不清楚,专家评估的结果或建议也不容易在项目、计划或政策的执行过程中得到真正落实。正因为如此,一些地方在进行评估时往往将两种方法结合起来。

(五)独立评估和参与性或合作性评估

独立评估是由评估者全权负责制定评估方案、实施评估以及发布评估结果。一般的情形是,主办机构委托独立的评估者,只规定评估的目标和内容,其他的则由评估者自由执行(从具体规划到实施完成)。

参与性或合作性评估,这类评估方法是按照团队项目组织的,包括评估者和项目群体中一个或多个代表组成小组(Greene,1988;Mark and Shotland,1985)。参与其中的项目方和评估者合作完成评估计划、实施和评估的过程,而评估者的弹性很大,从小组领导或顾问到只是被叫来提供资源的人。参与性评估的一种著名方式就是 Patton 的"以实用为导向的评估"。Patton 的方法强调和某些特定的个体密切合作,他们利用评估结果来保证评估反映他们的需要,并产生他们能够且会实际应用的信息。[①]

[①] 彼得·罗西,等.项目评估:方法与技术(第6版)[M].邱泽奇,译.北京:华夏出版社,2002:42-43.

第二节　非营利组织的评估理论框架与评估指标

一、非营利组织的评估理论框架

通常,评估内容与评估指标的选择取决于所依赖的评估理论。从国外现有的非营利组织评估理论来看,当前流行的评估理论主要有"3E"理论、"3D"理论、顾客满意度理论等。

构建我国的非营利组织评估理论应当从我国的实际出发。无论如何,衡量一个理论好坏的标准,应当是该理论是否能够真正推动我国非营利组织的健康发展。毕竟,评估本身不是目的,而是实现目标的手段。开展非营利组织评估的现实目的是借助于评估这一国际公认的中性的管理工具,解决中国非营利组织面临的实际问题。

当前,我国非营利组织面临的主要问题是公信度不足、治理结构不完善、组织能力较弱、效率低下。"3E"理论虽然有助于提升非营利组织的效率,但在提升非营利组织的公信度特别是提升非营利组织的能力方面存在一定的局限;"3D"理论虽然在提升非营利组织的能力方面有较大的作用,但是在提升组织的效率和公信度方面有一定的局限;顾客满意度理论对于提升非营利组织的服务品质有一定的作用,但是在其他方面的作用相对较小。

也就是说,现有的评估理论并不能较好地解决我国非营利组织面临的实际问题。因此,在参考国外非营利组织评估理论的基础上,在结合我国当前非营利组织面临实际问题的基础上,我国学者构建了非营利组织问责(accountability)[1]、绩效(performance)和组织能力(capacity)的全方位评估理论,简称"APC"评估理论。[2]

与"3E"理论、"3D"理论和顾客满意度理论不同的是,这一评估框架更适合我国非营利组织的实情。与此同时,针对当前我国各类非营利组织只关注绩效的现状,"APC"评估理论特别强调了非营利组织问责与能力的评估。

问责是指非营利组织对其使用的公共资源的流向及其事业效果的社会交代。问责性评估则是对非营利组织问责程度的评价。通常,非营利组织问责性评估包括是否进行了必要的、准确的披露,组织财务是否透明等方面。问责性评估是确保非营利组织社会公信度的一种制度安排,它的功能在于帮助非营利组织树立社会公信度。

---

[1] 也有人将 accountability 译为公信度。
[2] 邓国胜. 非营利组织 APC 评估理论[J]. 中国行政管理,2004(10):33-37.

绩效评估是对非营利组织的适当性、效率、效果、顾客满意度、社会影响及其持续性的评估。这一绩效评估框架吸取了"3E"理论、"4E"理论(即经济、效率、效果和公平)和顾客满意度理论的优点,并增加了适当性、社会影响和持续性等方面的内容,更适合非营利组织的综合绩效评估。绩效评估的功能在于通过评估提高非营利组织的效率,促进组织服务品质的提高。

组织能力是指组织开展活动和实现组织宗旨的技能和本领。当前,有关非营利组织能力评估的框架很多,其中一种框架是对非营利组织基本资源、组织内部的管理能力、组织外部的公共关系与动员资源的能力和组织自我评估与学习能力的评估。组织能力评估的功能在于促进非营利组织自我生存与发展能力的提高、促进非营利组织达成使命与愿景。

非营利组织的问责、绩效与组织能力是密切相关、相互作用的。问责性评估是保证非营利组织公信度的制度安排,它有助于保证非营利组织做正确的事情,有助于提升非营利组织的责任、声望与合法性,而组织的声望与合法性是非营利组织成功的必要条件之一;绩效评估是保证非营利组织有效使用稀缺资源的制度安排,它有助于保证非营利组织正确地去做事;组织能力评估是保证非营利组织提升组织能力的管理工具,它是非营利组织持续提升组织的问责性与绩效的基础。可见,只进行组织绩效评估,容易导致评估流于形式和评估结果难以发挥作用,组织的能力也没有得到相应的提升。这也是当前我国一些非营利组织虽然暂时取得了良好的绩效,但随着项目或活动结束组织也逐渐衰亡的原因。只进行问责性评估,容易出现组织有心无力的情况,或者虽然没有贪污、腐败,但是资源的使用效率不高。只进行能力评估,容易出现组织能力虽然提高了但是组织却没有做正确的事或正确地做事的现象。

总的来说,"APC"评估理论是一套理想的、全面的、综合性的评估框架。然而,在实际操作过程中,评估机构根据被评估机构的类型、评估的需要与评估的目的,既可以对非营利组织问责性、绩效与能力进行综合性评估,也可以将问责性、绩效与组织能力评估分开进行。评估毕竟是需要很高成本的,包括时间成本、人力成本与资金成本,如果对所有非营利组织都开展"APC"评估,势必成本太高。因此,在实际应用中,可以有所选择与侧重。例如:独立评估机构可以只对劝募机构的问责性进行评估,这样可以最大限度地节约评估的成本;捐赠者可以只对非营利组织实施的项目进行绩效评估,这样可以更有针对性;政府在转移职能或购买非营利组织服务前,可以对非营利组织的组织能力进行评估;行业协会可以根据组织能力评估的指标体系对组织自身开展能力评估。在条件许可的情况下,进行综合性的"APC"评估当然更为全面。

二、非营利组织评估的指标体系

评估的指标体系是评估系统的重要组成部分。由于评估任务的完成最终体现为评估指标的测度值,因此,筛选评估指标和构建评估指标体系在整个评估系统中占据了举足轻重的地位。这里对评估的指标、指标体系等基本概念进行必要的交代。

(一)指标的概念、类型

较早提出"指标"这一概念的雷蒙·鲍尔在《指标》一书中认为:"指标是一种量的数据,它是一套统计数据,用它来描述社会状况的指数,制定社会规划和进行社会分析,对现状和未来做出估价。"①

联合国于1979年编制的《发展中国家社会统计的改进》一书中认为,指标是"反映社会制度重大方面的状况的时间数列的统计";联合国教科文组织认为,指标是"通过定量分析评价社会经济生活状况的变化"②。

1982年,英国学者迈尔斯博士在《用于度量人类发展水的指标》一书中认为:"社会统计(狭义理解)研究的是人们的生活条件,它包括政治、思想和法制方面及居民生活水平特点的指标。"③ 其他国家也是围绕社会发展和社会生活这一主题来设计指标的。

概括而言,指标就是反映总体现象的特定概念和具体数值。它是衡量和检测社会发展、评价社会进步和揭示社会问题的重要量化手段。

根据指标的性质、范围、领域和功能等,可将其区分为各种不同的类型:

第一,根据指标的性质不同,可分为主观指标和客观指标。主观指标可以反映人们对客观社会现象的主观感受、愿望和态度等以及价值观念的判断,如对生活质量的满意度、对政治生活的态度和看法等,通过主观指标的调查,可以较详细地了解居民的想法和要求。客观指标也称"非感觉性指标",是指反映客观存在事物和社会现象的指标,如国民生产总值、学生数、居住面积等。

第二,根据指标的范围不同,可分为总体性指标、部门性指标和专题性指标。总体性指标是反映社会总体的综合性社会发展水平的指标体系;部门性指标是反映某一专业部门的指标,如教育、文化、卫生、民政等部门的社会发展状况;专题性指标是反映某一专题性问题的跨部门指标,如研究城乡关系、生活质量、社会保障等问题,就要选择有关上述专门指标组成指标体系,进行比较研究分析,做出专题报告。

第三,根据指标的功能不同,可分为描述性指标和评估性指标。描述性指标是具体反映某种现象的状况。每个描述性指标都有不同的计量单位,因此不能简单加总,以综合反映某一层次或某一方面的情况。评估性指标是指反映社会经济发展、社会效果在某些方面利弊得失的指标。描述性指标一般是独立存在的,一个指标反映一种情况,它们是对社会经济现象的客观描述,单凭一个描述性指标很难做出好坏得失的评价。评估性指标则不同,它通常是以某种理论为指导、为说明某种社会经济问题而将两种或两种以上社会经济现象做比较或进行计算而得出的结果。评估性指标对社会现象的反映已不仅仅是简单的客观描述,而是有分析、诊断、评论的性质。

---

①②③ 邓国胜,刘永峰. 计划生育协会评估手册[M]. 北京:中国人口出版社,2001.

另外,还可将指标区分为:正指标、逆指标和中性指标;投入指标、活动量指标和产出指标;等等。

(二)指标体系的定义与功能

指标不是孤立地存在的,它总是作为一个体系建立起来并发挥作用的。所谓指标体系是指根据研究的目的和需要,将有内在联系的、有代表性的重要指标科学地、有机地组合成指标群。

由于各国国情不同,社会发展趋势和出现的社会问题有较大差异,因此,通常应根据本国的具体情况来确定指标和指标体系,根据研究的目标、方法做出自己的选择。

指标体系的主要作用大致可概括为:

第一,评价经济和社会是否协调发展,研究社会结构、人口素质、经济效益、生活质量、社会秩序等方面的相互关系和发展变化情况,并对其社会效益和社会影响进行综合评价。

第二,检测和揭示社会发展过程中的社会矛盾、社会问题、各阶层利益分配等问题,并分析产生矛盾和问题的原因,及时提供给政府有关决策部门,以便采取对策。

第三,进行国家间、地区间、部门间社会发展水平的评价和比较,从比较中找到差距和薄弱环节,并分析落后的原因。

第四,可进行社会发展趋势的分析,制定社会政策,还可利用预测手段制定社会发展战略和规划,对社会进行有效的宏观管理。

另外,评估性指标体系还具有导向作用和激励功能。所谓导向作用是指评估指标体系的设立和使用,会引导评估客体的有关人员重视所评估的内容,并朝着评估标准的方向发展;所谓激励作用是指评估的结果会对评估客体发生巨大的影响,对评估客体的组织或个人产生激励作用,从而使事物朝着预期的目标发展。

(三)建立评估指标体系的原则

评估指标体系是在根据提出的目的、任务和对信息资料的实际需要,对所研究的对象进行初步理论分析的基础上建立起来的。经过初步的理论分析,可以确定需要进行评估研究的各种现象及其总体的内容、本质、属性和特征。在明确这些问题之后,需要根据评估研究的目的、任务和所要反映现象总体的属性特征,有选择地规定一系列的标志,作为反映这些属性特征的工具,并据以形成各种指标和指标体系。构建评估指标体系必须遵循以下几条基本原则:

第一,目的性原则。任何指标体系的设计,都是围绕一定目的、一定需要服务的。因此,在确定每一个单项指标时,都应考虑此项指标在整个指标体系中的地位和作用,依据它所反映的某一特定研究对象的性质和特征,确定该指标的名称、含义和口径范围。

第二,科学性原则。指标体系总体结构设计是否合理,直接关系到评估的质量。因此,设计指标体系时,应尽可能在理论上有科学根据,在实践上切实可行。只有这样,评估指标体系才能正确揭示事物现象的本质,从而为社会政策和社会管理服务。

第三,可比性原则。评估的目的之一是通过比较判别优劣,所以,在构建评估指标体系时应尽量注意可比性问题,可比性包括两个方面,一是横向可比性,二是纵向可比性。因此应尽量选择含义明确、口径一致的评估指标。

第四,系统性原则。系统性是指指标体系内部指标之间具有一定的逻辑关系,而不是杂乱无章的罗列。即在设计指标体系时,应尽量考虑研究对象各方面的有机联系。这样才能综合而全面地认识社会现象的数量关系和内在规律。

第五,既全面又精简的原则。由于中国社会经济还不发达,各部门尤其是非营利组织基金不足,能够投入评估的经费非常有限。因此,在设计评估指标体系时,应既考虑指标体系的全面性又考虑指标体系的精简性。所谓全面性是指指标的设计应尽可能从不同的侧面反映事物的全貌。精简性是指尽可能删除相互重复的指标,用尽可能少或数据收集成本较低的指标反映尽可能多的信息量。这是因为,评估工作是一项复杂的工程,指标越多,收集数据的成本也越高。在建设中国非营利组织的评估体系时,这条原则尤其应引起高度重视。具体来说,就是根据经验或数学方法(如系统聚类分析方法)等,尽可能删除不必要的指标。例如:对于在意义上相似的指标,应只选择一个主要指标作为类指标来反映所评估的内容;对于性质虽然存在差异,但却存在高度相关关系的指标,也应根据具体情况加以筛选。

(四)指标权数的确定

一个评估指标体系往往包括多个指标,甚至数十个上百个指标。然而,各个指标在评估体系中的作用是不同的。因此,为了评估的科学性,往往需要对不同的指标赋予不同的权数。

指标权数的重要性通常可以通过以下方法进行判别:第一,指标包含的信息量。一般来说,包含信息量越多的指标越重要,权数值相对越大,反之越小。第二,指标的敏感性。敏感性是指指标值的变化反映事物变动或差异的程度。敏感度越高的指标,其重要性和权数值也越大,而敏感度越低的指标,其重要性和权数值也越小。第三,指标的独立性。如果一个指标的作用可以完全被其他指标所取代,那么这一指标就失去了存在的价值,因此可以将这一指标从指标体系中剔除。如果某一指标的存在会导致评估信息量的明显增加,那么这一指标的权数值就增大,反之则减小。

通常,指标权数的确定方法包括指标比较法、德尔斐法、层次分析法、主成分分析法等。

1. 指标比较法

指标比较法是将众多指标进行两两比较,从而确定指标重要性序列的方法,也称"相邻指标比较法"。它的操作步骤如下:

第一步,将指标由专家按重要性大小进行排列,一般按从小到大的顺序排列。

第二步,将排序后的各指标与上一个指标进行比较,而最不重要的指标与自身进行比较。然后,由专家判定相对重要比,并计算比值。

第三步,通过两两比较的系数计算各指标的相对权数。

这一方法的优点在于操作简便、成本较低,因此使用的范围较广。其缺点在于主观随意性较大,特别是由某一位专家操作时,通过该方法得出的评估指标权数缺乏权威性、合理性和科学性。

2. 德尔斐法

对于一些十分复杂和涉及范围较大或评估结果影响较大的评估,为使评估结果更具公正性、权威性和合理性,可以借助众多专家的经验和知识对评估指标的权数做出判断。德尔斐法是一种通过规定的程序,利用专家的知识来确定评估指标权数值的方法。该方法的特点在于通过不断反馈和修改得到比较满意的结果。它的步骤如下:

第一步,将待确定权数的指标和有关资料以及统一的确定权数规则发给选定的专家,请他们独立地给出各指标的权数值。

第二步,分别计算各指标权数的均值和标准差。

第三步,将计算结果及补充资料返给各位专家,并要求专家在参考研究第一类征询结果的条件下,深入地思考,并要求所给权数与均值相差较大的专家说明原因,同时要求所有专家在新的基础上重新确定权数。

第四步,不断重复第二步和第三步,直至专家们的意见趋于收敛、稳定或基本一致,然后计算各指标的均值作为该指标的权数。

德尔斐法的优点在于,它可以集思广益,集中各位专家的知识;专家们是独立给出各评估指标的权数,相互不受影响。它的缺点在于,专家给出指标的权数具有一定的主观性,当真理掌握在少数人手里时,就容易导致权数估计值的误差;另外,德尔斐法的质量与专家的个人信度有关。当专家个人信度不高时,误差可能更大。

3. 层次分析法

层次分析法是20世纪70年代由著名运筹学家T. L. Baty提出的,它的基本原理是根据具有递阶结构的目标、子目标、约束条件及部门等来评估方案。它用两两比较的方法确定判断矩阵,然后把判断矩阵的最大特征根相应特征向量的分量作为相应的系数,最后综合出评估指标体系每一层次各指标的权数值。层次分析法的优点在于可靠性高、误差小,缺点在于当遇到因素众多、规模较大时,该方法容易出现问题。①

4. 主成分分析法

主成分分析是一种数学变换的方法,它把给定的一组相关变量通过线性变换转换成另一组不相关的变量,这些新的变量按照方差依次递减的顺序排列。在数学变换中保持

---

① 王宗军. 综合评价的方法、问题及其研究趋势[J]. 管理科学学报,1998(1):18 – 22.

变量的总方差不变,使第一个变量具有最大的方差,称为第一主成分;第二个变量的方差次之,并且和第一个变量不相关,称为第二主成分;以此类推。主成分分析能够将大量的原始指标简化合成少量的综合指标,同时又使这少量指标尽可能地包含原指标群中的方差信息。这些综合指标能够更好地反映被评估事物之间的主要差别,而且这些综合指标在统计意义上是相互独立的。主成分分析法的优点在于由于它是根据各评估指标的实际值所体现出来的方差信息来确定权数值,因此具有较大的客观性。其缺点在于计算较为复杂,而且新形成的综合指标有时不易解释。

（五）基于"APC"评估理论的指标体系

1. 非营利组织问责性的评估指标体系

非营利组织问责性的评估指标体系包括以下几个方面：

序号	指标
1	是否有健全的理事会
2	组织的相关信息是否透明
3	组织活动是否与组织的宗旨一致
4	资金的使用与运作是否规范
5	劝募的信息是否真实

其中：

（1）有关组织是否有健全理事会的评估指标。

序号	指标
1	理事会是否由独立的、自愿人员组成
2	有投票权的理事的数量是否在 5 人以上
3	直接或间接受薪的理事是否低于有投票权的理事的 1/5
4	受薪的理事是否没有担任主席或财务主管
5	理事会每年必须召开两次以上的会议
6	参加会议的理事人数必须超过一半
7	理事是否出席理事会议
8	理事或工作人员之间是否有物质利益的冲突

(2) 有关组织的相关信息是否透明的评估指标。

序号	指标
1	组织是否有年度报告
2	公众是否可以获取年度报告
3	公众是否了解相关的资助信息
4	是否公开、公平地选择受益者
5	受益人是否了解自己的权利
6	受益人是否有申诉的途径,而无须忧虑遭受报复
7	有网站的组织,其主要活动、财务状况是否在网上公开
8	组织的财务状况是否经过内部审计
9	组织的财务状况是否经过外部审计
10	组织开展经营活动的收入占总收入的比例
11	受薪理事的工资、奖金与福利是否透明
12	管理人员的工资、奖金与福利是否透明

(3) 有关组织的活动是否与组织的宗旨一致的评估指标。

序号	指标
1	组织是否有经理事会通过的、文字性的宗旨
2	是否经常在其出版物或宣传资料中声明组织的宗旨
3	组织开展的主要活动是否与组织的宗旨一致
4	组织的分支机构开展的活动是否与组织的宗旨一致
5	组织经营性收入的使用是否与组织的宗旨一致

(4) 有关组织资金的使用与运作是否规范的评估指标。

序号	指标
1	组织用于与宗旨相关的项目经费占总收入的比例
2	募集资金的成本是否合理
3	行政经费占总收入的比例
4	在公众的捐赠中,用于项目的比例与捐赠者的预期是否一致

(5)有关组织劝募的信息是否真实的评估指标。

序号	指标
1	劝募书是否对申请资助的项目和活动有清晰的描述
2	劝募的信息是否准确、可靠,没有误导信息
3	受益组织或目标群体的名称、地址等联系方式
4	申请人与受益组织的关系
5	劝募的信息是否使捐赠者掌握足够的、至少能够用来进行抉择的信息

2. 非营利组织绩效的评估指标体系

非营利组织绩效评估的指标体系如下:

序号	指标
1	项目的适当性
2	项目的效率
3	项目的效果
4	项目的社会影响
5	项目的持续性
6	受益群体的满意度

其中:

(1)有关项目适当性的评估指标。

序号	指标
1	该项目是否可以视为当地社区发展的优先项目
2	项目立项的迫切性
3	项目是否是对目标群体需求及时回应
4	该项目是否与组织的宗旨一致

(2)有关项目效率的评估指标。

序号	指标
1	项目的成本效益如何
2	项目在实施过程中是否节约了时间
3	项目经验在当地的推广情况
4	项目经验在其他地区的推广情况

(3) 有关项目效果的评估指标。

序号	指标
1	项目活动遵守原计划的程度
2	项目目的的实现程度
3	受益群体知识的变化
4	受益群体生活条件的变化
5	受益群体生活方式、行为的变化
6	受益群体精神面貌的变化

(4) 有关项目社会影响的评估指标。

序号	指标
1	项目对就业问题的影响
2	项目对性别与发展问题的影响
3	项目对生态环境的影响
4	项目对消除贫困的影响
5	项目对民族关系的影响

(5) 有关项目持续性的评估指标。

序号	指标
1	项目的管理制度是否完善
2	项目管理人员的责任心
3	项目管理人员的变更
4	项目的风险性
5	项目的后续管理是否到位

(6) 有关受益群体满意度的评估指标。

序号	指标
1	受益群体对工作人员或志愿者服务态度的满意程度
2	受益群体对服务内容的满意程度
3	受益群体对资金安排的满意程度
4	受益群体对项目实施时间选择的满意程度
5	受益群体对项目结果的满意程度

3. 非营利组织的组织能力评估指标体系

非营利组织组织能力的评估指标体系包括:

序号	指标
1	组织的有形能力
2	组织的无形能力

其中:

(1) 有关组织有形能力的评估指标。

序号	指标
1	项目专职或兼职管理人员的数量
2	项目专职或兼职管理人员的文化程度
3	实施项目的组织是否有固定的办公场所
4	实施项目的组织是否有相应的办公设备
5	实施项目的组织是否有必要的运营经费

(2) 有关组织无形能力的评估指标。

序号	指标
1	组织是否制订了战略规划
2	组织的成员是否有共同的价值观
3	组织是否有完整的方案与预算
4	组织是否有健全的财务管理系统
5	组织是否有良好的供应、后勤系统
6	组织是否有全面的管理信息系统
7	组织的公共关系或资源网络如何
8	组织是否有强有力的领导队伍
9	员工是否参与决策与管理的过程
10	组织内部成员之间的关系是否融洽
11	组织内部的沟通渠道是否畅通
12	组织的筹款能力如何
13	组织是否经常进行自我评估

第三节 非营利组织评估的程序与方法

一、非营利组织评估的程序

从各国非营利组织评估的实践来看,评估的程序基本大同小异。通常来说,非营利组织的评估程序包括以下几个步骤:

第一步,由非营利组织根据评估指标体系与评估标准进行自我评估。通常,非营利组织应该成立一个评估委员会,然后根据评估指标与标准,逐项进行打分。有的指标,特别是定性方面的指标,非营利组织需要举证,即给出足够的证明材料,并将证据作为附件附在评估材料中。

第二步,评估机构收到非营利组织自我评估材料后,由工作人员进行形式上的审核,检查自我评估的材料是否齐全、举证是否充分。如果有不完整或不清楚的地方,由工作人员与被评估机构沟通、补充。最后,条件许可的话,可以将非营利组织自我评估报告中的部分内容挂在评估机构的网站上,接受公众监督。

第三步,由相关利益群体和专家组成一个综合的评估小组。

第四步,由综合评估小组对重要的、大型的非营利组织或有不良记录的非营利组织、有公众举报的非营利组织进行现场检查,也可以进行随机抽查。

第五步,将评估结果告知被评估机构,并有专门渠道接受非营利组织的申诉。

第六步,发布评估结果。

从国外非营利组织评估的程序来看,各国非营利组织评估的程序大同小异,因此,在评估程序方面,似乎没有太多值得争议与商榷的地方。我国完全可以直接学习和借鉴国外的经验。

首先,我国可以由非营利组织进行自我评估,通过非营利组织的自我评估达到促进非营利组织学习的目的。非营利组织如果能够将自我评估的过程作为组织自我诊断、设计与组织能力提升的过程,那么,开展非营利组织评估,通过评估引导非营利组织发展的目的就更容易实现,否则将事倍功半。

其次,在提交自评材料后,评估机构就可以组织专业的评估小组对评估材料进行审查,并做出初步的判断与意见。

如果有必要,应该随机或重点对那些材料存在疑点的非营利组织进行现场评估,特别是对以往有不良记录的机构进行现场检查。

最后,在与非营利组织交流意见、进行沟通的基础上,由评估委员会得出最终的评估结论。

二、非营利组织评估的方法

(一)逻辑框架法

逻辑框架法(logical framework approach,LFA)是评估中经常采用的方法。一些国际组织和国际金融机构在援助项目中要求必须采用逻辑框架法进行评估。

1. 逻辑框架法的概念

所谓逻辑框架法即根据事物的因果逻辑关系,用一张简单的框图(4×4矩阵)来清晰地分析一个复杂项目的内涵和关系(见表10-1)。逻辑框架法的作用在于使一个复杂的问题变得简单化、条理化。

表 10-1　逻辑框架法的模式

项目结构	指标	检验的方法	假设
宏观目标	目标指标	统计调查	实现目标的条件
微观目标	目的指标	统计调查	实现目的的条件
产出	产出指标	监测报表、调查	实现产出的条件
投入	投入指标	监测报表、调查	落实投入的条件

2. 逻辑框架法的层次和逻辑关系

逻辑框架法把目标的因果关系划分为四个层次(见表10-1),四个层次之间又形成了自上而下的垂直逻辑关系和各层次内部的水平逻辑关系。

(1)层次。逻辑框架的四个层次即投入、产出、微观目标和宏观目标。

投入(input)是指项目的实施过程中所投入的经费、人力、时间和设备等资源。例如:一个培训项目的投入可以是资金2万元、2名教师和5名工作人员、1个月时间等。

产出(output)是指项目投入的直接产出物。例如:一个培训项目的产出可以是培训了多少人数;一个宣传项目的产出可以是制作了多少广播节目、宣传画;等等。

目的(purpose)是指"为什么"要实施这个项目,即项目要达到的直接效果。例如,通过培训使目标群体掌握某种知识等。

目标(goal)是指项目实施后在最高层次的结果。宏观目标一般超越了项目的范畴,是指国家、地区、部门的整体性目标。例如,促进社会经济的可持续发展。

(2)垂直逻辑关系。逻辑框架法的四个层次之间形成了一种自下而上的逻辑关系,即:一个项目的资金、人力、物力等资源投入在哪些条件下将有怎样的产出;有了这一产出,在哪些条件下可以达到项目的微观目标;达到项目的微观目标后在哪些条件下可以达到宏观目标(见图10-1)。

(3)水平逻辑关系。垂直逻辑关系表明了各层次之间的关系,而每个层次的目标水平方向是由验证指标、验证方法和重要的假定条件所构成的,从而形成了水平逻辑关系。

各层次目标应尽可能有客观的、可度量的验证指标,包括数量与质量指标。一般来说,在后评估时应具有三个数据,即原来的预测值、实际完成值、预测与实际的差距值。

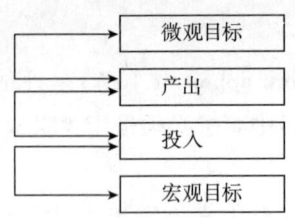

图 10-1　垂直逻辑中的因果关系

验证方法主要指数据的来源(它可以是监测数据,也可以是调查数据)和检验方法。

重要的假定条件主要指可能对项目的进展或成果产生影响而项目管理者又无法控制的外部条件,即风险。一般来讲,失控的发生有多方面原因,首先是项目所在地的特定自然环境及其变化,如扶贫项目中常遇到的水灾、旱灾等;其次是政府在政策、计划、发展战略等方面的变化或失误给项目带来的严重影响;最后是管理部门体制所造成的问题,使项目投入产出与其目的、目标相分离。

项目的假定条件很多,一般应选定其中几个最主要的因素为假定的前提条件。通常,项目的原始背景和投入产出层次的假定条件较少,而产出与目的层次的不确定因素较多,对目的和目标层次的影响较大。

在建立逻辑框架之后,就可以较为清楚地进行评估工作。例如,在评估项目效果时,可以根据逻辑框架建立的检验方法和目的指标,计算项目实施后的目的指标值,并与预期的指标值比较,如果预期指标值基本达到甚至超过预期的指标值,则可以评价项目的效果较好或很好,否则可以评价项目的效果较差或很差。与此同时,还可以通过逻辑框架建立的假设条件分析项目效果好坏的原因。

(二)对比法

对比法(comparative approach)是评估活动中最常用的方法之一。如果说逻辑框架法是评估中定性分析的方法,那么对比法则是评估中定量分析的方法。通常,当我们通过监测报告、问卷调查等方式得到了投入、产出、目的、目标指标的数据后,往往还不能判断这一指标值的高低、好坏,还需要有一个好的参照对象,通过比较各类数值才能做出判断,得出评估结论。对比法就是通过比较发现差异与成效的方法。对比法有很多类型,其中主要有前后对比法、有无对比法和综合对比法等。

1. 前后对比法

前后对比法即将项目实施前的情况与项目完成后的情况进行对比,以评估项目效果的方法,其公式为

$$P = I_2 - I_1$$

式中，P 为项目效果，I_2 为项目完成后的情况（即项目组后测值），I_1 为项目实施前的情况（即项目组前测值）。

例如，A 地性传播疾病发生率较高，于是，当地计生协开展了一个培训项目以增进目标群体预防性传播疾病的知识。对该培训项目的评估，可以采用前后对比法。首先，需要在实施培训项目前，对培训对象的预防传播疾病知识进行测验，了解他们对有关知识的知晓率，如对"相互借用毛巾可以传播性病"的知晓率。然后，在培训结束时，再对他们相关知识的掌握程度进行测验，通过项目实施前与项目实施后知晓率的变化评估项目效果。

前后对比法看上去非常简单，但在实际操作时，需要注意一些问题。

（1）缺乏前测值。非营利组织由于缺乏资金，因此在实施项目前往往没有进行前测，而在项目完成后，为了评估项目的效果才进行后测。此时由于缺乏对比的基线，无法进行判断，从而为评估工作带来了困难和麻烦。这也是非营利组织评估中经常遇到的一个问题。因此，这就需要非营利组织在一些重要的大型项目中注重前测或基线调查工作。

（2）前后对比法本身存在的局限。由于影响项目结果的因素往往较为复杂，除项目实施本身会影响结果外，常常还有许多项目以外的因素也会影响项目完成的结果。也就是说，后测值与前测值之差可能并不完全代表项目实施的结果。例如，B 地 1996 年开始实施"幸福工程"之前贫困率为 50%（前测值），实施"幸福工程"2 年后（1998 年），贫困率降为 30%（后测值），因此，根据前后对比法，可以得出评估结论，"幸福工程"的实施使得 B 地 2 年间贫困率减少了 20%（后测值减去前测值）。然而，该地贫困率下降可能还与当地外出打工人口增加、交通设施改善等因素有关，因此，1996—1998 年 B 地贫困率减少 20% 并不一定完全是"幸福工程"的结果，而要解决这一个问题，则可以采用有无对比法。

2. 有无对比法

有无对比法是选定一个与项目组近似的但没有实施项目的对照组（即控制组），通过项目组实施项目的结果与没有实施项目的控制组结果进行对比，以评估项目效果的方法，其公式为

$$P = I_2 - C_2$$

式中，P 为项目效果，I_2 为项目完成后的情况（项目组后测值），C_2 为控制组同期的情况（控制组后测值）。

仍以 B 地"幸福工程"为例。如果 B 地项目外的影响因素较多，那么要评估 B 地"幸福工程"的实际效果，采用前后对比法可能会有较大误差，因此需要进行有无对比。首先选择一个控制组，即其他条件与 B 地相近，但没有实施"幸福工程"的 C 地。假定 B 地在项目实施后，1998 年贫困率为 30%，而控制组虽然没有实施"幸福工程"，但由于整个国家社会经济的发展，1998 年的贫困率为 45%，那么，可以认为，B 地实施"幸福工程"的实际效果是使贫困率减少了 15%。

可见,采用有无对比法和采用前后对比法进行评估,结果有时相差很大,甚至可能会得出相反的结论。因此,在评估时,要特别慎重选择评估的方法。在项目的结果一般只受项目因素影响而很少受到其他非项目的外部因素影响的情况下,可以选择前后对比法;在项目的结果除受项目因素影响外还受许多非项目的外部因素影响的情况下,适宜采用有无对比法。

由于有无对比法需要同时对试验组和控制组进行测度,往往会增加评估的费用与评估的时间(特别是当控制组与试验组距离较远时),因此,在评估的经费有限、预算的评估时间较短时,适宜采用前后对比法。另外,由于有无对比法不需要前测值(前提条件是假定试验组和控制组的基线值相同),因此,在缺乏前测值的情况下,可采用有无对比法。

然而,有无对比法也有一个较大的局限,即它假定试验组和控制组的基线值相同,而实际生活中,这一假定条件并不存在。尤其是当试验组和控制组基线值相差较大时,采用有无对比法有较大的误差。这时可以采用另一种对比法,即综合对比法。

3. 综合对比法

综合对比法是通过比较项目组前后测值之差与控制组前后测值之差以评估项目效果的方法,其公式为

$$P = (I_2 - I_1) - (C_2 - C_1)$$

式中,P 为项目效果,I_2 为项目组后测值,I_1 为项目组前测值,C_2 为控制组后测值,C_1 为控制组前测值。

仍以"幸福工程"的评估为例。如果试验组 B 地和没有实施"幸福工程"的控制组 C 地起始条件并不相同,B 地 1996 年的贫困率为 50%,而 C 地 1996 年的贫困率为 55%,根据综合对比法的计算:

$$P = (I_2 - I_1) - (C_2 - C_1)$$
$$P = (30\% - 50\%) - (45\% - 55\%)$$
$$P = -10\%$$

即 B 地实施"幸福工程"的真正效果是 2 年来使 B 地贫困率下降了 10%。

需要注意的是,虽然综合对比法相对准确,但由于综合对比法既需要项目实施组与控制组的前测值,也需要项目实施组与控制组的后测值,对评估经费与评估时间的要求更高,这对于非营利组织来说无疑是较大的负担,因此,在非营利组织的实施评估过程中,综合对比法并不经常使用。

(三)快速农村评估法

由于传统的评估方法对数据质量的要求较高,通常需要进行严格的抽样调查,因此评估的成本较高,特别是评估时采用综合对比法收集数据时更是如此。这导致了许多对传统评估方法的批评。有人甚至认为,这种问卷调查的评估方式对非营利组织是一个沉重的负担。通常,问卷调查中的一些问题即使向被调查人问了,也没有人对回收的问卷

进行编号,即使编号了也没有人对其进行加工整理,即使整理了也没有人研究,即使研究了也没有人进行深入的分析并将分析结果写成书面文字,即使写成了书面材料也没有人阅读,即使有人读了也不会理解或记在心上,而即使理解也记在心上了,也不会将调查结果运用于实际的行动中。更为遗憾的是,这类调查经常在评估科学的名义下坚持进行,以致浪费了极大的资源。

虽然以上批评过于偏激,但确实有一定的道理。为此,从20世纪70年代末开始,一种新型的评估逐渐替代了部分正规的社会调查评估方式。这就是快速农村评估法(rapid rural appraisal,RRA)。

快速农村评估法建立在人类学、社会学非量化资料的技术基础之上,可以说是一种快速而不断学习的评估方法。它的主要做法是:

(1)采用多学科小组,包括评估学、社会学、经济学、人类学或其他相关专业人员。也可以根据需要,在调查过程中组织合适的多学科小组。通常,多学科小组成员包括捐赠者代表、非营利组织的代表、评估专家,有时还可以请政府的代表参与多学科评估小组。

(2)三角信息。即利用不同的方法,正式的、非正式的、不同专业的方法来收集同一种信息,如观察、直接参与、小组访谈等不同形式讨论同一主题,而不是通过正规的问卷或访谈调查等单一方式收集信息、进行评估。三角信息的好处在于可以确保信息的真实性。

(3)避免主观偏见。快速农村评估法在调查中仔细倾听、深入调查,不仓促下结论。用认真、慎重的态度纠正主观偏见,以获得真正反映实际状况的信息,并通过调查不断学习。

(4)直接面向受益群体。评估者通过直接观察、小组访谈等一系列方法,直接与受益群体接触,获取信息,了解目标群体的看法,并通过与受益群体的直接接触不断学习。而在传统的评估调查中,评估者有时并不直接参与调查,而是委托调查员进行问卷调查或访谈。因此,评估者并不与受益人直接接触,从而难以获得感性认识和客观的结论。

快速农村评估与正规评估调查相比,具有见效快、费用低、提供的资源更丰富等优势。它特别适用于评估时间紧迫、预算的评估费用较少的情况。因此,一些非营利组织特别是一些小的草根组织更愿意采用该方法进行评估。

(四)参与式评估法

快速农村评估法对项目评估特别是对收集评估资料具有显著的作用。在这种评估调查过程中,一个明显的特点是它离不开受益者的参与。参与式评估法(participatory rural appraisal,PRA)就是在快速农村评估法基础上产生的另一个重要分支。这种方法的评估调查更多地依靠受益者或者说目标群体自身,依靠他们自己对项目反馈的信息进行评估。另外,评估者可以通过这一方法更好地了解目标群体的需求、目标群体优先考虑的问题等。参与式评估法采用目标群众参与的方式进一步发展快速农村评估法,通过受益者的参与增强了目标群体的能力建设。参与式评估法是当前国际上最为流行的评估方法之一,也是非营利组织通常采用的评估方法。

1. 参与式评估的概念与特征

参与式评估是指项目管理人员和受益者共同组成评估小组,通过对项目管理的系统评估,调整、重新制定项目的目标或方案,重新进行组织机构安排或资源调配的一种方式。

参与式评估要求受益者参与评估的全过程,包括评估的领域、评估指标的选择、设计数据收集系统、收集和整理数据、分析结果、将评估的信息用于目标的实现等全过程。它和传统的评估不同,不是简单地由专家或项目管理人员得出评估结论。需要说明的是,参与式评估绝不是为了简单地增加评估的人员,而是通过受益者的直接参与提高评估质量。

参与式评估的最大特色是打破了传统的思想认识和评估方式,即"自上而下"、迷信上级和专家权威的评估。它鼓励受益者对评估过程、管理过程的参与,充分调动受益者的积极性。

一般而言,参与式评估不是一种自发的行为。因此,为了进行参与式评估,必须运用积极的、可操作性强的方法保证受益者的参与,并从受益者感兴趣的活动开始,例如,采用照片等视图方式。如果可能,还需要对受益者进行参与式评估的培训。

2. 参与式评估法与快速农村评估法的比较

快速农村评估法主要是通过决策者来收集信息,或为决策者收集信息,它的缺点在于这种形式的评估很难促使受益者或目标群体采取主动的行为。与快速农村评估法相比,参与式评估法更强调参与过程本身,通过参与评估过程促使不同的利益群体进行评估并采取行动,而不是仅由非营利组织单独采取行动(见表10-2)。也就是说,参与式评估通过受益者或目标群体的参与进行评估,并通过评估中的学习和信息反馈影响项目未来的结果或后续项目的结果。一般而言,参与式评估能够较好地避免为评估而评估的做法,从而取得预期的评估效果。

表 10-2 快速农村评估法和参与式评估法的比较

	快速农村评估法	参与式评估法
主要目的	外来者进行评估学习以增强组织能力	一起评估学习以增强组织和当地人的能力
外来者角色	获取资料者	评估活动的协助者
当地人角色	提供资料者	评估者
评估时间	通常很快	需要建立相互信任的关系,可能时间较长
可能的结果	外来者决策而当地人后来参与	当地人与相关利益群体共同参与
最终结果	评估报告	当地可持续发展

3. 参与式评估的原则

参与式评估需要遵循以下原则:

(1)参与式评估是一个灵活的学习过程。应该把参与式评估看作一个学习的过程,而不仅仅是考核、监督的过程,这也是评估活动的特点之一。通过参与式评估不断总结经验与教训,探索提高组织能力与项目绩效的方法。这要求非营利组织的评估者将来自各利益群体的批评当作建设性意见或学习的机会。

(2)参与式评估是一个分享的过程。参与式评估方法认为,信息不仅是一个从当地人流向外来评估者的过程,而且也是一个从外来者流向当地人的过程,即双向过程。参与式评估要达到其目标,不仅要发挥外来者的作用、发挥当地人的作用,而且也应该注重外来评估者和当地人之间信息的交流与分享。

(3)参与式评估是寻求多样化、尊重差异的评估。参与式评估着重寻求不同人的经验(即按性别、年龄、贫富、伤残与否而分的不同群体的经验),而不是寻求一大群人的一般性经验。因此,参与式评估有义务考虑少数人,特别是弱势群体的知识、经验和观点。

(4)参与式评估是一个协助的过程。参与式评估不仅仅是寻求多种观点,而且应协助、鼓励目标群体表达他们的真实情况,而不应被外来评估者的观点所左右。

(5)参与式评估具有较强的实用性。参与式评估没有必要了解某人的生活细节,而只需了解与行动有关的信息。参与式评估通过讨论能促使目标群体采取行动来改善自己的生活。

参与式评估一般在项目早期,即项目鉴别阶段就开始应用。项目鉴别阶段是通过调查研究发现需要做什么项目的阶段。早期应用参与式评估法可以在目标群体参与的情况下,真正按照他们自己的需求、本地的资源条件、受益者可接受的或本地行之有效的服务方式,研究选择项目,以避免选择的项目不能真正满足目标群体未被满足的需求。在项目监测与评估阶段,参与式评估也有助于真正揭示项目实施的变化,找出原因,采取措施,为项目的持续实施提供必要的反馈信息,并为后续项目提供经验。

本章小结

评估是指对评估客体的价值进行判断和评价,或对社会干预的效果进行考察和研究。评估根据评估者的工作内容,可以分为形成性评估和累计性评估;根据被评估项目所处的阶段,可以分为过程评估和结果评估;根据评估相对于项目的时间,可分为前评估、中评估和后评估;根据评估者的来源,又可以分为自我评估和外部专家评估;根据评估者的组成情况,评估还可以分为独立评估和参与性或合作性评估。非营利组织的评估理论主要有"3E"理论、"3D"理论、顾客满意度理论和我国学者创立的"APC"评估理论。基于"APC"评估理论的指标体系主要包括非营利组织问责性、非营利组织绩效及非营利组织的组织能力。非营利组织的评估方法主要有逻辑框架法、对比法、快速农村评估法以及参与式评估法。

复习思考题

1. 什么是评估？评估分为哪些类型？
2. 当前主要有哪些非营利组织评估理论？什么是"APC"评估理论？
3. 评估指标的概念是什么？类型有哪些？指标体系的概念及功能是什么？建立指标体系的原则是什么？确定指标权数的方法有哪些？
4. 非营利组织评估的程序有哪些步骤？
5. 非营利组织评估的方法有哪些？

课后案例

"格桑花"危机

自2005年建立格桑花西部助学网起到2011年，随着捐赠资金额度及救助儿童数量的不断增加，为了更好地服务社会，同时为应对组织快速发展所带来的挑战，青海格桑花教育救助会（以下简称'格桑花'）不断调整组织发展模式。2011年6月，在"格桑花"的网站论坛上就已经有大量指责组织管理混乱的帖子出现，其中"玩什么别玩感情"的网帖更是引起诸多争论；2011年8月23日，《公益时报》刊登的《"格桑花"被指会员名单造假 财务混乱陷发展困境》一文直指"格桑花"存在会员造假、财务混乱等问题；8月23日，"格桑花"正式回应，承认会员身份不实和财务报告有瑕疵；2011年9月7日，青海省民政厅民间组织管理局约谈"格桑花"的主要负责人，并向其下达了整改通知书；2011年9月13日，《公益时报》再次刊文《"格桑花"会员名单造假续：民政厅要求其从头整改》，其中特别提到了"格桑花"的注册身份问题和网络募捐资格问题；2011年9月27日《公益时报》关于"格桑花"的第三篇报道《"格桑花"承认会员身份不实 签保密协议涉十万元善款》刊出。

2011年12月18日，"格桑花"决定引入第三方独立评估机构对"格桑花"的组织运转及内部管理合规性等问题进行评估。评估结论如下：

1."格桑花"现有组织身份符合法律法规

"格桑花"设立核准法律文件完备，组织身份合法。但在成立后近一年内，会员制度未能有效落实，致使部分会员未能按照组织章程行使会员权利、履行会员义务。

2."格桑花"财务管理能力优秀

"格桑花"现有财务制度符合《民间非营利组织会计制度》的相关规定，在实际工作中，财务制度落实充分，取得了良好的实际效果。

3. "格桑花"的信息披露充分,披露机制仍需完善

"格桑花"信息披露充分,具有较强的客观性、实质性和透明性,项目信息、财务信息、筹款信息、管理信息等重要信息均已披露。但披露机制尚不完善,没有成文的信息披露指南或说明,考虑到组织人员变动及其他不确定因素,披露机制的缺乏将可能实质性地影响组织的持续发展。

4. "格桑花"人力采购交易合法,交易审议程序仍需完善

"格桑花"与中国人力观察研究院 NGO 研究中心(上海熙瑞文化传播有限公司)签订的合同合法,但交审议程序仍需完善,沟通机制尚不健全。

5. "格桑花"的组织治理架构已初步发挥作用,内部监督机制未能有效运行

"格桑花"的组织治理架构随着机构注册形式的转变不断调整。目前,"格桑花"监事会正在筹建中,但由于监事会成员的选举程序面临挑战,内部监督机制还未能有效运转。

6. "格桑花"的志愿者平台有力支撑组织发展,但蕴含着潜在的管理风险

"格桑花"的发展与志愿者的参与紧密相连,现有理事会成员、秘书处成员都是以志愿者身份参与组织工作。但随着组织化的发展,"格桑花"志愿者管理问题日益凸显,主要体现在:①志愿者参与机制需进一步提升;②志愿者工作评估和绩效考核机制缺失;③志愿者沟通工作面临巨大压力和挑战。当前,"格桑花"急需完善志愿者管理体系,重新梳理志愿者参与机制,实现专职人员和志愿者在组织运营中的有效协同。

7. "格桑花"专职团队的构建符合实际需要,人力系统管理需进一步完善

"格桑花"专职团队的构建符合组织发展的实际需要,有利于组织绩效的提升,但针对专职团队的能力建设还需大力加强。组织人力资源配置机制尚不完善,未能清晰界定专职人员和志愿者在组织中的工作角色和职责,信息沟通不充分,导致在组织谋求专业化"转型"的过程中,核心管理层与其他志愿者之间产生了较大的理念分歧,这在一定程度上影响了工作的有效开展和志愿者的参与积极性。

8. "格桑花"项目整体社会绩效良好,项目沟通机制有待完善

总体而言,"格桑花"常规项目的运作和管理模式取得了高度的社会认可。但对项目的风险控制意识还存在一定的不足,截至目前,尚未制定组织及单个项目的紧急响应预案机制。针对具体项目的内外部评估机制也有待完善。

第三方评估在缓和危机、平息事态方面发挥了积极作用,尽管评估结论与批评者反映的问题有些差距。根据评估,"格桑花"在各个方面进行了改进。目前,组织发展态势良好,取得了不错的成绩。2012年2月,"格桑花"被《中国慈善家》杂志列为

2011年度推动中国慈善的十大机构之一。2013年4月,"格桑花"获民政部评选的全国优秀志愿者工作案例评选一等奖。2013年10月,"格桑花"获得第三届青海省诚信奖十佳社会组织。这表明"格桑花"从"2011信任危机"中获得了重生。

资料来源:《青海格桑花教育救助会组织评估报告》。

思考题

第三方评估对于非营利组织发展有哪些作用?

参考书目

[1] SALAMON L M, ANHEIER H K. Defining the nonprofit sector: A cross – national analysis [M]. Manchester: Manchester University Press,1997.

[2] WOLF T. Managing a nonprofit organization [M]. New York: Simon & Shuster,1990.

[3] 艾尔·巴比. 社会研究方法(第10版)[M]. 邱泽奇,译. 北京:华夏出版社,2005.

[4] 彼得·德鲁克. 非营利组织管理[M]. 吴振阳,译. 北京:机械工业出版社,2007.

[5] 彼得·罗西,等. 项目评估:方法与技术(第6版)[M]. 邱泽奇,译. 北京:华夏出版社,2002.

[6] 莱斯特·萨拉蒙. 非营利部门的兴起[M]//何增科. 公民社会与第三部门. 北京:社会科学文献出版社,2000.

[7] 莱斯特·萨拉蒙,等. 全球公民社会——非营利部门视界[M]. 贾西津,魏玉,等译. 北京:社会科学文献出版社,2002.

[8] 托马斯·西尔克. 亚洲公益事业及其法规[M]. 中国科学基金研究会,译. 北京:科学出版社,2000.

[9] 北京志愿者协会. 志愿组织建设与管理[M]. 北京:中国国际广播出版社,2006.

[10] 陈漭,等. 社区经营与社区服务[M]. 北京:中国社会出版社,2005.

[11] 邓国胜,刘永峰. 计划生育协会评估手册[M]. 北京:中国人口出版社,2001.

[12] 郭国庆. 现代非营利组织研究[M]. 北京:首都师范大学出版社,2001.

[13] 胡澎. 非营利组织在日本社会发展中的作用[C]//南开日本研究:2012年卷. 北京:世界知识出版社,2012:42 – 80.

[14] 贾西津. 第三次改革——中国非营利部门战略研究[M]. 北京:清华大学出版社,2005.

[15] 金斯伯格. 社会工作评估——原理与方法[M]. 黄晨熹,译. 上海:华东理工大学出版社,2005.

[16] 康晓光. NGO扶贫行为研究[M]. 北京:中国经济出版社,2001.

[17] 李和中. 公共部门人力资源管理[M]. 北京:中央广播电视大学出版社,2016.

[18] 李玫. 非营利组织管理学[M]. 北京:高等教育出版社,2016.

[19] 李水金. 中国非营利组织管理[M]. 北京:首都师范大学出版社,2015.

[20] 李维安. 非营利组织管理学[M]. 北京:高等教育出版社,2013.

[21] 李珍刚. 当代中国政府与非营利组织互动关系研究[M]. 北京:中国社会科学出版社,2004.

[22] 联合国开发计划署评估办公室. 计划管理者手册:面向结果的监督与评估[M]. 北京:科学出版社,1999.

[23] 陆道生,等. 非营利组织企业化运作的理论与实践[M]. 上海:上海人民出版社,2004.

[24] 罗辉. 非营利组织管理[M]. 北京:北京大学出版社,2018.
[25] 苗丽静. 非营利组织管理学[M]. 大连:东北财经大学出版社,2006.
[26] 潘润涵,等. 简明世界近代史[M]. 北京:北京大学出版社,2001.
[27] 王杰,张海宾,张志洲. 全球治理中的国际非政府组织[M]. 北京:北京大学出版社,2004.
[28] 王名,王超. 非营利组织管理[M]. 北京:中国人民大学出版社,2016.
[29] 王名. 非营利组织管理概论(修订版)[M]. 北京:中国人民大学出版社,2010.
[30] 王名. 中国非政府公共部门[M]. 北京:清华大学出版社,2004.
[31] 王绍光. 多元与统一——第三部门国际比较研究[M]. 杭州:浙江人民出版社,1999.
[32] 王世强. 非营利组织管理[M]. 北京:首都经贸大学出版社,2018.
[33] 王智慧. 非营利组织管理[M]. 北京:北京大学出版社,2012.
[34] 吴东民,董西明. 非营利组织管理[M]. 北京:中国人民大学出版社,2003.
[35] 吴锦良. 政府改革与第三部门发展[M]. 北京:中国社会科学出版社,2001.
[36] 吴亦明. 现代社区工作[M]. 上海:上海人民出版社,2003.
[37] 徐莹. 当代国际政治中的非政府组织[M]. 北京:当代世界出版社,2006.
[38] 张霞,张智河,李恒光. 非营利组织管理[M]. 济南:山东人民出版社,2005.

后 记

非营利组织管理第一版出版发行已经十余年了。十余年来,非营利组织在我国有了较大的发展,发挥了较大的作用。十余年来,关于非营利组织国家出台了一些新的政策法规,关于非营利组织管理的研究也取得了较大的进展。因应变化,有必要对书稿做相应的修订、完善。2018年底,我们启动了修订工作。在修订时,我们对本书的整体定位是要突出实用价值和理论指导作用,为此我们特别考虑:①注重实效性和创新性。通过对非营利组织发展的现状与问题分析,提出有深度、可行的对策思路,对非营利组织发展与管理具有指导作用和实用价值。②联系和结合国内、国际非营利组织发展的实际。针对国内外非营利组织发展的实际,列举实际案例,以丰富内容,便于学习。③力求用翔实确凿的数据、图表和典型案例,使全书更加生动。④每章节的框架层次清晰,结构内容安排合理。⑤注意内容的稳定性。表述的内容应在3~5年内不会过时。⑥每章节内容围绕主题。找准每一章节内容的定位,开门见山。⑦重视内容的可读性,表达的内容要清晰。不用深奥费解的语言来表述,要用生动、形象的语言表达。经过各位作者的努力,我们基本达到了修订的初衷。

第二版的编写分工如下:

宋晨枫:第一章

黄波:第二章、第六章

谢炜聪:第三章、第八章

吴乐珍:第四章、第五章

古小华:第七章

陈岩:第九章

黎明、吴乐珍:第十章

吴乐珍对初稿做了修改、补充。最后,古小华对全书进行了统稿。

本书得以顺利出版,要特别感谢中国经济出版社的李煜萍编审。由于各种原因,我们的书稿交给出版社的时间较晚,为了保证按时出版,李煜萍编审组织中国经济出版社的编辑加班加点,付出了极大的努力和辛劳。感谢吴乐珍对于修订工作的极大付出,她草拟了修订要求并对初稿进行了认真的修改和补充。感谢各位作者克服各种困难,按照修订要求高质量地完成了编写任务。

需要说明的是,在编写过程中,我们借鉴和参考了一些研究者的成果,他们卓有成效的研究给本书添色良多。对于这些借鉴和参考,我们在书中都尽可能地做了说明,在此对他们表达诚挚的感谢!

此次修订,我们尽量使本书稿高质量、有特色,如有不周之处,还请批评指正。

古小华
2019 年 6 月